INSPÍRATE / PLANIFICA / DESCUBRE / EXPLORA

PARÍS

PARÍS

CONTENIDOS

DESCUBRE 6

EXPLORA PARÍS 64

GUÍA ESENCIAL 306

Izquierda: Típicos tejados parisinos
Página anterior: París en primavera
Cubierta: El Arc de Triomphe, símbolo del patriotismo francés, en el corazón de París

DESCUBRE

Barcos por el Sena

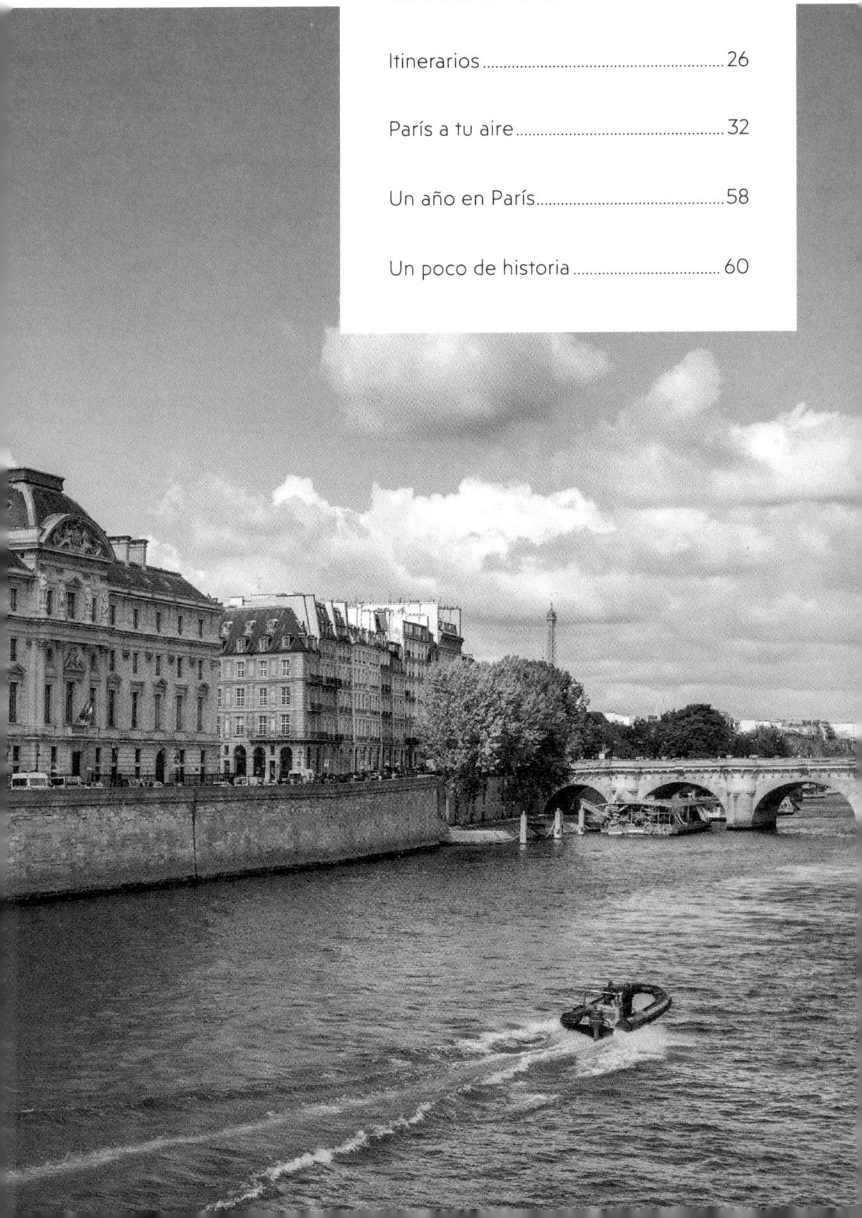

BIENVENIDO A
PARÍS

Con sus magníficos bulevares, sus cuidados parques y jardines y los famosos restaurantes que ofrecen platos exquisitos, París, que ha sido durante siglos inspiración de artistas y escritores, es una ciudad que deja huella en sus visitantes. Sea cual sea el viaje soñado, la Guía Visual de París será una estupenda fuente de inspiración.

1 Visitantes en el Musée du Louvre.

2 *Macarons,* la delicia por excelencia.

3 Las calles adoquinadas de Montmartre.

4 Un pequeño descanso en el Jardin des Tuileries.

París, cuna de la Revolución francesa, está literalmente empapada de historia. El esplendor de la catedral gótica de Notre-Dame, la opulencia de la Opéra Garnier, construida en el Segundo Imperio o la elegancia moderna de la Torre Eiffel son solo algunas muestras de la importancia política y cultural de esta gran ciudad. El arte está en todas partes: se pueden recorrer las galerías del Louvre y las salas del Musée d'Orsay, o visitar Beleville y la siempre cambiante Rue Dénoyez. La escena gastronómica parisina es igualmente rica, con su gran oferta de *boulangeries* y *bistrots*. El Marché d'Aligre oferta gran variedad de productos frescos y en La Cuisine se puede aprender a preparar alguno de los clásicos platos franceses. Los encantos de la ciudad no acaban en el centro.

Uno de los lugares de obligada visita, y que se encuentra próximo a la capital, es la antigua residencia real de Versalles, un ejemplo único del barroco francés. Para disfrutar de un momento de tranquilidad y hacer de *flâneur*, merece la pena acercarse a los parques de Bois de Vincennes o Bois de Boulogne, con senderos, estanques y bonitos *châteaux*.

En París, desplazarse es fácil. La oferta de lugares que uno no debería perderse es sorprendente. Esta guía divide la ciudad en secciones, con itinerarios detallados, información contrastada y sencillos mapas. Tanto si se trata de una estancia de un fin de semana como de una semana entera o un viaje más largo, esta Guía Visual está diseñada para que el viajero vea lo mejor de la ciudad. Solo queda disfrutar de la guía y disfrutar de París.

POR QUÉ VISITAR
PARÍS

París es una ciudad repleta de historia y cultura y un paraíso para los amantes de la gastronomía. Cada parisino tiene sus buenos motivos para amar la ciudad. He aquí algunas buenas razones para visitarla.

1 TORRE EIFFEL

El edificio más emblemático de París. Algunos suben hasta lo más alto, otros la admiran desde la distancia, pero nadie olvidará nunca el momento en que vio por vez primera la Dama de Acero *(p. 200)*.

CAFÉS *2*

Los cafés con siglos de historia son ideales para sentarse y disfrutar de un café mientras se contempla el trasiego de gente por la ciudad, un espectáculo fascinante.

3 EL ARTE DE PASEAR

El concepto de *flâneur* (paseante sin rumbo) es típicamente parisino. Ya sea por las orillas del Sena *(p. 210)* o por los callejones de Le Marais *(p. 84)*, siempre es agradable dar un paseo y ver lo que la ciudad puede deparar.

MUSÉE DU LOUVRE 4

Se recomienda perderse por las extensas galerías del Louvre *(p. 184)*, con *La Gioconda* y sus más de 30.000 obras de todas las épocas.

NOTRE-DAME 5

La profunda pena que embargó a los parisinos tras el incendio de su catedral *(p. 70)*, en 2019, es un claro testimonio de la importancia que Notre-Dame tiene para la ciudad. Considerablemente dañado pero aún en pie, este tesoro nacional es un auténtico y perdurable icono de la ciudad.

CUISINE FRANÇAISE 6

La cocina francesa es una de las mejores del mundo. Comer en un restaurante parisino es toda una experiencia. El servicio suele ser impecable y los camareros sugieren espléndidos vinos para acompañar.

VERSALLES *7*

Este *château* y sus jardines, construidos por orden de Luis XIV para impresionar al mundo, son una verdadera maravilla y, a cada paso, ofrecen un espectáculo de grandeza y esplendor *(p. 296)*.

EL SENA *8*

Otro icono de París. Los caminos peatonales que flanquean ambas orillas del río ofrecen un romántico paseo, tanto a pie como en bici, entre obras de arte callejero y monumentos históricos *(p. 210)*.

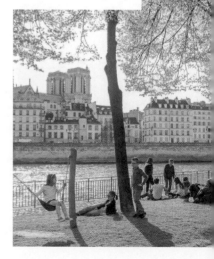

9 PÂTISSERIES Y *BOULANGERIES*

Las *baguettes* y los dulces son adorados por los parisinos e ir a comprarlos forma parte de la rutina diaria de muchos de ellos. En ningún lugar del mundo se puede tomar un cruasán de mantequilla como en París.

10 MERCADOS

Los mercados parisinos llenan de vida las calles de la ciudad. Casi todos los barrios cuentan con un mercado de alimentos. El famoso *Marché aux Puces* rebosa de tesoros ocultos.

ÓPERA Y BALLET 11

El alto nivel de estas dos artes escénicas le debe mucho al Rey Sol, Luis XIV, cuyo legado se puede apreciar en la magnífica Opéra Garnier *(p. 172)* y actualmente en la moderna Opéra Bastille *(p. 106)*.

HAUTE COUTURE 12

París es reconocida como la capital de la moda, los talleres de los diseñadores son verdaderos templos de costura.

PARÍS
EN EL MAPA

Esta guía divide París en 15 zonas, cada una diferenciada con un color, como puede verse en el mapa. En las páginas siguientes se amplía la información de cada zona. Para las zonas fuera del centro ver p. 290.

Cimetière de Montmartre

MONTMARTRE Y PIGALLE
p. 152

Place de Clichy

Parc Monceau

OPÉRA Y GRANDS BOULEVARDS
p. 168

Arc de Triomphe

Opéra National de Paris Garnier

Place de l'Opéra

CHAMPS-ÉLYSÉES Y CHAILLOT
p. 212

Place de la Concorde

Jardin des Tuileries

LOUVRE Y LES HALLES
p. 180

Palais de Chaillot

Sena

Musée du Louvre

Musée du Quai Branly-Jacques Chirac

Jardins du Trocadéro

Musée d'Orsay

Torre Eiffel

TORRE EIFFEL Y LES INVALIDES
p. 196

Parc du Champ-de-Mars

Dôme des Invalides

ST-GERMAIN-DES-PRÉS
p. 234

Place Joffre

Place de Breteuil

Jardin du Luxembourg

MONTPARNASSE Y JARDIN DU LUXEMBOURG
p. 278

Cimetière du Montparnasse

Place Denfert-Rochereau

EUROPA OCCIDENTAL

REINO UNIDO

PAÍSES BAJOS

BÉLGICA

ALEMANIA

Lille

PARÍS

Rennes

Estrasburgo

SUIZA

Océano Atlántico

FRANCIA

ITALIA

Burdeos

Lyon

Toulouse

Marsella

ESPAÑA

Mar Mediterráneo

Sacré-
Coeur

Cité des Sciences
et de l'Industrie

Parc de
la Villette

LA VILLETTE
p. 138

Place de
Stalingrad

Parc des
Buttes-Chaumont

RÉPUBLIQUE Y
CANAL ST-MARTIN
p. 114

Canal St-Martin

Parc de
Belleville

Place de
la République

BELLEVILLE Y
MÉNILMONTANT
p. 126

Centre
Pompidou

Musée
Picasso Paris

Cimetière du
Père Lachaise

Place
de l'Hotel
de Ville

LE MARAIS
p. 84

Place
Voltaire

ÎLE DE LA CITÉ
E ÎLE ST-LOUIS
p. 66

Place
de la
Bastille

BASTILLE Y
OBERKAMPF
p. 100

Musée de
Cluny

QUARTIER
LATIN
p. 248

Panteón

Sena

Jardin des
Plantes

Muséum National
d'Histoire Naturelle

JARDIN DES PLANTES
Y PLACE D'ITALIE
p. 262

Parc de
Bercy

Place
d'Italie

N

0 metros   800

CONOCIENDO
PARÍS

París es un mosaico de barrios, cada uno con su propia historia y carácter. El Sena atraviesa el corazón de la ciudad, dividiéndolo en las conocidas márgenes *Rive gauche* y *Rive droite*. Los principales puntos de interés turístico se encuentran dentro del Boulevard Périphérique, también llamado Le Périph, una circunvalación que separa el centro de la ciudad de las afueras.

PÁGINA 66

ÎLE DE LA CITÉ
E ÎLE ST-LOUIS

Estas dos islas del Sena, en el corazón de la ciudad, están llenas de lugares que el visitante no debería perderse. La Île de la Cité alberga maravillas de la arquitectura gótica como la catedral de Notre-Dame y la Sainte-Chapelle, mientras que la Île St-Louis ofrece *boutiques* y cafés. Los antiguos palacios reales, como la Conciergerie, donde estuvo presa María Antonieta, se han convertido en edificios administrativos, dotando a lo cotidiano de un toque de historia apasionante. Ambas islas merecen una visita.

Lo mejor
Visitar lugares de interés turístico y pasear a lo largo del río

Qué ver
Notre-Dame, Sainte-Chapelle

Experiencias
Los maravillosos ejemplos de la arquitectura gótica de Notre-Dame y Sainte-Chapelle

PÁGINA 84

LE MARAIS

Este distrito, repleto de elegantes *boutiques* y restaurantes, es una de las zonas a la que los visitantes de París regresan una y otra vez. Sus orígenes nobles se manifiestan en las mansiones renacentistas que hoy acogen *boutiques* como Chanel o el Musée Carnavalet. En la Rue des Rosieres, con su olor a falafel recién frito y otras delicias de la cocina judía, se encuentran pastelerías con dulces y especialidades hebreas. Los parisinos suelen pasar sus tardes libres paseando por la Place des Vosges, donde los tilos se levantan junto a una antigua residencia real.

Lo mejor
Compras, comida, historia, arquitectura, ambiente LGTBIQ+

Qué ver
Musée Picasso Paris, Centre Pompidou

Experiencias
Modernas tiendas y la espectacular Place des Vosges

PÁGINA 100

BASTILLE Y OBERKAMPF

Estos animados barrios, al este de Le Marais, compensan su falta de atractivos turísticos con una excepcional propuesta para degustar la gastronomía local. Los cafés con estilo, las *boutiques* de diseño y sus modernos bares atraen a multitud de jóvenes de toda la ciudad. Los *flâneurs* pueden disfrutar de un agradable y bucólico paseo por sus parques, desde la elevada Coulée Verte René-Dumont, y visitar los mercadillos de Aligre y del Boulevard Richard Lenoir, con su oferta de flores frescas y una gran variedad de productos de temporada. Estos barrios son perfectos para los visitantes deseosos de saborear la vida local.

Lo mejor
Vida nocturna y restaurantes

Qué ver
Place de la Bastille

Experiencias
La magnífica Colonne de Juillet y el paseo por el pasadizo Coulée Verte René-Dumont

→

RÉPUBLIQUE Y CANAL ST-MARTIN

Estos barrios se han puesto de moda debido a la presencia de los *bobós (bourgeois bohêmes)* parisinos, que han contribuido en gran medida a su gentrificación. El canal es un lugar ideal para hacer un pícnic por la tarde o para quedar a tomar un café en sus múltiples locales con encanto. Los amantes de las compras encontrarán una variada oferta, desde artículos para el hogar hasta ropa o joyería. Un lugar de París que poca gente visita pero que maravilla a todos los que vienen a verlo.

Lo mejor
Para amantes del café y de las rutas menos frecuentadas

Qué ver
Canal St-Martin

Experiencias
El Musée des Moulages de l'hôpital Saint-Louis y un pícnic en la orilla del canal

BELLEVILLE Y MÉNILMONTANT

A los barrios de Belleville y Ménilmontant, alejados de las rutas turísticas habituales, no les llega el bullicio de los visitantes. Los artistas locales trabajan tanto en sus galerías como en las calles convirtiendo el barrio y su calle central, la Rue Dénoyez, en un taller al aire libre. En su multitud de restaurantes, desde asiáticos a antillanos, se puede hacer un descanso del ubicuo *confit de canard,* y los *hipsters,* al igual que el resto de habitantes de diversas nacionalidades y culturas, aportan a la zona un peculiar e interesante carácter. Buenos lugares para asomarse a la vida parisina cotidiana.

Lo mejor
La cocina del mundo y la experiencia de la vida diaria parisina

Qué ver
Cimetière du Père Lachaise

Experiencias
Visitar las tumbas de algunos personajes famosos como Edith Piaf y Oscar Wilde en el Cimetière du Père Lachaise

PÁGINA 138

LA VILLETTE

Esta zona verde, situada en el extremo noreste de la ciudad, es ideal tanto para familias como para amantes de la cultura. La visita al edificio futurista de la *Philharmonie*, diseñado por Jean Nouvel, es toda una experiencia estética y cultural. El Centro de Ciencias y el gran parque situado en la orilla de enfrente ofrecen un sinfín de posibilidades de diversión para los niños. Los amantes del running y del ciclismo pueden entretenerse en sus pistas y, en verano, se organizan conciertos y proyecciones de películas al aire libre. Es el lugar preferido de los parisinos, ya sea para saborear una copa de vino o para jugar una partida de *pétanque*.

Lo mejor
Amantes de la música y del aire fresco

Qué ver
Parc de la Villette, Cité des Sciences et de l'Industrie

Experiencias
Jugar a la petanca en las orillas del canal o disfrutar de un concierto en la Philharmonie de París

PÁGINA 152

MONTMARTRE Y PIGALLE

Pese a que aún no han desaparecido todos los bares y las tiendas eróticas de los alrededores del Moulin Rouge, el barrio de Montmartre y el Quartier Pigalle son cada vez más populares entre los que buscan buenos restaurantes e interesantes tiendas. Los farolillos rojos de Pigalle han cedido paso a algunas de las mejores pastelerías de la ciudad, a hoteles con encanto y a tiendas exclusivas. Hoy, los visitantes siguen admirando los cuadros de los artistas de la Place du Tertre y disfrutando de las vistas que ofrece la colina de Montmartre, cuyas calles adoquinadas y edificios del siglo XIX aún conservan su singular encanto.

Lo mejor
Una visita nocturna y las hermosas vistas

Qué ver
Basilique du Sacré-Coeur

Experiencias
Música callejera en la escalinata de Sacré-Coeur disfrutando de la puesta de sol sobre la ciudad

$\rightarrow$

PÁGINA 168

OPÉRA Y GRANDS BOULEVARDS

Esta zona de París, con sus grandes bulevares, con monumentos prácticamente en cada esquina y coronada por el imponente edificio de la Opéra Garnier, ofrece un sinfín de oportunidades para los amantes de la música y las artes escénicas. Sus anchas avenidas, flanqueadas con espectaculares iglesias e impresionantes grandes almacenes, son muy populares entre los parisinos y los turistas. Este es el lugar a visitar por excelencia, ya sea por los *macarons* de la elegante Ladurée o por los bolsos de lujo de Printemps.

Lo mejor
Para amantes de las compras y el teatro

Qué ver
Opéra National de Paris Garnier

Experiencias
Elegir un perfume bajo la cúpula modernista de las Galeries Lafayette, antes de visitar el café de la azotea de Printemps

PÁGINA 180

LOUVRE Y LES HALLES

Quizá no haya dos lugares más concurridos en París que el antiguo Palacio Real, anterior a Versalles, y el mercado central metropolitano. El Musée du Louvre, con su famosa pirámide de cristal y su *Mona Lisa*, seguramente no necesita mucha presentación, y en los hermosos jardines de las cercanas Tuileries se puede disfrutar de sus cafés y galerías de arte. Les Halles fue el centro de distribución de productos alimenticios de la capital y, todavía hoy, los ricos olores de cientos de quesos madurando y las *baguettes* frescas tientan a los visitantes en la adyacente Rue Montorgueil. En esta zona, en la que todo gira alrededor de la comida, se encuentra de todo, desde locales de comida rápida y enotecas hasta coctelerías.

Lo mejor
Compras, comida e historia

Qué ver
Musée du Louvre

Experiencias
Admirar la misteriosa mirada de La Gioconda antes de lanzarse a comer algo dulce en la Rue Montorgueil

TORRE EIFFEL Y LES INVALIDES

Este rincón de la ciudad, con la cúpula dorada del Dôme des Invalides, su Esplanade y las amplias calles, es emblemático y grandioso. Lleno de historia, es el entorno ideal para la verdadera protagonista que se yergue a la orilla del Sena, la Dama de Acero o la Torre Eiffel. Apartadas de las interminables colas y de las visitas guiadas, inevitables para ver el símbolo de Lutecia, se encuentran otras interesantes calles, como la Rue Cler con sus pastelerías. Algunos de los mejores restaurantes tampoco están lejos. En caso de que las estrellas Michelin resulten absolutamente excesivas, una buena idea es hacer un rico pícnic en el Champ-de-Mars, debajo de la Torre, acompañado por una botella de algún tinto interesante.

Lo mejor
Visitas imprescindibles y excelente comida

Qué ver
Torre Eiffel, Dôme des Invalides, Musée du Quai Branly-Jacques Chirac

Experiencias
Disfrutar de las impresionantes vistas desde la Torre Eiffel antes de reverenciar a Napoleón delante de su tumba en Les Invalides

$\rightarrow$

PÁGINA 212

CHAMPS-ÉLYSÉES Y CHAILLOT

La avenida más famosa del mundo sigue manteniendo su esplendor y, sin duda, merece una visita, bien sea por sus elegantes tiendas, frecuentadas principalmente por turistas, o por el imponente Arc de Triomphe. Por aquí viven los parisinos adinerados a los que es fácil encontrar en alguno de los museos del Palais de Chaillot. En la Avenue Montaigne se pueden adquirir artículos de lujo y los hoteles palaciegos de la zona son ideales para tomar un té por la tarde o disfrutar de un cóctel en un entorno elegante.

Lo mejor
Pasar el tiempo admirando los escaparates o comer en un restaurante con estrella Michelin

Qué ver
Arc de Triomphe, Palais de Chaillot

Experiencias
Echar un vistazo a la sala de exposiciones del Petit Palais antes de gastarse una pequeña fortuna por un café en alguna de las terrazas de los Champs-Élysées

PÁGINA 234

ST-GERMAIN-DES-PRÈS

Las calles de este famoso distrito están llenas de clásicos cafés parisinos que ofrecen algunos de los mejores dulces y chocolates de la ciudad. En la zona hay una gran variedad de *boutiques,* galerías de arte y grandes almacenes, como el célebre Le Bon Marché, uno de los más antiguos del mundo y de París, con sus expositores llenos de perfumes y otros artículos de excelente calidad. Algunos de sus museos e iglesias atraen a los turistas pero el barrio sigue perteneciendo a sus residentes. Sus innumerables cafés y bares son los lugares perfectos para relacionarse con los parisinos.

Lo mejor
Pasear y observar a la gente

Qué ver
Musée d'Orsay

Experiencias
Vivir el espíritu local sentado en uno de sus cafés legendarios tomándose unos macarons

PÁGINA 248

QUARTIER LATIN

El Barrio Latino parisino, con sus ruinas romanas y sus rincones de película, es muy apreciado tanto por sus visitantes como por sus vecinos. Debido a la presencia del Collège de France y La Sorbonne la gente que frecuenta sus calles es decididamente joven. En cada esquina se puede encontrar una librería, desde las discretas tiendas de material académico hasta la popular Shakespeare and Co. Sus estrechos callejones esconden puestos de *crêpes* y bares nocturnos entre monumentos y edificios espléndidos como el Panteón, Musée de Cluny o la iglesia St-Étienne-du-Mont.

Lo mejor
Para viajeros con presupuesto reducido y amantes de la historia

Qué ver
Panteón

Experiencias
Comprar en el Marché Maubert algo para un pícnic y charlar sobre filosofía con los estudiantes de la Sorbonne

PÁGINA 262

JARDIN DES PLANTES Y PLACE D'ITALIE

Muchos visitantes sucumben a los encantos del Quartier Latin, por lo que esta parte de la *Rive gauche* siempre está algo menos concurrida. Uno de los lugares más populares entre las familias parisinas es el frondoso Jardin des Plantes, que cuenta con un zoológico con impresionantes galerías dedicadas a la historia natural. La Rue Mouffetard ofrece un gran número de restaurantes, tiendas de quesos y pastelerías. En la proximidad se encuentran también algunas sorpresas arquitectónicas como la Grande Mosquée de Paris o la Biblioteca Nacional.

Lo mejor
Una salida en familia, llueva o haga sol

Qué ver
Muséum National d'Histoire Naturelle

Experiencias
Tomarse un té a la menta en la Gran Mezquita tras la visita al segundo zoo más antiguo de Europa

PÁGINA 278

MONTPARNASSE Y JARDIN DU LUXEMBOURG

En este barrio de la margen izquierda del río se mezcla el viejo París con el nuevo, conviviendo cafés tradicionales con torres modernas. El hermoso Jardin du Luxembourg atrae a muchos parisinos en busca de un poco de aire fresco mientras que los visitantes acuden para ver la Tour Montparnasse o las catacumbas. Los habitantes de este barrio suelen reunirse en las *brasseries* estilo *belle époque* alrededor de un sabroso plato de *saucisse aux lentilles*, bien regado con rica cerveza.

Lo mejor
Un día en el parque y una comida en una clásica brasserie

Qué ver
Cimetière du Montparnasse

Experiencias
Una visita a las lúgubres catacumbas antes del ascenso a la Tour Montparnasse para disfrutar de unas vistas realmente únicas

PÁGINA 290

FUERA DEL CENTRO

Más allá del Boulevard Périphérique (la principal circunvalación de la ciudad) se encuentran los dos principales "pulmones" de la capital: el Bois de Vincennes y el Bois de Boulogne. Estas extensas zonas verdes ofrecen multitud de actividades, lagos para remar, caminos para pasear y *châteaux* para visitar, además de otros atractivos como la galería de arte Fondation Louis Vuitton o un moderno jardín zoológico. Otra opción para las familias es Disneyland® Paris y para los amantes de la historia, la visita al palacio de Versalles, del siglo XVIII.

Lo mejor
Salir y escapar de las multitudes

Qué ver
Bois de Boulogne, Bois de Vincennes, el palacio y los jardines de Versalles, Disneyland® Paris

Experiencias
El suntuoso conjunto de Versalles o respirar el aire puro en uno de los parques

1 Interior de Notre-Dame, antes del incendio de 2019.

2 El Pont des Arts.

3 La librería Shakespeare and Company en el Quartier Latin.

4 Jardin des Tuileries.

París ofrece un sinfín de cosas que ver y hacer. Al encontrarse muchos de los lugares de interés en un radio cercano, se pueden recorrer a pie. Los siguientes itinerarios pueden servir de inspiración a lo largo de toda la visita a la ciudad.

5 HORAS

Si solo dispones de unas horas para visitar París, lo ideal es dar un paseo a lo largo del Sena para ver una asombrosa cantidad de lugares emblemáticos. Empieza por Le Marais, delante del Hôtel de Ville *(p. 95),* el edificio neorrenacentista del ayuntamiento. Después cruza el río hasta la Île de la Cité, una de las zonas de París con más historia, con monumentos principales como Notre-Dame *(p. 70).* Haz una parada para observar los últimos progresos de su reconstrucción y seguir el paseo por delante de la Sainte-Chapelle *(p. 74).* En el extremo occidental de la isla se yergue la estatua del rey Enrique IV de Borbón, sobre el puente más antiguo de la ciudad, el Pont Neuf *(p. 78).* Cruzando el puente dirección al oeste, a corta distancia se encuentra el Louvre *(p. 184);* es imposible pasarlo por alto. Después de un café y un tentempié en Le Fumoir, situado en la Rue de l'Amiral de Coligny, disfruta del gran patio del museo y admira los elegantes pabellones y la icónica pirámide. Obviamente no hay tiempo para entrar y dejarse embelesar por sus obras pero sí para darse un agradable paseo entre los parterres floridos y los arbolados pasillos flanqueados por estatuas del Jardin des Tuileries *(p. 191).* A los jardines conviene entrar a través del Arc de Triomphe du Carrousel *(p. 192),* uno de los dos arcos monumentales construidos por encargo de Napoleón.

Al llegar al otro extremo de los jardines, disfruta de las irrepetibles vistas de varios monumentos como la Place de la Concorde *(p. 222),* con su obelisco egipcio, el espléndido Grand Palais *(p. 223),* el Arc de Triomphe *(p. 216)* y la Torre Eiffel *(p. 200).* Desde ese punto avanza hacia la plaza o cruza el Sena hasta la Assemblée Nationale *(p. 210),* sede de la cámara baja del Parlamento francés. Sigue por Les Berges de Seine *(p. 210)* al este hasta el Musée d'Orsay *(p. 238),* fácilmente reconocible por sus dos relojes gigantes. La ruta continúa por la encantadora Quai Voltaire hasta el Pont des Arts *(p. 245),* un buen lugar para hacer fotos.

A la vuelta, el tradicional paseo por la orilla izquierda del Sena, a lo largo de los puestos de los *bouquinistes* (vendedores de libros antiguos y de ocasión), termina en la Place St-Michel *(p. 256).* Merece la pena visitar alguna de sus librerías, como Shakespeare and Company *(p. 258),* antes de cruzar hasta la Île St-Louis, más pequeña y tranquila. Esta isla no tiene ningún lugar de gran interés turístico, con la excepción de la famosa heladería Berthillon *(p. 77),* cuyos helados vale la pena probar. El paseo puede concluir con una copa de vino y una cena en la Brasserie de l'Isle Saint-Louis en Quai de Bourbon, disfrutando de unas fantásticas vistas del Sena.

1 El bonito Canal St-Martin.

2 La Colonne de Juillet y el Bassin del'Arsenal.

3 El café Les Philosophes.

4 Interior del Muséum National d'Histoire Naturelle.

24 HORAS

Mañana

Comienza con un café y algo dulce en alguno de los locales *hipsters* que abundan a lo largo del Canal St-Martin *(p. 118)*. Un *cappuccino* para llevar irá de maravilla con un cruasán con chocolate de la mejor *pâtisserie* del barrio, Du Pain et des Idées, situada en la Rue Yves Toudic. Disfruta del desayuno en uno de los bancos del canal, con los puentes verdes que se inclinan sobre sus aguas. Se recomienda dar un paseo por la zona y por sus tiendas antes de llegar a la parte alta de Le Marais, justo enfrente de la Place de la République. Si visitas la mansión del siglo XVII del Musée Picasso *(p. 88)*, puedes hacer una parada en su terraza de la azotea antes de continuar.

Tarde

El centro de Le Marais se alcanza cómodamente a pie haciendo una parada para comer, bien en el café Les Philosophes de la Rue Vieille du Temple o haciendo la cola, que sin duda vale la pena, para probar el falafel en L'As du Falafel *(p. 92)* de la Rue des Rosieres. Puedes comprar algún *souvenir* antes de descender hasta las Berges Rive Droite en la orilla del Sena. Este embarcadero fluvial y peatonal permite disfrutar de un agradable y tranquilo paseo. Cruza uno de los puentes a la Île St-Louis y continúa hasta la orilla izquierda. Justo al este se halla el agradable Jardin des Plantes *(p. 268)*, un paraíso para los amantes de la belleza natural y la botánica en particular. En la zona se encuentra también el Muséum National d'Histoire Naturelle *(p. 266)*, que merece al menos una pequeña visita. En el otro extremo del jardín, justo tras sus puertas, está la maravillosa tetería de la Grande Mosquée de Paris *(p. 268)*.

Noche

Al volver al río y cruzarlo, continúa caminando a lo largo del canal que lleva hasta la Place de la Bastille *(p. 104)*. La Colonne de Juillet se divisa a lo lejos. Este barrio es perfecto para degustar una buena cena parisina en sitios como Bistrot Paul Bert, en la Rue Paul Bert o en el Septime *(p. 107)*, de la Rue de Charonne. Puedes beber algo o tomar un cóctel en los alrededores de la Rue de la Roquette *(p. 107)*, una zona con una trepidante vida nocturna.

1 El gran Salón de los Espejos del palacio de Versalles.

2 Paseando en barco por el Sena al atardecer.

3 Un típico desayuno francés.

4 Obras de arte a la venta en la Place du Tertre de Montmartre.

3 DÍAS

Día 1

Mañana Comienza el día con un café y un cruasán en cualquiera de los cafés de St-Germain-des-Prés, seguido de un paseo por el cercano y arbolado Jardin du Luxembourg *(p. 286)*. Se recomienda echar una pequeña ojeada a la iglesia de St-Sulpice *(p. 243)* y a sus pinturas de Delacroix, antes hacer unas compras en el Boulevard St-Germain.

Tarde Sigue la Rue de Seine hasta llegar al río, haciendo una parada para repostar en La Palette, un tradicional café que sirve unos deliciosos *croque monsieur*. Continúa con un paseo por la Île de la Cité en la que se encuentra Notre-Dame *(p. 70)*, antes de alquilar una bicicleta de Vélib' y dirigirte al oeste para pasar el resto de la tarde recorriendo la Torre Eiffel *(p. 200)*. Si las colas son imposibles, hay que atreverse con las escaleras.

Noche Una opción para cenar es el cercano Le P'tit Trouquet *(p. 209)*, que sirve platos clásicos franceses. Y remata el día con un romántico paseo por el Sena en uno de los *bateaux mouches*.

Día 2

Mañana Comienza en la colina de Montmartre con una breve visita a su basílica Sacré-Coeur *(p. 156)*. Merece la pena dedicar un rato a disfrutar de los artistas locales en la Place du Tertre, una galería al aire libre *(p. 158)* y, después, entrar en el Musée de Montmartre *(p. 160)* para ver las obras de todos aquellos artistas que, en el siglo XIX, hicieron al barrio tan célebre.

Tarde Come en Le Sancerre, en la Rue des Abbesses, antes de descender hacia la Rue des Martyrs *(p. 165)*, repleta de *pâtisseries* y *boutiques*. Una opción es una pequeña excursión tardía al Louvre *(p. 184)* para ver, al menos, sus principales obras maestras, como la *Mona Lisa* o la *Venus de Milo*. Desde el Café Marly, situado bajo las arcadas del ala Richelieu, hay maravillosas vistas del exterior del Museo.

Noche Ve a Les Halles para cenar en Champeaux *(p. 189)*. El resto de la tarde puedes degustar vinos, observar a los viandantes de la bonita Rue Montorgueil o disfrutar del perfil de la ciudad de noche desde la orilla del Sena, buscando con la mirada el espectáculo de luces que proyecta cada hora la Torre Eiffel.

Día 3

Mañana Haz el viaje, de menos de una hora en tren, desde la ciudad hasta Versalles *(p. 296)*. Se recomiendan sus jardines de fama mundial y el magnífico *château* del siglo XVII, famoso por su Salón de los Espejos.

Tarde Puedes almorzar en Ore *(p. 299)*, un pequeño y elegante restaurante situado dentro del *château* y asegurarte de no perderte las dependencias del palacio, como la aldea de cuento de la reina con su granja en pleno funcionamiento.

Noche Vuelve a París para disfrutar de una botella de vino en algún agradable local como Willi's Wine bar, en la Rue des Petits Champs, cerca del Louvre y, si después de la comida aún cabe más, qué mejor que una cena en alguna de las *brâsseries* clásicas como Bofinger *(p. 107)* o La Rotonde *(p. 147)*.

PARÍS PARA LOS
AMANTES DEL ARTE

Muchos han sido los personajes que han agitado la escena artística de la capital francesa, desde Monet y los impresionistas, hasta Dalí y los surrealistas. Los grandes museos parisinos acogen innumerables obras maestras, mientras que las galerías privadas, e incluso las mismas calles, aportan un toque particular al mundo del arte contemporáneo de la ciudad.

Museos mundialmente famosos

Los museos de París exhiben obras para todos los gustos. Hay que destacar la fascinante colección del Musée d'Orsay *(p. 238)*, una antigua estación de ferrocarril, célebre por las obras de los impresionistas y las galerías de la Fondation Louis Vuitton *(p. 292)*. La más importante colección de nivel mundial aguarda en el Louvre *(p. 184)*, mientras que en el edificio futurista del Centre Pompidou *(p. 90)* se pueden admirar obras como los, aparentemente simples, rectángulos de Mondrian. Los museos más pequeños, dedicados a Monet *(p. 304)* y Picasso *(p. 88)* logran convertir al espectador en un verdadero apasionado por el arte.

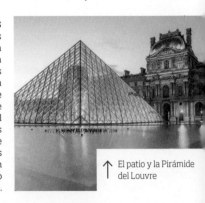

↑ El patio y la Pirámide del Louvre

Crea tu propia colección de arte

París es el paraíso para coleccionistas de arte de todos los presupuestos. Por un lado están las galerías de lujo de la *Rive gauche*, con obras de los artistas más solicitados, y por otro está Montmartre, con su Place du Tertre *(p. 158)*, en la que uno puede adquirir obras de pintores locales a precios muy diferentes. Una opción podría ser también Belleville *(p. 137)*, o el estudio de algún artista con menos renombre. Se puede acabar comprando algo que ni se sabía que estaba en venta.

←

Place du Tertre de Montmartre, lugar en el que los artistas locales *(abajo)* exponen y venden sus obras

TOP 5 MUSEOS DE ARTE

Musée du Louvre
Con su *Mona Lisa (p. 184)*, el museo más visitado del mundo.

Musée d'Orsay
Dedicado al arte occidental de entre 1848 y 1914. Su principal atractivo son los impresionistas *(p. 238)*.

Musée Picasso Paris
La colección más extensa de la obra del artista *(p. 88)*.

Centre Georges-Pompidou
Este moderno e interesante edificio cuenta con una importante colección de arte *(p. 90)*.

Palais de Toyko
Una atrevida colección contemporánea, a menudo pasada por alto *(p. 229)*.

Impresionante arte callejero

Ya sea por las imágenes de los Space Invaders o la famosa Miss.Tic, París es uno de los centros neurálgicos del StreetArt del mundo. Algunas obras aparecen clandestinamente, de un día a otro, y otras, sobre todo en los alrededores del Canal St-Martin o la Rue Dénoyez de Belleville *(p. 133)*, son iniciativas de los ayuntamientos para fomentar esta forma de expresión artística. Para verlas hay que pasear por el este de París o reservar una ruta con Street Art Tour Paris.

↑ Arte urbano frente a Le Barbouquin, en Rue Dénoyez

La batalla por el maillot amarillo

El Tour de Francia, el acontecimiento deportivo anual más importante del mundo, lleva a unos 200 ciclistas a recorrer unos 3.200 km en 23 días. La carrera termina a finales de julio en los Campos Elíseos *(ver p. 212)* y el ganador se enfunda el preciado maillot amarillo. Lo mejor de todo es que es gratis. Basta llegar pronto para tener uno de los lugares en primera fila, a solo unos centímetros de los ciclistas que pasan a toda velocidad.

→

El ciclista Chris Froome encabeza el pelotón ante el Arc de Triomphe

PARÍS PARA LOS
AMANTES DEL DEPORTE

Con una apretada agenda de eventos durante todo el año –entre ellos los Juegos Olímpicos de 2024–, la ciudad siempre está inmersa en algún acontecimiento deportivo. Ya sea el ciclismo, los deportes de la raqueta o el todopoderoso fútbol, nunca falta la ocasión para mezclarse con los aficionados en los estadios o seguir algún partido desde un bar abarrotado.

La batalla de las naciones

Los locos del rugby acuden a París en febrero y marzo para ver a la selección francesa competir en el Torneo de las Seis Naciones. Los partidos de Francia se juegan en el Stade de France, en St Denis, al norte de París, siempre en medio de un gran ambiente, y muchos bares, sobre todo en torno a Montparnasse *(p. 279)*, retransmiten los encuentros en directo. Los días sin partido se puede reservar (www. stadefrance.com/tour-pass) una visita guiada al estadio. .

←

Francia en un partido contra Irlanda en el Torneo de las Seis Naciones

RECINTOS DEPORTIVOS

Accor Arena
Aquí se juega el Masters de París de tenis.

Parc des Princes
Sede del equipo de fútbol Paris Saint-Germain.

Stade de France
Este estadio acogerá los principales eventos olímpicos en 2024.

Stade Roland-Garros
Sede del Abierto de Francia (más conocido como Roland-Garros).

Grand Slam sobre tierra batida

Se cree que los orígenes del tenis se remontan a la Francia del siglo XII, así que parece justo que uno de los torneos del Grand Slam se celebre en la capital. Tiene lugar a finales de mayo en el estadio Roland-Garros *(ver p. 152)*. Las entradas están muy cotizadas, así que los partidos también se pueden ver en el Hôtel de Ville, donde el ambiente no es menos animado *(ver p. 95)*.

La tenista estadounidense Coco Gauff sacando en un partido de Roland-Garros

El juego preferido

Con la Torre Eiffel en su escudo, no es raro que al Paris Saint-Germain sea conocido también como *Les Parisiens*. Aunque es el club más famoso de Francia, en París hay muchas otras evidencias de la predilección del país por el futbol. La ciudad cuenta con magníficos campos de fútbol públicos, como el estadio Émile Antone, cerca de la Torre Eiffel *(ver p. 197)*.

Entrenamiento del PSG abierto al público en el Parc des Princes

Descubrir los espacios verdes de París

La ciudad está llena de infinidad de maravillosos espacios verdes, gratuitos y para toda la familia. El Parc des Buttes-Chaumon *(ver p. 42)* es uno de los principales, perfecto para los niños. Se puede alquilar una barca en el Jardin du Luxembourg *(ver p. 286)* y disfrutar del fantástico parque infantil del Westfield Forum des Halles *(ver p. 190),* que siempre es una garantía.

→

disfrutando del sol en el Parc des Buttes-Chamont, uno de los más bonitos de París

PARÍS EN
FAMILIA

Ya sea por el tiovivo del Jardin des Plantes, los barquitos de madera en los jardines de Luxemburgo o las playas de Paris Plages, París es un lugar maravilloso para visitar en familia.

Un paseo en barco

Los paseos en barco por el Sena o por el Canal St-Martin son los favoritos de las familias; mientras los más pequeños disfrutan de esta gran aventura, los padres pueden permitirse un momento de descanso. En el Sena, las opciones más atractivas son los *Bateaux Mouches,* las *Vedettes du Pont Neuf* y las *Bateaux Parisiens.* La compañía que gestiona los barcos en el canal de La Villette es Canauxrama. Las esclusas del canal, del siglo XIX, y el túnel que los barcos atraviesan a su paso, son dignos de ver.

Un barco turístico pasando cerca de la Torre Eiffel ↑

Chef por un día

La cocina es, sin duda, el corazón del hogar. Y para iniciar a los peques en los principios de la cocina existen escuelas como La Cuisine Paris *(p. 96)*, en Le Marais, que imparten en inglés cursos básicos de cocina francesa tradicional. Aquí enseñan a elaborar ricos cruasanes o a preparar una *baguette*. Las clases, que terminan con una degustación de lo preparado por los participantes, son una manera segura de mantener a toda la familia ocupada y sonriente.

← Aprendiendo lo esencial de la cocina y la repostería francesas

TOP 4 MUSEOS PARA UN DÍA LLUVIOSO

Muséum National d'Histoire Naturelle
Este museo alberga miles de impresionantes especímenes del reino animal *(p. 266)*.

Musée de la Chasse et de la Nature
Una colección de trofeos de caza *(p. 96)*.

Aquarium de Paris
Un maravilloso mundo submarino situado enfrente de la Torre *(p. 221)*.

Cité des Sciences et de l'Industrie
Un enorme museo dedicado a las ciencias y repleto de exposiciones interactivas *(p. 144)*.

CONSEJO DK
Los niños en los restaurantes

Los parisinos, cuando comen en restaurantes elegantes, no suelen llevar a los niños, por lo que conviene elegir lugares familiares, como la cadena Hippopotamus, o el económico Chez Gladines *(p. 255)*, con un ambiente algo más relajado.

En busca del tesoro oculto

Los museos de París son muy grandes y no todo puede interesar a los niños. La caza del tesoro es una manera excitante de despertar su interés, en la que aprenden, compiten y se divierten. Se puede probar THATMuse en el Louvre *(p. 184)* o el Musée d'Orsay *(p. 238)*.

→ Niños jugando a encontrar el tesoro en el Musée d'Orsay

El pan de cada día

Muchos conocen el pan francés, la típica *baguette,* que muchos parisinos pasean debajo del brazo junto con *Le Monde.* No obstante, no todas las *baguettes* son iguales. Si se prefiere un pan totalmente artesanal, crujiente por fuera y más denso por dentro, hay que pedir la *baguette de tradition* y, si se quiere más hecho y crujiente, una *baguette bien cuite.*

$\rightarrow$

Baguettes frescas y crujientes en cualquier *boulangerie* de barrio

PARÍS PARA
COMIDISTAS

La capital gala es famosa por su gastronomía, así que conviene venir con buen apetito. Sea la *haute cuisine,* los deliciosos productos pasteleros o la rústica *cuisine de terroir,* la gran variedad de platos elaborados a base de los productos más frescos, indudablemente, deleitará tu paladar aunque quizás no tanto tu báscula.

Los sabrosos quesos

Como parte indivisible del estilo de vida francés, los quesos no suelen faltar en ninguna comida decente. La ciudad está repleta de tiendas que ofrecen este oro aromático en cientos de variedades, desde suaves y cremosos hasta fuertes y curados, procedentes tanto de vaca o cabra como de oveja. La oferta es fascinante y conviene dejarse aconsejar por el vendedor para una degustación perfecta.

Deliciosos quesos en un puesto de un mercado

TOP 4 COCINA DEL MUNDO EN PARÍS

La mezcla de culturas de sus habitantes aporta variedad de cocinas y sabores del mundo, pero sobre todo, de las antiguas colonias francesas.

Norte de África
El cuscús y el tayín son platos populares y fáciles de encontrar.

Vietnam
Los emigrantes de este país aportaron maravillas como el *bo bun* o el *bánh mì*.

Oriente Medio
El falafel de Le Marais es el mejor de la ciudad.

Japón
Merece la pena probar el ramen de la Rue Saint Anne.

→ Deliciosos pasteles en una de las muchas *pâtisseries* y los populares *macarons (arriba)*

CALLES COMERCIALES

Muchos parisinos hacen sus compras en estas calles. Para encontrar un buen pan y queso conviene acercarse a la Rue Montorgueil y para los productos pasteleros a la Rue Cler *(p. 209).* Para comprar bombones y otros dulces hay que ir a la Rue des Martyrs *(p. 165)* y los productos frescos se encuentran en la Rue Mouffetard *(p. 269).*

La celestial pastelería parisina

Las *pâtisseries* parisinas representan un verdadero reto para las papilas gustativas, con los variados *macarons,* las suaves *madeleines,* los cremosos *éclairs* o las deliciosas *tartes au citron.* Todas estas delicias están hechas artesanalmente en cada una de las pastelerías de cualquier esquina. Si hay mucha cola, seguramente será una buena elección.

Ópera y ballet

Asistir a un espectáculo en la Opéra Garnier *(p. 172)*, la sede de la compañía de ballet, es una experiencia de cuento. Con ballet y ópera, ofrece lo esencial de la tradición musical clásica parisina. La moderna Opéra Bastille *(p. 106)*, situada en un impactante edificio acristalado, compensa su falta de encanto con una buena acústica. En ella no hay ninguna butaca mal posicionada.

←

Una función de ballet en la Opéra Garnier

PARÍS
EN DIRECTO

Moverse por París es como un concierto constante, empezando por los músicos callejeros en el metro y terminando con las elegantes sinfonías que se escuchan en alguno de sus auditorios. Los grandes escenarios parisinos reciben tanto a intérpretes clásicos como a artistas del pop más moderno, mientras que en las calles suena una curiosa mezcla de acordeón, rap, blues y jazz.

La Filarmónica de París

El edificio de la Philharmonie de Paris *(p. 147)* sumerge al oyente en una experiencia musical inigualable. La disposición de este espacio, sede de la Sinfónica de París, garantiza que ninguno de los visitantes se encuentre nunca a más de 32 metros del director y su acústica no permite perderse ni el más tenue crescendo de una flauta.

↑ El pianista chino Lang Lang en la Philharmonie de Paris

La escena musical contemporánea

La música contemporánea está en auge y los locales como La Maroquinerie *(p. 134)* invitan a jóvenes artistas. Las grandes estrellas suelen subirse a escenarios como el del Olympia, donde actuaron leyendas de la talla de Edith Piaf o Jacques Brel. Las salas más pequeñas, como La Cigale, ofrecen conciertos a menor escala. Los grandes espectáculos suelen organizarse en el estadio de Bercy *(p. 111)* y los eventos realmente masivos en el Stade de France.

El grupo Uriah Heep actuando en La Cigale

> CONSEJO DK
> **Festival de música**
>
> Celebrar el solsticio de verano y la noche de San Juan con conciertos al aire libre durante la Fête de la Musique, en junio *(p. 58)*.

Los musicales

París carece de zonas en las que se concentre la programación de musicales, como Broadway, West End o la Gran Vía, pero su creciente oferta atrae al público francés. Las producciones clásicas en inglés, como *My Fair Lady* o *Singin' in the Rain* se pueden ver en el recientemente restaurado Théâtre du Châtelet, mientras que las versiones de musicales modernos, en francés, como *Grease* o *Mamma Mia!*, en el Théâtre Mogador *(p. 175)* en el distrito de Opéra.

TOP 5 SALAS DE JAZZ

Sunset Sunside
Una sala de ambiente íntimo en Châtelet.

La Petite Halle
Una novedad en la escena del jazz parisino, situada en La Villette.

Duc des Lombards
Un santuario para los músicos con sede en el Quartier Latin.

New Morning
Una parada obligada para los auténticos amantes de jazz.

Chez Papa
Una elegante sala de jazz con un restaurante.

↑ Las salas de musicales por antonomasia, Théâtre du Châtelet y Théâtre Mogador *(arriba)*

Jardines idílicos

Los jardines parisinos parecen florecer todo el año. El Jardin du Palais-Royal *(p. 188)* desprende el aroma de sus hermosos rosales, mientras que en el Jardin des Plantes *(p. 268)* se pueden admirar especies exóticas de todo el mundo. El Jardin du Luxembourg *(p. 286)* y Tuileries *(p. 191)* son ejemplos de propiedades de la aristocracia convertidas en lugares públicos.

Un paseo arbolado en el recinto del Jardin du Palais-Royal

PARÍS
PARQUES Y JARDINES

Prácticamente cada espacio verde parisino está decorado con parterres de flores perfectamente conservados, arbustos y árboles podados con excepcional cuidado y hermosas fuentes. Los antiguos cotos de caza reales y los jardines privados fueron convertidos en agradables parques en los que se reúnen los parisinos para pasear, practicar algún deporte o jugar a la popular *pétanque*.

ESPACIOS VERDES PREFERIDOS POR LOS PARISINOS

Parc des Buttes-Chaumont
Este parque en una colina es ideal para hacer un pícnic; está muy concurrido los fines de semana *(p. 146)*.

Parc Monceau
En este parque se suelen congregar los parisinos pudientes para sus pícnics *(p. 226)*.

Parc de la Villette
Ideal para un partido de fútbol o running *(p. 140)*.

Place des Vosges
Agradable lugar con vegetación en un espléndido entorno urbano *(p. 92)*.

Innovadores espacios reconvertidos

Algunos de los espacios verdes más populares entre los parisinos son en realidad antiguas zonas industriales reconvertidas. La Coulée Verte René-Dumont *(p. 106)*, un antiguo ferrocarril elevado, merece una visita; los trenes fueron sustituidos por tulipanes y todo el paseo recuerda un largo jardín colgante sobre la ciudad. Las Berges de Seine *(p. 210)* forman una pista peatonal a lo largo del río, con algunas viejas gabarras convertidas en jardines flotantes.

→

La antigua línea de ferrocarril de la Coulée Verte René-Dumont

💬 CONSEJO DK
Mercado floral

El Marché aux Fleurs Reine Elizabeth II *(p. 77)* rebosa de flores y puestos con semillas, bulbos y herramientas. Un paraíso para amantes de la jardinería.

Agradables parques

Los arquitectos del siglo XIX diseñaron dos "pulmones verdes" en cada extremo de la ciudad: el Bois de Boulogne *(p. 292)* y el Bois de Vincennes *(p. 294)*. Estos parajes bucólicos ofrecen tanto zonas boscosas, como tranquilos lagos y estanques y un sinfín de senderos para pasear. Ambos cuentan con un jardín botánico y atracciones arquitectónicas, además de alguna sorpresa como, por ejemplo, un teatro al aire libre. Otro lugar estupendo para airearse son los extensos jardines del palacio de Versalles *(p. 296)*.

↑ Las verdes extensiones de los Bois de Vincennes y Bois de Boulogne *(arriba)*

En los escenarios y las pantallas

París posee una larga y rica historia, bien por ser el lugar de presentación de la última obra de Molière, en el Palais Royal, o por ser la sede de la compañía de teatro, aún existente, más antigua del mundo, la famosa Comédie-Française, fundada en 1680. La ciudad sirvió también de telón de fondo para multitud de películas, entre ellas algunos clásicos de la *Nouvelle vague*, como *Jules et Jim* y *Sin aliento* de Godard, o más recientemente, *Amélie*, cuyo lugar de trabajo, el Café des 2 Moulins, se puede visitar en la Rue Lepic.

← Audrey Tautou como la encantadora *Amélie*, de 2001

 CONSEJO DK
Tumbas de famosos
Lugares en los que descansan personajes como Oscar Wilde o Edith Piaf en el Cimetière du Père Lachaise *(p. 130)*.

PARÍS COMO
INSPIRACIÓN

París ha inspirado a innumerables pensadores y artistas a lo largo de los años. Fue el centro de la Ilustración, el núcleo de modas y tendencias y el escenario favorito de muchas películas desde que los hermanos Lumière inventaron el cine. Nada mejor que seguir los pasos de los personajes ilustres para estimular la imaginación.

Residentes célebres

Desde Coco Chanel y María Antonieta hasta Voltaire o Pasteur, París ha alojado a una larga lista de personajes ilustres tanto de la filosofía y la ciencia como del arte y la cultura. Merece la pena visitar los aposentos de María Antonieta en Versalles *(p. 296)*, tomar un café en Les Deux Magots como hacía Hemingway *(p. 244)* o rendir un homenaje a Chanel en su primera *boutique* de la Rue Cambon.

↑ El emblemático Les Deux Magots, en el Boulevard St-Germain

← Interior de los aposentos de María Antonieta en el palacio de Versalles

París literario

La famosísima librería Shakespeare and Company *(p. 258)*, un monumento a la palabra escrita, está siempre llena de gente. La ciudad sirvió de marco para muchas novelas épicas, incluyendo *Notre Dame de París* y *Los Miserables*. Se puede ir en busca del fantasma de la Opéra Garnier *(p. 172)*, deambular por la Rue Montorgueil como Florent en *El vientre de París* o ver a Gavroche, de *Los Miserables*, en los alrededores de la Bastille *(p. 104)* o, tal vez, en la casa de Victor Hugo *(p. 93)*, donde este escribió su obra más importante.

←
La Opéra Garnier, el escenario de la novela *El fantasma de la ópera*

TOP 5 ESCRITORES EXTRANJEROS EN PARÍS

Ernest Hemingway
Escribió su *París era una fiesta* viviendo en la ciudad entre 1921 y 1926.

F. Scott Fitzgerald
El autor estadounidense vivió en Montparnasse en la década de 1920.

George Orwell
El novelista británico relata su vida en pobreza extrema en su obra *Sin blanca en París y Londres* (1933).

James Joyce
El escritor irlandés fue residente en París desde 1920 hasta 1940 y su obra *Ulises* fue publicada aquí en 1922.

Anaïs Nin
La escritora francesa encontró en París a su amor, el escritor estadounidense, Henry Miller.

Visitantes paseando
por el hermoso
Jardin des Tuileries ↑

PARÍS
A BUEN PRECIO

Con razón París atrae a hordas de viajeros con presupuestos limitados. Las entradas a los museos gratuitas y los magníficos espacios verdes mantienen a los visitantes ocupados durante el día y la comida callejera rica y barata, además de las *happy hours*, amenizan las tardes. Y por cierto, ¿qué puede ser mejor que un pícnic en la orilla del Sena con una botella de vino, una *baguette* y un poco de queso?

Iglesias

La mayoría de las iglesias parisinas son de dominio público y, por lo tanto, no cobran entrada. Hay que evitar a las multitudes en la Sainte-Chapelle y el Sacré-Coeur y apostar por la segunda iglesia más grande de París, St-Sulpice *(p. 243)*, con pinturas de Delacroix. Al lado del Panteón está St-Étienne-du-Mont *(p. 257)*, una iglesia sorprendentemente poco frecuentada a pesar de albergar la tumba de Santa Genoveva, la patrona de la ciudad de París. Estos monumentos poseen obras de arte y preciosas vidrieras y son una opción muy económica y cómoda de disfrutar del arte sacro de la ciudad.

→

La magnífica iglesia
St-Étienne-du-Mont

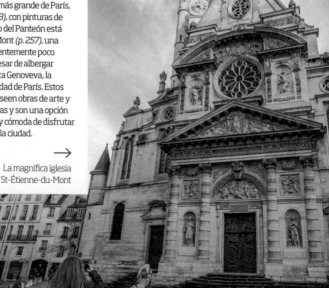

Parques y jardines

Desde la colina de Buttes-Chaumont *(p. 146)* hasta los rincones más remotos del Bois de Boulogne *(p. 292)* y del Bois de Vincennes *(p. 294)*, el acceso a las zonas verdes parisinas es, por lo general, gratis. No hay que perderse la hermosa fuente Médici en el Jardin du Luxembourg *(p. 286)*, el obelisco de la Place de la Concorde desde el Jardin des Tuileries *(p. 191)*, un pícnic a la orilla del estanque del Parc Monceau *(p. 226)* o unirse a una partida de *pétanque* en el Jardin du Palais-Royal *(p. 188)*. El hecho de poder entrar en los parques parisinos de forma gratuita forma parte de la magia de la ciudad.

← Parisinos jugando a la petanca en el Jardin du Palais-Royal

PROPINAS

En los restaurantes, se debe redondear el precio al alza. En taxi, añadir uno o dos euros. En los hoteles se puede expresar su agradecimiento por la limpieza y si su guía fue estupendo... hacérselo saber. Pero no es obligatorio añadir un 15% del precio. Los empleados franceses reciben sueldos mensuales y la propina sirve solo para expresar el grado de su conformidad.

¿Lo sabías?

Muchos museos abren gratis el primer domingo de cada mes – consultar sus páginas web.

↑ Una de las lujosas habitaciones en el Musée Carnavalet

Museos municipales

Numerosos museos gestionados por el ayuntamiento, como la Maison de Victor Hugo *(p. 93)* o el Musée Carnavalet *(p. 97)*, ofrecen acceso gratuito; para algunas exposiciones hay que pagar pero las colecciones principales y permanentes están abiertas al público. La entrada a la colección de arte contemporáneo del Musée d'Art Moderne de la Ville de Paris *(p. 228)* es también gratuita. Entre otros museos municipales destaca el Musée Cognacq-Jay *(p. 92)* y el Petit Palais *(p. 223)* ubicado en una sala de exposiciones construida para la Exposición Universal de 1900.

Compras de lujo

París, como capital de la moda, ofrece todo lo que un comprador exigente puede desear. La Avenue Montaigne *(p. 226)*, con tiendas como Chanel, Dior o Gaultier, es el típico ejemplo de este fenómeno y cuenta con la mayoría de las marcas que muchos reconocen pero solo unos pocos pueden permitirse. La visita a estas tiendas tan elegantes se suele hacer con vestimenta formal. Otras tiendas de prestigio semejante se encuentran en los alrededores de la Rue St-Honoré y en el barrio de St-Germain, mientras que Le Marais se ha vuelto, en los últimos años, el centro de la alta costura masculina.

$\rightarrow$

La legendaria tienda de Chanel, en la Avenue Montainge y el bistró L'Avenue *(arriba)*, en la misma calle

PARÍS DE
COMPRAS

París es sinónimo de moda y para muchos, el chic parisino es lo más. Hay tiendas de alta costura y *boutiques* originales con artículos exclusivos que no se pueden encontrar en ningún otro lugar. Ya sea una curiosidad del mercadillo callejero o un *foulard* de Hermès, lo más divertido está en la búsqueda.

Grandes almacenes

Tal y como describió Émile Zola en *El paraíso de las damas*, París fue una de las ciudades pioneras en este tipo de tienda con Le Bon Marché *(p. 243)*. Hoy en día la fórmula es la misma. Las tiendas de diseñadores de renombre se encuentran en las plantas bajas donde los clientes hacen colas para comprar el bolso de moda, antes de ascender de piso en piso. Puede tomarse un descanso en el café de la azotea de Printemps *(p. 177)* o en la terraza de las Galeries Lafayette *(p. 175)*.

Impresionante interior *art nouveau* de las Galeries Lafayette

COCO CHANEL

De origen humilde, criada en un orfanato, Coco Chanel (1883-1971) abrió su primera tienda parisina en 1913. Aquí se vendían sombreros y ropa deportiva fabricada a partir de materiales como el punto, que se hizo muy popular entre mujeres cansadas de los incómodos corsés. La diseñadora revolucionó el mundo de la moda en la década de 1920 con su famosa *petite robe noir* y el Chanel No.5, el primer perfume con el nombre de una diseñadora de moda.

¿Lo sabías?

La etiqueta "Made in France" indica auténticos productos de procedencia local.

Visitantes del Marché aux Puces de St-Ouen ↑

Mercadillos de pulgas

Los parisinos acostumbran a vender con frecuencia sus pertenencias y los mercados de pulgas atraen a los curiosos todos los fines de semana. El laberíntico Marché aux Puces de St-Ouen en la Porte de Glignancourt *(p. 305)* es el lugar donde encontrar antiguas lámparas, sillas, sofás o incluso una piel de tigre para recrear su propio Versalles. Lo mejor es mirar, fingir interés y, si es necesario, negociar... quizá no por una cajita de 5 €, pero ¿y por una silla de la época de Luis XV de 5.000 €?

Huellas de la Segunda Guerra Mundial

Las órdenes de Hitler respecto a la ciudad, al terminar la ocupación, fueron su destrucción total. No obstante, el gobernador von Choltitz no obedeció. De la ocupación de 1940-1944 quedan relativamente pocas huellas en la ciudad. Algunas de ellas, resultado de enfrentamientos entre la resistencia y las fuerzas alemanas, se pueden ver en la comisaría de policía de la Île de la Cité *(p. 77)*.

←

La comisaría de policía en la Île de la Cité

PARÍS Y LA
HISTORIA

Hay más de dos milenios de historia por descubrir en París. Desde las invasiones vikingas, la peste negra o la Revolución hasta la ocupación nazi en el siglo XX, el tumultuoso pasado de la ciudad cobra vida en los museos, las calles o los cafés.

TOP 4 MUSEOS DEDICADOS A LA HISTORIA

Musée de l'Armée
Historia militar desde la Edad Media hasta Charles de Gaulle *(p. 204)*.

Musée Carnavalet
Museo para explorar la historia parisina, situado en una mansión *(p. 97)*.

Pavillon de l'Arsenal
Propone una exposición sobre el desarrollo de la arquitectura parisina *(p. 93)*.

Musée de Cluny
Especializado en historia medieval, también alberga ruinas galorromanas *(p. 254)*.

→

Arc de Triomphe du Carrousel en la entrada del Jardin des Tuileries

Monumentos napoleónicos

La presencia de los emperadores del siglo XIX, Napoleón I y su sobrino Napoleón III se percibe por toda la ciudad. Si se encuentra una "N", ya sea en un puente o en la misma fachada del Louvre *(p. 184)*, no será difícil determinar las fechas de la procedencia de dicho monumento ni por encargo de quién fue construido. Napoleón I permitió también que se levantaran varios monumentos en su propio honor como el Arc de Triomphe *(p. 216)*, el Arc de Triomphe du Carrousel *(p. 192)* o la gran columna de bronce en la Place Vendôme *(p. 193)*.

Ruinas romanas

Pocos saben que París, llamada entonces Lutecia, fue en la Antigüedad una importante ciudad romana. El Boulevard St-Michel era una calzada romana y, cerca del Musée de Cluny *(p. 254)*, todavía se pueden ver las ruinas de los baños públicos. Las enormes Arènes de Lutèce *(p. 268)*, que hoy en día sirven de cancha de fútbol y zona de juegos, fueron un anfiteatro y un circo de combate.

$\rightarrow$

Las ruinas de Arènes de Lutèce, antaño una gran arena romana

 CONSEJO DK
Relatos históricos

Una oportunidad para probar el dominio del francés son las cerca de 700 placas, con forma de remo y diseñadas por Phillipe Starck, que relatan en letras rojas la historia y algunas curiosidades de los monumentos donde se encuentran.

La Llama de la Libertad

La Llama de la Libertad es copia de la antorcha que sostiene la Estatua de la Libertad de Nueva York, regalo de Francia y símbolo de amistad entre los dos países. Hoy la Llama homenajea también a Lady Di, que murió en accidente de tráfico en 1997 en el túnel que pasa bajo el monumento.

La Llama de la Libertad dorada, homenaje a Diana de Gales $\downarrow$

$\uparrow$ La columna conmemorativa de Napoleón, en la Place Vendôme

PARÍS PARA
TOMAR UNA COPA

A los parisinos siempre les ha gustado tomarse una copa. El vino, proveniente de todo el país, sigue siendo lo más bebido aunque la apertura de nuevos bares de cócteles ha cambiado el modo en el que los parisinos disfrutan de las bebidas más fuertes. La cerveza, que se solía producir en las clásicas *brasseries* del siglo XIX, está cogiendo fuerza en las nuevas cervecerías artesanales.

Cerveza artesanal

La cerveza francesa nunca ha sido para presumir. Hoy en día, están surgiendo nuevas y originales fábricas cerveceras que están cambiando todo el espectro, como la Goutte d'Or o la Paname Brewing Company *(p. 151)*. Las antiguas *brasseries* han cedido el lúpulo y la cebada a los jóvenes artesanos que ofrecen sus nuevos productos en los bares parisinos. Estos se pueden degustar en lugares como La Fine Mousse *(p. 108)*, especializado en cerveza artesanal tanto de Francia como de todo el mundo.

$\longrightarrow$

La impresionante selección de
cervezas en La Fine Mousse

Vinos innovadores

El gusto de los parisinos con respecto al vino ha superado, ya hace tiempo, el típico cliché de "tinto con carne, blanco con pescado". No hay porqué perderse los vinos franceses estando en la capital pero conviene prepararse para ciertos maridajes inesperados. En caso de duda, confíe en el sumiller o el camarero, perfectamente capaz de recomendar la botella adecuada y, si las dudas permanecen, siempre queda el vino de la casa, a menudo una elección garantizada.

←

Grupo de amigos disfrutando de unas copas de tinto, y vinos en venta en una de las muchas tiendas de la ciudad *(abajo)*

DEGUSTACIÓN DE VINOS

Asistir a una cata suele ser la mejor manera de conocer los vinos de Francia en profundidad. En el Ô Château *(p. 193)* los especialistas proponen catas, paseos en barco por el Sena degustando Champagne e incluso cenas en las que se pueden probar varias cosechas. Las clases de Le Foodist incluyen maridaje con quesos, con productos de charcutería, aceitunas y degustación de vinos. Las catas de Paris Wine Walks *(www.paris-wine-walks.com)* permiten descubrir las raíces vinícolas de París con la visita a un viñedo.

Cócteles creativos

Los bares especializados en cócteles como Candelaria o Prescription Cocktail Club han contribuido al gusto que muestran los parisinos hacia estas bebidas, una revolución que comenzó hace más de un siglo con el legendario Harry's Bar *(p. 175)*. Una nueva generación de bármanes emplea ingredientes variados para elaborar unos elixires originales. Vale con sentarse, relajarse y esperar para obtener un rico cóctel que, además, quedará estupendo en Instagram.

↑ La popular coctelería Candelaria, una auténtica joya en Rue de Saintonge

Sobre el horizonte

La silueta de París va adquiriendo nuevas alturas. La Torre Eiffel *(p. 200),* del siglo XIX, que fue considerada algo espantoso, es hoy el símbolo de la ciudad y su mirador ofrece unas vistas de París únicas. A poca distancia de la dama de acero se halla otro edificio emblemático, ya del siglo XX, la Tour Montparnasse *(p. 284),* también con unas vistas singulares desde un ángulo diferente. Aunque no tan elegante como la Torre Eiffel, su nuevo revestimiento verde, debido a las Olimpiadas de 2024, la acerca a otras resplandecientes estructuras arquitectónicas como la Fondation Louis Vuitton *(p. 292)* y la Philharmonie de Paris *(p. 147).*

→

Vista desde la
Tour Montparnasse hacia
la Torre Eiffel

PARÍS Y LA
ARQUITECTURA

Diseñada a la perfección, París ha reunido multitud de estilos arquitectónicos a lo largo de los siglos. La ciudad está repleta de antiquísimas fachadas góticas, altas cúpulas neoclásicas e impactantes estructuras modernas. Sus tesoros arquitectónicos se pueden admirar desde muy distintas perspectivas, tanto desde lo alto de la Torre Eiffel como bajo tierra.

PRINCIPALES ESTILOS ARQUITECTÓNICOS

Gótico: este estilo imponente floreció en gran medida en Francia y su representación más importante es la catedral de Notre-Dame *(p. 70).*

Barroco: la ostentosa decoración del palacio de Versalles *(p. 296)* es un perfecto ejemplo.

Neoclásico: inspirado en los templos de la antigua Roma y Grecia, en París está representado por el Panteón *(p. 252).*

Modernismo: caracterizado por múltiples curvas y motivos naturales, el *art nouveau* se percibe aún en las entradas del metro parisino.

Desde lo alto

Gran parte de la arquitectura parisina data del siglo XIX, cuando el urbanista Barón Haussmann rediseñó la mayoría de la ciudad. Sus innovaciones arquitectónicas se pueden admirar por todo el país e incluso en el extranjero. Sus amplios y arbolados bulevares y las uniformes fachadas son algunos de los signos característicos de su estilo. Otra particularidad de la París haussmanniana son las monumentales intersecciones viales alrededor de grandes edificios como la espléndida Opéra Garnier *(p. 172).*

Avenue de la Grande Armée,
diseñada por
Barón Haussmann ↑

A nivel de calle

En el barrio de Le Marais aún hay casas medievales y palacios renacentistas, pues aquí la historia consiguió sobrevivir a los conflictos armados y al salvaje urbanismo. Los principales ejemplos están en la Rue François Miron y, como representante del estilo renacentista de la época de Enrique IV, se encuentra la Place des Vosges *(p. 92),* formada por hermosas fachadas de ladrillo de color rosáceo. Por los patios de estas casas palaciegas antiguamente pasaban los carruajes de la flor y nata parisina.

←

Hôtel de Soubise, una de las muchas mansiones históricas de Le Marais

BARÓN HAUSSMANN

Formado en derecho, la misión del funcionario público Georges-Eugène Haussmann, bajo el emperador Napoleón III, fue rediseñar las insalubres calles de la ciudad de París. Con los mejores arquitectos e ingenieros de la época, ordenó demoler edificios antiguos y construir anchos bulevares. Sus planes tuvieron muchos detractores, no obstante, el resultado fue sorprendente. Gracias a su trabajo existe un alcantarillado eficiente, zonas verdes y estrictos reglamentos urbanísticos que permitieron conservar la ciudad tal y como la conocemos hoy en día.

En el subsuelo

La París subterránea es un mundo en sí. Las catacumbas del siglo XVIII *(p. 285)* son un lúgubre laberinto de antiguas canteras de piedra caliza revestidas con los huesos de millones de parisinos traídos de los saturados cementerios urbanos. Para los más intrépidos se organizan visitas a la impactante red de alcantarillado *(p. 209)* parisino, a menudo infestada de ratas.

↑ Las macabras catacumbas parisinas, "decoradas" con millones de huesos

Un paseo a lo largo del Canal hasta La Villette

Merece la pena acercarse a disfrutar del ambiente del Canal St-Martin *(p. 118)*, aunque pocas visitas guiadas llegan hasta la zona de los puentes, con sus tiendas y cafés. Hacia el norte, La Villette, es un barrio que merece la pena visitar. El moderno parque *(p. 142)*, con su auditorio y su museo de ciencias atrae a muchas familias parisinas.

Canal St-Martin, un lugar para pasear y hacer pícnic muy popular entre los parisinos

PARÍS
FUERA DE LAS RUTAS HABITUALES

En París es fácil eludir a la muchedumbre y descubrir la ciudad de los parisinos. Los patios escondidos y los museos del centro esperan a los que buscan algo distinto, y los barrios menos céntricos ofrecen cafés con encanto, iglesias y originales galerías de arte.

Explorar el multicultural barrio de Belleville

Belleville es un concurrido barrio en el que conviven emigrantes asiáticos, artistas y *hipsters*. Un paseo por el Parc de Belleville *(p. 132)*, con sus vistas de la ciudad, o la Rue de Belleville *(p. 132)*, aromatizada con la sopa vietnamita *pho* y los patos girando en los asadores chinos, puede ser inolvidable. El distrito está decorado con arte callejero y cuenta con muchos bares y cafés muy originales. Toda la zona se suele animar los martes y los viernes con el mercado callejero.

↑ Visitantes del mercadillo de Belleville

De compras con los parisinos en el Marché d'Aligre

Se puede probar a vivir un día como un auténtico parisino en el Marché d'Aligre *(p. 106),* uno de los mercados de alimentos más animados de la ciudad. Comprar unas fresas y tomar un aperitivo de ostras regadas con vino mientras se llena la bolsa con diversas delicias, es toda una experiencia. La parte cubierta, el Beauvau-St-Antoine, es el mejor sitio para encontrar suculentas salchichas o un rico queso de cabra mientras que fuera encontrará flores frescas, lechugas y puestos con otros productos de temporada. En los puestos al descubierto se venden también trastos de todo tipo y libros de viejo.

Puestos callejeros del Marché d'Aligre llenos de productos frescos de calidad

CONSEJO DK
Lugares tranquilos en el Louvre

Incluso en el Louvre, el museo más visitado del mundo, hay lugares en los que huir de las multitudes. La tranquilidad se encuentra donde los grupos rara vez llegan, como las salas de pintores del norte de Europa, arte islámico o las antigüedades del Oriente Próximo.

Una excursión a uno de los "pulmones verdes" parisinos

Al remar por uno de los lagos del Bois de Vincennes *(p. 294)* o del Bois de Boulogne *(p. 292),* uno se pregunta por qué hacen los turistas largas colas para dar un paseo en barco por el Sena. Muchos visitantes pasan por alto estos dos extensos parques de las afueras de París. Impresionantes *châteaux,* jardines botánicos con ejemplares exóticos, un zoo, un pequeño parque de atracciones e incluso la galería de arte contemporáneo Fondation Louis Vuitton *(p. 292)* esperan a todos aquellos que deciden cruzar el Périph y adentrarse en estos parajes naturales.

Bois de Boulogne, sede de la Fondation Louis Vuitton *(arriba)*

UN AÑO EN
PARÍS

ENERO

△ **Fête des Rois** *(6 ene)*. Probar las *galettes des rois* (una versión francesa del roscón de reyes, rellena de franchipán).

Prix d'Amérique *(fin ene)*. Carrera hípica desde 1920.

FEBRERO

△ **Año Nuevo Chino** *(prin feb)*. Desfiles y fiestas callejeras en el barrio chino.

Salon International d'Agriculture *(fin feb–prin mar)*. Una de las ferias de agricultura más grande del mundo.

MAYO

Shakespeare Garden Festival *(desde may hasta oct)*. Obras del autor interpretadas en el Bois de Boulogne.

Nuit Européenne des Musées *(med may)*. Los museos abren durante una noche primaveral.

Taste of Paris *(med may)*. Festival gastronómico de cuatro días en el Grand Palais.

△ **Roland Garros** *(fin may–prin jun)*. Abierto de tenis de Francia sobre tierra batida.

Le Printemps des Rues *(fin may)*. Festival de arte y espectáculo en el este de París.

JUNIO

Fête de la Musique *(21 jun)*. Celebración de música de todo el día con conciertos gratuitos por toda la ciudad.

Les Grandes Eaux-Nocturnes *(med jun–med sep)*. Espectáculo de luz y música en los jardines de Versalles.

△ **Gay Pride** *(fin jun)*. Animado desfile y mucha fiesta.

International Paris Air Show *(fin jun)*. Una de las muestras aeronáuticas más grande y antigua del mundo.

Fête du Cinema *(fin jun–prin jul)*. Festival de cine de cuatro días con las entradas a precios reducidos.

Paris Jazz Festival *(fin jun–prin jul)*. Celebración del jazz organizada en el Parc Floral de Paris.

OCTUBRE

Nuit Blanche *(1er sá)*. Arte toda la noche.

△ **Prix de l'Arc de Triomphe** *(1er do)*. Famosa carrera hípica en el hipódromo de Longchamp.

Mondial de l'Automobile *(primeras dos semanas, cada segundo año)*. Una muestra comercial de vehículos.

Foire International d'Art Contemporain (FIAC) *(fin oct)*. Feria de arte contemporáneo.

BNP Paribas Masters *(fin oct–prin nov)*. Prestigioso torneo de tenis.

SEPTIEMBRE

Jazz à La Villette *(med sep)*. Programación de música, películas y exposiciones relacionadas con jazz.

Journées du Patrimoine *(med sep)*. Jornadas de puertas abiertas de los edificios históricos parisinos.

△ **La Parisienne** *(med sep)*. Una carrera solo para mujeres.

Techno Parade *(fin sep)*. Festival de música electrónica.

ABRIL

Pascua *(4 abr)*. Servicios religiosos y chocolate delicioso.

△ **Paris Marathon** *(prin abr)*. 42 km a través de las calles de París.

Foire de Paris *(abr–may)*. Comida, tiempo libre y moda en una enorme feria comercial.

MARZO

Printemps du Cinéma *(fin mar)*. Entradas al cine a precios rebajados por toda la ciudad.

Festival des Arts Martiaux *(fin mar)*. Feria de artes marciales.

△ **Foire du Trône** *(mar–may)*. Feria organizada en Bois de Vincennes con cientos de atracciones.

JULIO

Festival du Cinéma en Pleine Air *(med jul–med ago)*. Cine al aire libre en La Villette.

△ **Paris Plages** *(jul–ago)*. La vida costera en las orillas del Sena.

Paris Quartier d'Été *(med jul–prin ago)*. Danza, música, teatro y ballet por toda la ciudad.

El Día de la Bastille *(14 jul)*. Celebraciones y fuegos artificiales.

Tour de France *(fin jul)*. La carrera ciclista más grande del mundo llega a París.

AGOSTO

Festival Classique au Vert *(med ago–prin sep)*. Música clásica en el Parc Floral de París.

△ **Rock en Seine** *(fin ago)*. Gran festival internacional de música rock.

NOVIEMBRE

△ **Beaujolais Nouveau** *(3er ju)*. Celebraciones que marcan la llegada de nuevos vinos.

Salon des Vins des Vignerons Indépendants *(fin nov–prin dic)*. Festival independiente para amantes del vino y viticultores.

DICIEMBRE

Iluminación navideña *(hasta ene)*. París se ilumina para celebrar la navidad.

Nautic *(prin–med dic)*. Feria internacional de lo último en el ámbito náutico.

△ **Nochevieja** *(31 dic)*. Espectáculo luminoso en los alrededores del Arc de Triomphe.

59

UN POCO DE
HISTORIA

Durante más de 2.000 años, París sufrió guerras, invasiones y plagas que pusieron a prueba a sus habitantes. Como centro del poder de grandes monarcas como Luis XIV o Napoleón, París ha sido escenario y ha superado acontecimientos de la magnitud de la Revolución o la ocupación nazi.

De un puesto avanzado romano a la capital

Los primeros pobladores permanentes, la tribu de los Parisii, llegaron al Sena hace unos 2.500 años, aunque, ciertos hallazgos arqueológicos demuestran que no fueron los primeros. En 52 a. C. los romanos lograron conquistar el territorio y rebautizarlo con el nombre de Lutecia. Durante la caída del Imperio romano, en el siglo III, la ciudad floreció y en el año 508 fue declarada por el rey franco Clodoveo I capital de su reino. Pese a varios brotes de peste y a la ocupación inglesa, el arte y la cultura en la ciudad prosperaron. En la Île de la Cité se alzó la magnífica Notre-Dame y la Universidad de París se convirtió en el epicentro de la educación en Europa.

1️⃣ Mapa medieval de París.

2️⃣ La Sorbonne, sede de la Universidad de París en 1550.

3️⃣ La Guerra de los Cien Años, entre Francia e Inglaterra.

4️⃣ Revolucionarios atacando La Bastille.

Cronología

508

Clodoveo I, rey de los francos, instaura París como la capital de su reino, que será Francia

987

Hugo Capeto, el ancestro de todos los futuros reyes de Francia, gobierna en el reino de los francos.

1240

Las campanas de la ciudad se empiezan a regir por los relojes, facilitando la regulación de los horarios de trabajo.

1429

Juana de Arco no logra reconquistar París de manos de los ingleses, es capturada y, un año más tarde, quemada en la hoguera..

El centro de la cultura

En el siglo XVI el renacimiento italiano llegó a París a través de los Médicis. A pesar de varios conflictos agravados por la fe protestante del rey Enrique IV, la cultura prosperó, aparecieron nuevos alimentos, moda e incluso el ballet. El Louvre se convirtió en el Palacio Real y la nobleza construyó sus mansiones en Le Marais. Los monarcas franceses hicieron de París la capital mundial, con testimonios como el palacio de Versalles de Luis XIV.

La Revolución

En el siglo XVII, el movimiento de la Ilustración agitaba las esferas intelectuales parisinas mientras que la corte decaía. Las hambrunas, el descontento generalizado y los gastos de Versalles, además de unas guerras casi interminables, llevaron al pueblo a las armas. La Revolución francesa, desencadenada con la caída de la prisión de la Bastille, el 14 de julio de 1789, puso fin al derecho divino de la aristocracia francesa. En 1793, Luis XVI y su esposa, María Antonieta, fueron guillotinados en la Place de la Concorde. Llevó tiempo restablecer el orden tras estos acontecimientos a los que siguió una época de terror, en un país dividido por varias ideologías.

PRIMERA VEZ EN PARÍS

1348 El primer brote de la peste bubónica
1660 El café llega desde oriente a París
1728 Se instalan las primeras señales callejeras
1827 Zarafa, la primera jirafa, llega a París, regalo del gobernador del Egipto otomano
1907 Una mujer obtiene una licencia para conducir un taxi
1986 La 1ª maratón
2014 Anne Hidalgo es la 1ª alcaldesa de París

1528

El rey Francisco I devuelve la monarquía a París tras un paréntesis de un siglo.

1546

Se construye el primer embarcadero de piedra en el Sena y comienzan las obras del palacio del Louvre.

1572

La matanza de la Noche de San Bartolomé, tras la boda del futuro rey Enrique IV de Navarra y Margarita de Valois, deja en las calles unos 2.000 protestantes asesinados.

1671

El Rey Sol, Luis XIV, traslada la corte de París a Versalles.

1789

La Revolución francesa destrona a Luis XVI y su esposa María Antonieta.

1

2

La época napoleónica

La llegada al poder del general Napoleón Bonaparte y su gobierno supuso un aumento de la influencia de Francia en gran parte de Europa. Tras la caída de Napoleón vuelve al poder durante un corto período el linaje Borbón, antes de ceder el trono a Luis-Napoleón Bonaparte, alias Napoleón III, quien continuó con la tradición de su célebre tío en el Segundo Imperio. Durante la segunda mitad del siglo XIX encargó al Barón Haussmann la modernización de la capital creando los grandes bulevares que hoy en día definen la estructura de la ciudad. En la década de 1860 se incorporaron a la ciudad pueblos como Montmartre y Belleville, estableciéndose así los límites de la París moderna.

La *Belle Époque*

El final sangriento de la breve Comuna parisina en 1871 marcó el comienzo de la nueva Tercera República, que floreció durante la, así llamada, *Belle Époque* de finales del siglo XIX y principios del siglo XX. En 1889 fue erguida sobre París la Torre Eiffel y en 1900 se abrió el metro parisino. En aquella época París fue un verdadero símbolo de lo moderno, tanto en el ámbito artístico como tecnológico.

↑ Luis-Napoleón Bonaparte, el emperador Napoleón III

Cronología

1804
Napoleón se corona en Notre-Dame como emperador de Francia.

1941
Los primeros habitantes judíos son arrestados por las fuerzas alemanas.

1853
El Barón Haussmann comienza la reestructuración de París.

1871
La Semana Sangrienta deja 10.000 ciudadanos franceses muertos durante el asalto a La Comuna de París por el ejército.

1944
París es liberada de la ocupación nazi.

4

Ocupación y recuperación

Durante la II Guerra Mundial, en 1940, la república francesa cayó en manos de la Alemania nazi. Los parisinos sobrevivieron a esta dura prueba, aunque con muchos daños y, tras la liberación en 1944, la ciudad comenzó una lenta recuperación. Las protestas estudiantiles, en 1968, agitaron todo Europa y París no fue una excepción. En este período comenzaron a emerger ambiciosos proyectos arquitectónicos y, a finales del milenio, París era una de las capitales mundiales más modernas. El sistema de bicicletas urbanas Vélib' cambió el estilo de transporte de los parisinos y, con la prohibición de los vehículos de motor en las orillas del Sena, se crearon varios nuevos espacios verdes.

París hoy en día

París es una ciudad modelo, ejemplo de innovación que, a la vez, conserva los rasgos tradicionales. La ciudad se vio sacudida en 2015 por los ataques terroristas de Charlie Hebdo y Bataclan, pero la urbe no se deja intimidar. Su espíritu revolucionario pervive, como atestiguan las protestas de los *gilets jaunes* (chalecos amarillos) y las marchas de Black Lives Matter de 2020. Con una ciudadanía cada vez más comprometida y una alcaldesa que mira al futuro, París confirma su estatus de ciudad global con vistas al exterior.

1 El Champ-de-Mars y la Torre Eiffel durante la Exposición Universal de 1900.

2 Las protestas estudiantiles de 1968.

3 El proyecto de transporte Vélib', instaurado en 2007.

4 Un homenaje a las víctimas de los atentados de Charlie Hebdo.

1961-1962

Las protestas de argelinos en París contra la guerra franco-argelina se cobran muchas víctimas.

1968

Las manifestaciones de estudiantes y huelgas se organizan en el Quartier Latin.

1977

Jacques Chirac es elegido alcalde de París, el primero desde 1871.

2019

Un devastador incendio destruye el tejado y la aguja de Notre-Dame.

2024

París es sede de los Juegos Olímpicos de verano.

EXPLORA PARÍS

Una quimera vigila la ciudad desde Notre Dame

ÎLE DE LA CITÉ E ÎLE ST-LOUIS

La historia de París empezó en la Île de la Cité, una isla formada por dos meandros del Sena. Poblada desde el siglo III a. C. por la tribu *Parisii* y tomada por Julio César en el año 52 a. C., la Île de la Cité fue la cuna del comercio fluvial y el centro del poder político y religioso en la época medieval. Este poder sigue siendo palpable en la Conciergerie y en Notre-Dame, la mundialmente conocida catedral gótica de la isla. Las diminutas casas y estrechas calles, que en otro tiempo caracterizaron la isla, fueron sustituidas por las amplias vías públicas decimonónicas, pero todavía quedan vestigios de otros tiempos en los alrededores de la romántica Square du Vert-Galant y en la Place Dauphine.

En el extremo oriental de la isla, el Pont St-Louis la conecta con la Île St-Louis, más pequeña. Estos antiguos pastos cenagosos se transformaron en el siglo XVII en una elegante zona residencial con pintorescos muelles arbolados. En los últimos tiempos ha acogido a famosos artistas y actores.

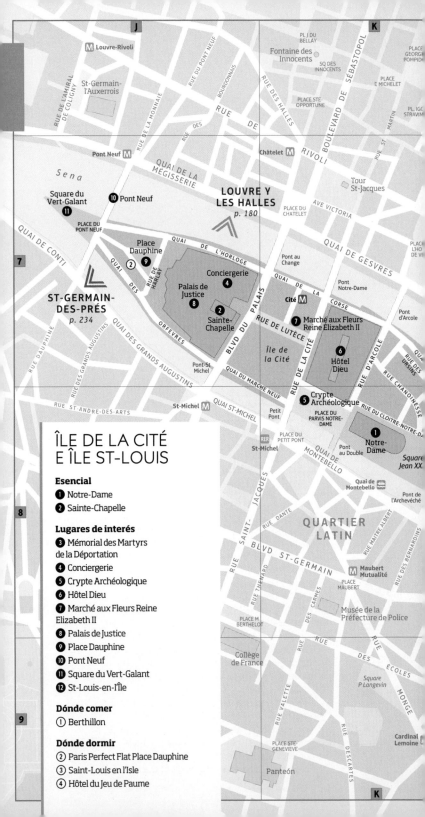

ÎLE DE LA CITÉ E ÎLE ST-LOUIS

Esencial
1. Notre-Dame
2. Sainte-Chapelle

Lugares de interés
3. Mémorial des Martyrs de la Déportation
4. Conciergerie
5. Crypte Archéologique
6. Hôtel Dieu
7. Marché aux Fleurs Reine Elizabeth II
8. Palais de Justice
9. Place Dauphine
10. Pont Neuf
11. Square du Vert-Galant
12. St-Louis-en-l'Île

Dónde comer
1. Berthillon

Dónde dormir
2. Paris Perfect Flat Place Dauphine
3. Saint-Louis en l'Isle
4. Hôtel du Jeu de Paume

Centre
Georges
ompidou

RUE RAMBUTEAU

Archives
Nationales

RUE DU RENARD

RUE DES ARCHIVES

RUE DU TEMPLE

RUE DES BLANCS MANTEAUX

RUE DES FRANCS BOURGEOIS

RUE STE CROIX

DE LA BRETONNERIE

RUE VIEILLE DU TEMPLE

RUE LA VERRERIE

Hôtel
de Ville

RUE DES ROSIERS

Musée
Cognacq-Jay

Musée
Carnavalet

RUE DES FRANCS BOURGEOIS

Hôtel
de Ville

RUE DE LOBAU

RUE DE RIVOLI

MARAIS

RUE DU ROI DE SICILE

RUE PAVÉE

Hôtel de
Lamoignon

PLACE
ST-GERVAIS

RUE FRANCOIS MIRON

St-Paul Ⓜ

QUAI DE L'HOTEL DE VILLE

RUE DE

Maison Européenne
de la Photographie

Quai de
l'Hôtel
de Ville

L'HOTEL DE VILLE

Mémorial
de la Shoah

RUE CHARLEMAGNE

St-Paul-
St-Louis

RUE SAINT-PAUL

Hôtel de
Sully

RUE ST-ANTOINE

Pont-Marie Ⓜ

LE MARAIS
p. 84

Pont Louis
Philippe

RUE DU BELLAY

QUAI DE BOURBON

QUAI DES CELESTINS

RUE DU PETIT MUSC

Pont
St-Louis

RUE LE REGRATTIER

RUE ST

Pont Marie

Square
de l'Île de
France

③

QUAI

D'ORLEANS

RUE BUDE

RUE DES DEUX PONTS

④

Île St-Louis

RUE POULLETIER

QUAI D'ANJOU

SQUARE
H GALLI

BOULEVARD HENRI IV

❸
Mémorial des
Martyrs de
la Déportation

①

Musée Adam
Mickiewicz

St-Louis-
en-l'Île

RUE ST LOUIS EN L'ILE

⑫

Ⓜ Sully Morland

QUAI DE LA TOURNELLE

QUAI DE BETHUNE

Pavillon
de l'Arsenal

BOULEVARD

QUARTIER
LATIN
p. 248

Pont de la
Tournelle

Square
Barye

Préfecture
de Paris

MORLAND

BLVD ST-GERMAIN

Pont de
Sully

QUAI HENRI IV

RUE DES FOSSES SAINT-BERNARD

RUE CARDINAL LEMOINE

QUAI SAINT-BERNARD

Institut du
Monde Arabe

Sena

SQUARE
TINO
ROSSI

RUE JUSSIEU

Université
Pierre et
Marie Curie

PLACE
JUSSIEU Ⓜ Jussieu

0 metros   250

N ↑

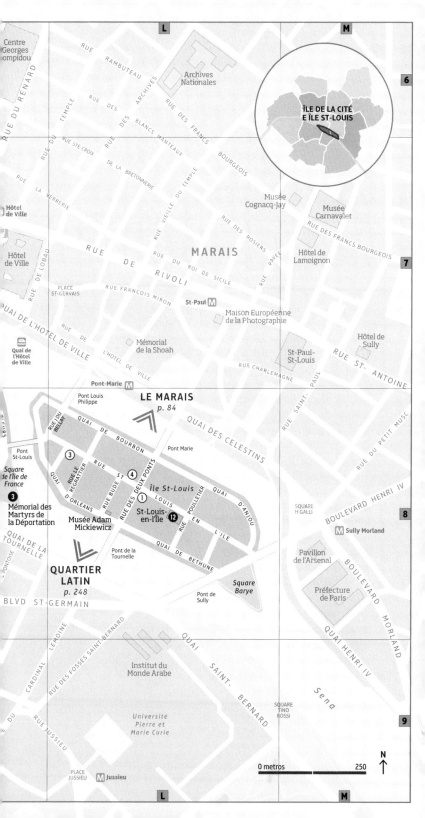

ÎLE DE LA CITÉ
E ÎLE ST-LOUIS

L   6

M

7

8

9

❶ ⟨⟩ ⟨⟩
NOTRE-DAME

📍 K8 🏛 Parvis Notre-Dame 75004 – Pl Jean-Paul II Ⓜ Cité 🚌 21, 38, 47, 58, 70, 72, 81, 82
Ⓡ Notre-Dame 🕐 hasta nuevo aviso 🌐 notredamedeparis.fr

Ningún otro monumento se asocia más estrechamente con la historia de París que Notre-Dame (Nuestra Señora). Este "corazón" geográfico y espiritual y catedral de la ciudad se eleva majestuosa en el extremo oriental de la Île de la Cité. Después de resultar gravemente dañada durante el incendio, en 2019, esta obra maestra del gótico permanece cerrada al público hasta que finalicen los trabajos de restauración.

La catedral se construyó sobre el emplazamiento de un templo romano. Desde que el papa Alejandro III puso la primera piedra en 1163, un ejército de arquitectos y artesanos trabajó a lo largo de 170 años para hacer realidad el proyecto del obispo Maurice de Sully. Su construcción concluyó hacia 1334, mide 130 metros de longitud y se caracteriza por sus arbotantes, el amplio crucero, un gran coro y torres de 69 metros.

Entre estos muros han sido coronados reyes y emperadores, y bendecidos los caballeros de las cruzadas. Pero también fue escenario de desórdenes: los revolucionarios la saquearon, prohibieron la religión, la transformaron en un templo dedicado al culto de la razón y fue almacén de vinos. En 1804 Napoleón la secularizó nuevamente y el arquitecto Viollet-le-Duc le devolvió su gloria de antaño. En abril de 2019 un devastador incendio destrozó todo el tejado de la catedral. Con el apoyo de numerosas donaciones de personalidades francesas, el presidente francés Emmanuel Macron juró solemnemente reconstruir Notre-Dame a tiempo para los Juegos Olímpicos de 2024.

↑ Los espectaculares arbotantes, obra de Jean Ravy, en el extremo este de la catedral, miden 15 metros

↑ Las legendarias gárgolas (chimères), de la catedral se ocultan tras la gran galería superior situada entre las torres

> **Desde que el papa Alejandro III puso la primera piedra en 1163, un ejército de arquitectos y artesanos trabajó a lo largo de 170 años para hacer realidad el proyecto del obispo Maurice de Sully.**

Cronología

1163
△ El papa Alejandro III coloca la primera piedra.

1708
△ Luis XIV remodela el coro, cumpliendo así la promesa de su padre de honrar a la Virgen.

1793
△ Los revolucionarios saquean la catedral y cambian su nombre a Templo de la Razón.

2019
△ El tejado y la aguja de la catedral quedan destruidos por un terrible incendio.

En la fachada occidental se ven unas
estatuas soberbias, un rosetón central
y una galería con lacería ↑

La reconstrucción de Notre-Dame

Los trabajos de reconstrucción en el interior de la catedral impiden la entrada de visitantes. Sin embargo, la iglesia sigue siendo un referente en la vida de la ciudad y su campana sonó con ocasión de la muerte del expresidente Jacques Chirac en 2019. Los arquitectos trabajan en la estabilización de la estructura mientras que los urbanistas aguardan para centrarse en el tejado y la aguja. El Gobierno se ha fijado el ambicioso objetivo de tener restaurada la catedral, incluida la aguja, antes de 2024.

La aguja fue completamente destruida durante el incendio de 2019.

Galerie des Chimères

Torre sur

Portal de la Virgen

Rosetón oeste

Transepto

Galería de los Reyes

↑ Ilustración transversal de cómo era Notre-Dame antes del incendio

387

son los escalones de la torre norte que llevan a las famosas gárgolas.

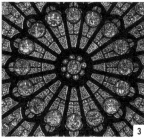

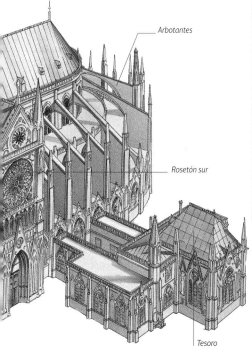

Arbotantes

Rosetón sur

Tesoro

1 Un cancel de piedra del siglo XIV rodeaba el presbiterio y proporcionaba un espacio de paz a los canónigos frente al bullicio de los fieles.

2 Tras el altar mayor se halla *La Piedad*, de Nicolas Coustou, que se erige sobre una base dorada.

3 Solo la fachada norte conserva las vidrieras originales del siglo XIII.

UN ROMANCE MEDIEVAL

El romance del siglo XII entre el monje Pedro Abelardo y la joven Eloísa comenzó entre los claustros de Notre-Dame. Abelardo fue contratado como tutor de la sobrina de 17 años de un canónigo. Pronto se enamoraron el maestro y su pupila. El tío de Eloísa, enfurecido, ordenó castrar al erudito y la dama se retiró a un convento.

② 🚲 Ⓜ 🛍

SAINTE-CHAPELLE

📍 J7 🏠 Blvd du Palais 75001 Ⓜ Cité 🚌 21, 38, 58, 85, 96 a Île de la Cité
🚇 St-Michel Ⓜ Notre-Dame 🕐 abr-sep: 9.00-19.00 diario; oct-mar:
9.00-17.00 diario 🚫 1 ene, 1 may, 25 dic 🌐 sainte-chapelle.fr

Etérea y mágica, la Sainte-Chapelle se considera
una de las grandes obras maestras de la arquitectura
de Occidente. Los devotos de la Edad Media
comparaban esta capilla con "las puertas del cielo".
Hoy, nadie que la visite puede dejar de sentirse
transportado por los reflejos de luz que se filtran
por sus 15 magníficas vidrieras.

Una obra maestra del gótico

Luis IX construyó esta capilla en 1248
para guardar la corona de espinas de
Cristo. Las espectaculares vidrieras
de esta obra maestra del gótico, las
más antiguas de París, están separadas
por estrechas columnas que se elevan
15 metros hasta el techo abovedado,
cubierto de estrellas. En las vidrieras
se representan más de mil escenas
bíblicas, desde el Génesis hasta la
Crucifixión, en un caleidoscopio de
rojos, dorados, verdes, azules y malvas.
En la capilla inferior rezaban los
sirvientes y plebeyos, mientras que
la capilla superior se reservaba
para la familia real.

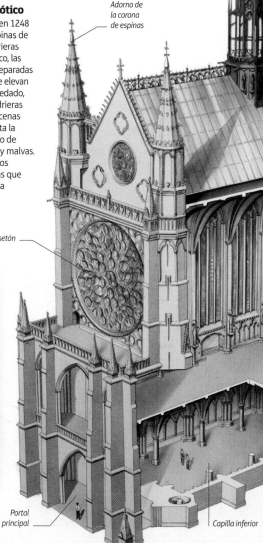

Aguja

Adorno de
la corona
de espinas

Rosetón

Portal
principal

Capilla inferior

↑ El rosetón expone
la historia del
Apocalipsis

Ángel

Capilla superior

↑ Ilustración transversal de la Sainte-Chapelle

1 La capilla inferior no es tan luminosa ni elegante como la superior, pero no deja de ser magnífica.

2 Las vidrieras de la capilla superior tienen 600 m² de vidrio.

3 Tallas de los apóstoles adornan los 12 pilares de la capilla superior.

LAS RELIQUIAS DE SAN LUIS

Luis IX era extremadamente devoto y fue canonizado en 1297, poco tiempo después de su muerte. En 1239 compró la corona de espinas al emperador de Constantinopla y en 1241 un fragmento de la Santa Cruz. Construyó esta capilla para guardar estos tesoros. El monarca pagó casi tres veces más por las reliquias que por la construcción de la Sainte-Chapelle. La corona de espinas se guardaba en Notre-Dame y sobrevivió al incendio.

LUGARES DE INTERÉS

3

Mémorial des Martyrs de la Déportation

📍 K8 🏛 Sq de l'Île de France 75004 📞 06 14 67 54 98 Ⓜ Cité, St-Paul, Maubert Mutualité, Pont Marie 🚆 St-Michel ⏱ 10.00-17.00 todos los días (hasta 19.00 abr-sep) 🚫 Primer lu de mes, 1 ene, 1 may, 15 ago, 1 nov y 25 dic

Este monumento conmemorativo rinde homenaje a los 200.000 franceses que fueron deportados a los campos de concentración nazis en la Segunda Guerra Mundial. En una lista aparecen los nombres de todos los campos. Las paredes del interior están decoradas con poemas y miles de vidrios. En un extremo se halla la tumba del Deportado Desconocido.

4

Conciergerie

📍 J7 🏛 2 Blvd du Palais 75001 Ⓜ Cité ⏱ 9.30-18.00 diario 🚫 1 may, 25 dic 🌐 paris-conciergerie.fr

La Conciergerie, que ocupa parte del antiguo Palacio de Justicia (*p. 78*), quedaba bajo la administración del *concierge* del rey, quien aseguraba el orden. Con el traslado del rey al Marais (en 1417), el palacio siguió siendo la sede administrativa y jurídica, y la Conciergerie se convirtió en prisión. Aquí fue encarcelado y torturado Ravaillac, el asesino de Enrique IV.

Durante la Revolución francesa se encerró aquí a más de 4.000 presos, entre ellos a María Antonieta, confinada en una diminuta celda y a Charlotte Corday, que asesinó

💬 CONSEJO DK
Ahorro en entradas

Si se va a visitar la Conciergerie y la Sainte-Chapelle el mismo día, se puede ahorrar algo adquiriendo una entrada combinada.

al líder revolucionario Marat mientras este se bañaba. Los jueces revolucionarios Danton y Robespierre también permanecieron encarcelados aquí antes de ser guillotinados.

La Conciergerie alberga la magnífica Salle des Gens d'Armes (Sala de Militares), de estilo gótico, con cuatro naves laterales, que fue el salón comedor de los 2.000 trabajadores del castillo. El edificio, restaurado en el siglo XIX, conserva en la Tour

La antigua cárcel de la Conciergerie, con sus torretas medievales con vistas al Sena →

↑ El Marché aux Fleurs, con su maravillosa variedad de flores y plantas estacionales y exóticas

> **Durante la Revolución francesa se encerró aquí a más de 4.000 presos, entre ellos a María Antonieta, confinada en una diminuta celda.**

de l'Horloge (Torre del Reloj) el reloj del siglo XIV más antiguo de la ciudad y que aún funciona.

---

⑤

Crypte Archéologique

📍 K8 🏠 7 Parvis Notre-Dame - Pl Jean-Paul II 75004
Ⓜ Cité, St-Michel
🕐 10.00–18.00 ma-do
📅 1 ene, 1 may, 8 may, 25 dic y fiestas religiosas
🌐 crypte.paris.fr

En esta cripta, situada en la plaza principal *(parvis)* de la fachada de Notre-Dame y que se extiende por debajo de esta a lo largo de 120 metros, se exhiben los restos de los cimientos y muros que precedieron varios siglos a la catedral. Los cimientos de la muralla más antigua de París datan del siglo III a. C., como los cimientos del Hôtel Diue. Hay pantallas táctiles interactivas para amenizar la exposición. Dentro de la cripta se conservan vestigios de un hipocausto, un sofisticado sistema de calefacción que se

usaba en los baños termales romanos.

---

⑥

Hôtel Dieu

📍 K7 🏠 1 Parvis Notre-Dame - Pl Jean-Paul II 75004
📞 01 42 34 82 34
Ⓜ Cité

En el flanco norte de la Parvis Notre-Dame se ubica el Hôtel Dieu, el hospital más antiguo de París, que data del siglo XII. El edificio original ocupaba todo el ancho de la isla y llegaba a ambas orillas del río, pero fue demolido para dejar espacio en uno de los planes urbanísticos del Barón Haussmann. En 1878 fue la sede de un antiguo orfanato. Aunque sigue siendo un hospital, se puede entrar y echar un vistazo al apacible jardín del patio. Fue muy cerca, en la Prefectura de Policía *(p. 80)* en 1944, donde esta resistió con valentía al ejército alemán; un monumento sobre el Cour du 19-Août conmemora la batalla en el interior de la prefectura.

Berthillon
Los parisinos se agolpan en esta heladería por los inusuales sabores que ofrece.

📍 L8 🏠 29-31 Rue St-Louis-en-l'Île 75004
🕐 lu, ma
🌐 berthillon.fr

€€€

---

⑦

Marché aux Fleurs Reine Elizabeth II

📍 K7 🏠 Pl Louis-Lépine 75004 Ⓜ Cité
🕐 9.30-19.00 lu–sá

El mercado de flores aporta color y aroma a este barrio, en el que predominan los edificios administrativos. Se trata del mercado floral más famoso de París; desafortunadamente, es uno de los pocos que se conservan. Sus bonitos pabellones albergan tanto flores de temporada como muchas variedades poco comunes, como las orquídeas. El popular Marché aux Oiseaux, un mercado de animales y aves, se celebraba aquí todos los domingos, pero cerró en 2022.

8
Palais de Justice

📍 J7 🏛 4-10 Blvd du Palais 75001 (entrada por Cour de Mai, 10 Blvd du Palais) Ⓜ Cité ⏰ 9.00-18.00 lu-vi 🌐 coursappel.justice.fr/paris

Este monumental conjunto arquitectónico que se extiende a lo ancho de la Île de la Cité fue antaño sede de los tribunales de justicia centrales, buena parte de los cuales se han trasladado a las nuevas instalaciones del barrio Clichy-Batignolles, en el distrito 17. El lugar ha estado ocupado desde tiempos romanos y acogió la corte hasta que Carlos V la trasladó al Hôtel St-Paul, en el Marais, en el siglo XIV. En 1793, el Tribunal Revolucionario procedió a administrar justicia desde la Première Chambre, la cámara dorada, convirtiéndose poco a poco esta institución en el reino de terror de Robespierre. Está previsto abrir más salas al público.

9
Place Dauphine

📍 J7 🏛 75001 (entrada por Rue Henri-Robert) Ⓜ Pont Neuf, Cité

Al sudeste del Pont Neuf se ubica esta antigua plaza, ideada por Enrique IV en 1607 y que recibe su nombre de su delfín, que sería después Luis XIII. La plaza tiene una forma triangular y está rodeada de cafés, bares y restaurantes. En su centro hay un parque con árboles y bancos. El edificio del n° 14 es el único que no ha sufrido posteriores restauraciones, aunque la plaza destila el mismo encanto que tenía en el siglo XVII. La frecuentan muchos juga-dores de petanca.

10
Pont Neuf

📍 J7 🏛 Quai de la Mégisserie y Quai des Grands Augustins 75001 Ⓜ Pont Neuf, Cité

A pesar de su nombre (puente Nuevo), este puente es el más antiguo de los existentes de París. Enrique III colocó la primera piedra en 1578, aunque fue Enrique IV el que lo inauguró y le dio su nombre en 1607. Su estatua se yergue en la parte central.

Este puente, el más ancho de la época en París, tiene una docena de arcos y mide 275 metros de largo. Fue el primer puente de piedra que se construyó sin casas y con aceras para peatones, inaugurando una nueva época en las comunicaciones entre la Île de la Cité y el río.

Desde el primer día, el Pont Neuf tuvo que resistir un tráfico pesado y a lo largo de los siglos tuvo que ser sometido a numerosas reparaciones.

11
Square du Vert-Galant

📍 J7 🏛 Île de la Cité 75001 Ⓜ Pont Neuf, Cité

Esta plaza se llama así por el apodo por el que era conocido Enrique IV "vert-galant", que significa "viejo verde". Este excéntrico monarca contribuyó considerablemente a embellecer la ciudad a principios del siglo XVII, y su popularidad perdura hasta hoy. La plaza brinda una hermosa vista del Louvre y de la orilla este del río, donde el soberano fue asesinado en 1610. Desde aquí zarpan los barcos de recreo Vedettes du Pont Neuf.

¿Lo sabías?

El apodo de Enrique IV, *vert-galant,* significa "viejo verde". El rey tenía fama de mujeriego.

→
La tranquila Square du Vert-Galant, en el extremo de la Île de la Cité

→ El interior decorado de la iglesia barroca de St-Louis-en-l'Île

 12

St-Louis-en-l'Île

 🅟 L8 🏠 19 Rue St-Louis-en-l'Île 75004 📞 01 46 34 11 60 Ⓜ Pont Marie 🕐 10.00–12.30 y 15.00–17.30 lu-sá; misas 19.00 lu-vi, 18.30 sá y 11.00 do

La construcción de esta iglesia comenzó en el año 1664 según un proyecto de Louis Le Vau, arquitecto de la corte, que residió en la isla. Fue completada y consagrada en 1726. Entre los notables elementos de su fachada destaca el reloj de hierro de la entrada, que data de 1741, y la aguja de hierro almenada.

El interior, de estilo barroco, está decorado profusamente con pan de oro y mármol y alberga una estatua de san Luis empuñando una espada de las cruzadas. Hay una placa en la nave norte con una inscripción: "En memoria de San Luis, en cuyo honor se da nombre a la ciudad de San Luis, Misuri, Estados Unidos". La iglesia mantiene vínculos con la catedral de Cartago, en Túnez, donde está enterrado san Luis.

Paris Perfect Flat Place Dauphine
Apartamentos individuales con servicios de hotel. Un lugar ideal para familias o visitantes que se quieren sentir del lugar.

🅟 J7 🏠 25 Place Dauphine 75001 🅦 parisperfect.com

€€€

Saint-Louis en l'Isle
Decorado con elegancia. Comodidad sin pasarse de la raya.

 🅟 L8 🏠 75 Rue St-Louis-en-l'Île 75004 🅦 saintlouisenlisle.com

€€€

Hôtel du Jeu de Paume
Las vigas de madera vistas en un edificio del siglo XVII, junto con su magnífica ubicación, le confieren un atractivo enorme.

 🅟 L8 🏠 54 Rue St-Louis-en-l'Île 75004 🅦 jeudepaume hotel.com

€€€

UN PASEO
ÎLE DE LA CITÉ

Distancia 1,5 km **Metro** Cité
Tiempo 15 minutos

Los orígenes de París se encuentran aquí, en la Île de la Cité, la isla del Sena donde se asentaron las primeras tribus celtas hace dos milenios. Conforma la zona más antigua de París y los restos de las primeras construcciones se hallan en la Crypte Archéologique bajo la plaza principal de Notre-Dame. Un paseo por esta parte de la ciudad nos lleva desde un emblema de París –la gran catedral medieval– hasta otro: la obra maestra del gótico que es la Sainte-Chapelle.

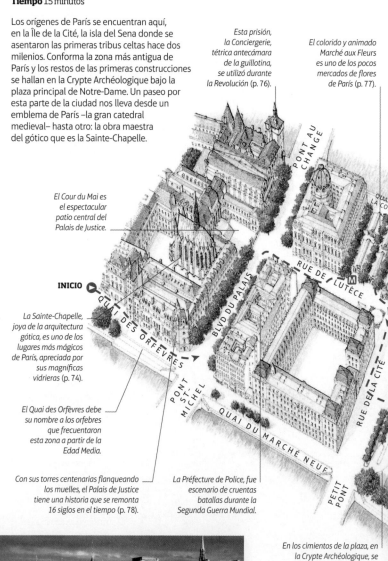

Esta prisión, la Conciergerie, tétrica antecámara de la guillotina, se utilizó durante la Revolución (p. 76).

El colorido y animado Marché aux Fleurs es uno de los pocos mercados de flores de París (p. 77).

El Cour du Mai es el espectacular patio central del Palais de Justice.

INICIO

La Sainte-Chapelle, joya de la arquitectura gótica, es uno de los lugares más mágicos de París, apreciada por sus magníficas vidrieras (p. 74).

El Quai des Orfèvres debe su nombre a los orfebres que frecuentaron esta zona a partir de la Edad Media.

Con sus torres centenarias flanqueando los muelles, el Palais de Justice tiene una historia que se remonta 16 siglos en el tiempo (p. 78).

La Préfecture de Police, fue escenario de cruentas batallas durante la Segunda Guerra Mundial.

En los cimientos de la plaza, en la Crypte Archéologique, se conservan restos de viviendas de hace 2.000 años (p. 77).

←

Una vista desde el río de la Conciergerie, antigua prisión

ÎLE DE LA CITÉ E ÎLE ST-LOUIS

Île De La Cité

Plano de situación
Para más detalles ver p. 68

↑ Clientes en la terraza de uno de los apacibles cafés de la evocadora Rue Chanoinesse

¿Lo sabías?
—
En la Antigüedad esta isla se empleaba como paso para cruzar el río entre el norte y el sur de Galia.

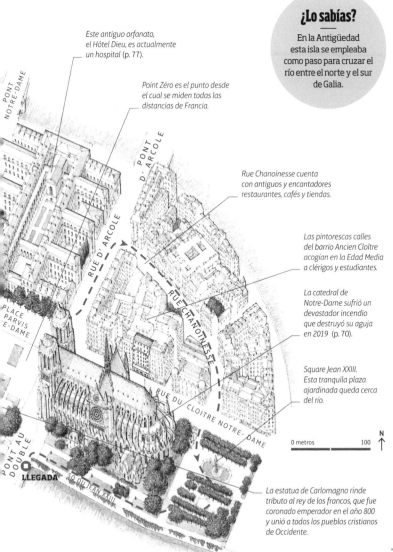

Este antiguo orfanato, el Hôtel Dieu, es actualmente un hospital (p. 77).

Point Zéro es el punto desde el cual se miden todas las distancias de Francia.

Rue Chanoinesse cuenta con antiguos y encantadores restaurantes, cafés y tiendas.

Las pintorescas calles del barrio Ancien Cloître acogían en la Edad Media a clérigos y estudiantes.

La catedral de Notre-Dame sufrió un devastador incendio que destruyó su aguja en 2019 (p. 70).

Square Jean XXIII. Esta tranquila plaza ajardinada queda cerca del río.

PONT NOTRE-DAME

PONT D'ARCOLE

RUE D'ARCOLE

PLACE PARVIS E-DAME

RUE CHANOINESSE

RUE DU CLOITRE NOTRE-DAME

PONT AU DOUBLE

LLEGADA

SQ DU JEAN XXIII

0 metros   100

N ↑

La estatua de Carlomagno rinde tributo al rey de los francos, que fue coronado emperador en el año 800 y unió a todos los pueblos cristianos de Occidente.

UN RECORRIDO LARGO
ÎLE ST-LOUIS

Distancia 2 km **Tiempo** 40 minutos
Metro Pont Marie

La pequeña Île St-Louis ha sido una exclusiva zona residencial desde el siglo XVII y es un lugar agradable para pasear. El recorrido atraviesa el muelle arbolado desde el Pont Louis-Philippe hasta el Quai d'Anjou, antes de penetrar en el corazón de la isla por la Rue St-Louis-en-L'Île. Sus tranquilas calles están salpicadas de elegantes cafés, restaurantes, galerías de arte, *boutiques* y mansiones que dan al barrio un aire de otra época.

0 metros — 200 N ↑

PLACE ST-GERVAIS
RUE DE LOBAU
RUE FRANÇOI
RUE DU PONT LOUIS-PHILIPPE
QUAI DE L'HÔTEL DE VILLE
RUE DE L'HÔTEL

🚇 Quai de l'Hôtel de Ville

Sena

Pont Louis-Philippe

QUAI AUX FLEURS
Pont St-Louis

RUE DU BELLAY
QUAI DE BOURBON
RUE ST-LOUIS EN L'ÎLE

Desde la **esquina del Quai d'Orléans y la Rue Jean du Bellay,** *hay bellas vistas de la cúpula del Panteón y de Notre-Dame.*

Le Flore en l'Île

QUAI D'ORLÉANS
RUE LE REGRATTIER
RUE BUDE

Frente al Pont St-Louis, en la esquina de la Rue Jean du Bellay, está **Le Flore en l'Île,** *el salón de café y té más elegante de la isla.*

Hôtel Chernizot

El **Hôtel Chernizot** *es uno de los pocos hoteles del siglo XVIII que hay en la isla, con un balcón rococó apoyado en gárgolas de mirada inquietante.*

Société Historique et Littéraire Polonaise

QUAI DE LA TOURNELLE

Pont de Tournell

La antigua biblioteca polaca, fundada en 1838, alberga hoy la **Société Historique et Littéraire Polonaise,** *centrada en la vida del poeta polaco Adam Mickiewicz.*

← Vista del Sena desde la orilla de la Île St-Louis

ÎLE DE LA CITÉ
E ÎLE ST-LOUIS

Île St-Louis

Plano de situación
Para más detalles ver p. 68

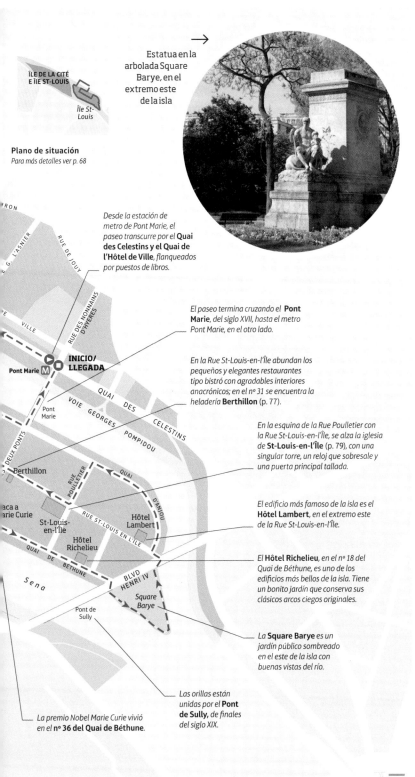

Estatua en la arbolada Square Barye, en el extremo este de la isla

*Desde la estación de metro de Pont Marie, el paseo transcurre por el **Quai des Celestins y el Quai de l'Hôtel de Ville**, flanqueados por puestos de libros.*

INICIO/ LLEGADA

Pont Marie Ⓜ

*El paseo termina cruzando el **Pont Marie**, del siglo XVII, hasta el metro Pont Marie, en el otro lado.*

*En la Rue St-Louis-en-l'Île abundan los pequeños y elegantes restaurantes tipo bistró con agradables interiores anacrónicos; en el nº 31 se encuentra la heladería **Berthillon** (p. 77).*

QUAI   DES

VOIE   GEORGES   CELESTINS
POMPIDOU

Pont Marie

DEUX PONTS

*En la esquina de la Rue Poulletier con la Rue St-Louis-en-l'Île, se alza la iglesia de **St-Louis-en-l'Île** (p. 79), con una singular torre, un reloj que sobresale y una puerta principal tallada.*

Berthillon

RUE POULLETIER

QUAI

DANOU

aca a
arie Curie   St-Louis-
en-l'Île

RUE ST-LOUIS EN L'ÎLE

Hôtel Lambert

*El edificio más famoso de la isla es el **Hôtel Lambert**, en el extremo este de la Rue St-Louis-en-l'Île.*

Hôtel Richelieu

QUAI   DE   BÉTHUNE

BLVD HENRI IV

Square Barye

*El **Hôtel Richelieu**, en el nº 18 del Quai de Béthune, es uno de los edificios más bellos de la isla. Tiene un bonito jardín que conserva sus clásicos arcos ciegos originales.*

Sena

Pont de Sully

*La **Square Barye** es un jardín público sombreado en el este de la isla con buenas vistas del río.*

*Las orillas están unidas por el **Pont de Sully**, de finales del siglo XIX.*

*La premio Nobel Marie Curie vivió en el **nº 36 del Quai de Béthune**.*

LE MARAIS

Este barrio era poco más que una ciénaga hasta que en 1605 Enrique IV construyó la Place Royale (ahora, Place des Vosges). Pero su prestigio como residencia de la familia real desapareció con la llegada de la Revolución francesa, que dejó al Marais casi abandonado para convertirse después en un solar en construcción. A finales del siglo XIX, gran número de emigrantes judíos venidos de Europa del Este se trasladaron aquí y fundaron el Barrio Judío en torno a la Rue des Rosiers. En 1960 comenzó una remodelación urbanística que devolvió la vida a los edificios históricos del Marais; en sus elegantes mansiones se alojan ahora algunos de los museos más populares de París, mientras que las calles principales y los pasajes más angostos están repletos de restaurantes de moda, bares y *boutiques* chic. El Marais hoy es un epicentro de galerías de arte eclécticas y el corazón de la comunidad LGTBIQ+ parisina.

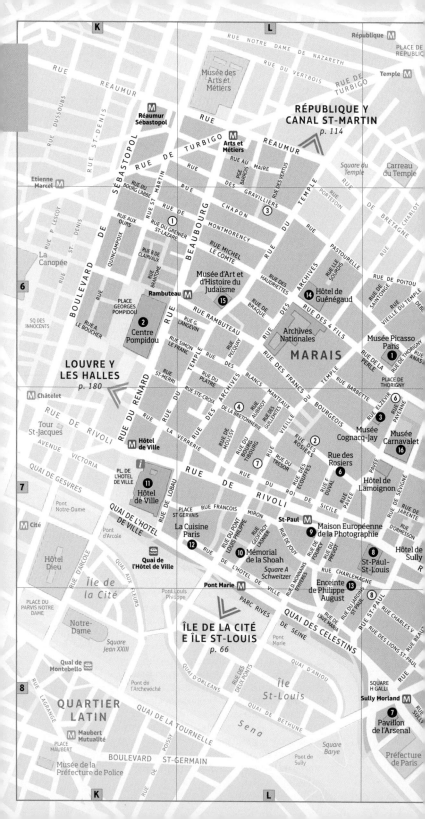

LE MARAIS

Esencial
1 Musée Picasso Paris
2 Centre Pompidou

Lugares de interés
3 Musée Cognacq-Jay
4 Place des Vosges
5 Maison de Victor Hugo
6 Rue des Rosiers
7 Pavillon de l'Arsenal
8 St-Paul-St-Louis
9 Maison Européenne de la Photographie
10 Mémorial de la Shoah
11 Hôtel de Ville
12 La Cuisine Paris
13 Enceinte de Philippe August
14 Hôtel de Guénégaud (Musée de la Chasse et de la Nature)
15 Musée d'Art et d'Histoire du Judaïsme
16 Musée Carnavalet

Dónde comer
① L'Ambassade d'Auvergne
② L'As du Fallafel

Dónde dormir
③ Hôtel Jules et Jim
④ Hôtel de la Bretonnerie
⑤ Le Pavillon de la Reine

Dónde comprar
⑥ Meert
⑦ Edwart Chocolatier
⑧ Village St-Paul

❶ 🖼️ 🎨 💻 🏛️

MUSÉE PICASSO PARIS

📍M6 🏠Hôtel Salé, 5 Rue de Thorigny 75003
Ⓜ️St-Sébastien Froissart, St-Paul, Chemin Vert 🚌29, 69, 75, 96 a
St-Paul, Bastille, Pl des Vosges 🕐10.30-18.00 ma-vi; 9.30-18.00
sá y do, se recomienda reservar por adelantado 🚫1 ene, 1 may,
25 dic 🌐museepicassoparis.fr

El Musée Picasso Paris conserva la mayor colección de
Picasso del mundo. Con más de 5.000 obras y decenas
de miles de piezas, ofrece una panorámica sin igual del
proceso creador del artista.

↑ *Cabeza de mujer*
(1931)

Contemplando ↑
Mujeres en el aseo
(1938)

Pablo Picasso, de origen español, residió la mayor parte de su vida en Francia. El Estado galo heredó tras su muerte en 1973 muchas de sus obras en concepto de tasas de defunción. Las reunió en el Musée Picasso Paris, que fue inaugurado en 1985 y ocupa una gran mansión del siglo XVII, el Hôtel Salé, erigida en 1656 por Aubert de Fontenay, un recaudador de sal (*salé* significa "salado"). Se ha preservado el carácter original de la mansión, y el jardín y el patio están adornados con grandes esculturas. Se reabrió en 2014 tras cinco años de remodelación y acoge obras de todo tipo –pinturas, esculturas, cerámica, dibujos y grabados– que abarcan todas sus etapas creativas. No hay que perderse la colección personal de Picasso de pinturas, en la segunda planta.

↑ El Hôtel Salé, considerada una de las mansiones históricas más refinadas del Marais

PICASSO EN FRANCIA

Nacido en Málaga, España, visitó París por primera vez en 1900. Se mudó a la ciudad en 1904, hasta que, después, se estableció en el sur de Francia. Después de 1934 Picasso nunca regresó a su tierra natal por su rechazo al régimen franquista. Sin embargo, a lo largo de toda su vida en Francia, utilizó temas españoles en sus obras, como el toro (a menudo con forma de minotauro) y la guitarra, que asociaba con su infancia en Andalucía.

↑ *El beso* (1969), una de sus muchas obras dedicadas al tema de la pareja, pintado por Picasso en sus últimos años

2 🖊️ 🎭 🍴 🖼️ 🛍️

CENTRE POMPIDOU

📍K6 🏛️Pl Georges Pompidou Ⓜ️Rambuteau, Châtelet, Hôtel de Ville
🚌29, 38, 47, 75 🕐MNAM y exposiciones temporales: 11.00-21.00 mi-lu (hasta
23.00 ju); biblioteca: 12.00-22.00 mi-lu (desde 10.00 sá, do y festivos); Atelier
Brancusi: 14.00-18.00 mi-lu 🚫1 may
🌐centrepompidou.fr

Con más de 120.000 obras de más de 5.000 artistas, el Pompidou, sede del
Musée National d'Art Moderne, alberga la mayor colección de arte moderno
y contemporáneo de Europa. Parece un edificio vuelto del revés y su
exterior resulta tan cautivador como las obras que exhibe en el interior.

*Azul: aire
acondicionado*

¿Lo sabías?

La colección del Centre
Pompidou se alojaba
originalmente en el Palais de
Tokyo *(p. 229).*

← *Con el arco negro* (1912) de Vassily Kandinsky

← *Le Rhinocéros* (1999) de Xavier Veilhan

Guía del museo

Las llamadas colecciones históricas abarcan los grandes movimientos artísticos de la primera mitad del siglo XX, desde el fauvismo hasta el expresionismo abstracto. Hay una notable colección de esculturas cubistas, así como de grandes maestros del siglo XX. Matisse, Picasso, Braque, Duchamp, Kandinsky, Léger, Miró, Giacometti y Dubuffet dominan amplias secciones de la colección, en la que están representados los grupos y movimientos en los que se basa o se ha inspirado la historia del arte moderno, entre ellos el dadaísmo, la abstracción y el arte informal.

El arte contemporáneo ocupa la cuarta planta. La colección incluye obras de destacados artistas franceses de la segunda mitad del siglo XX: Louise Bourgeois, Pierre Soulages, Jean Pierre Raynaud, François Morellet o Bertrand Lavier. La mues-

↑ La escalera mecánica que da a la plaza

tra se distribuye alrededor de un espacio central de donde parten las salas que albergan las colecciones del museo. Algunas áreas han sido rediseñadas para acoger diferentes disciplinas en torno a temas como la pintura minimalista o el arte conceptual, más que escuelas o corrientes concretas, mientras que otras se centran en determinados artistas. También se dedica espacio al diseño, el arte digital y la arquitectura y hay obras importantes de artistas internacionales incorporadas por todos los espacios de exposición. La colección se completa con una sala para exposiciones de artes gráficas y un espacio para vídeos.

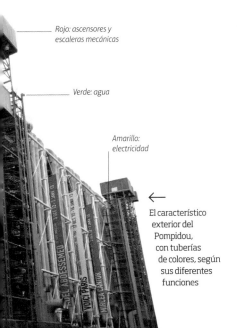

_____ *Rojo: ascensores y escaleras mecánicas*

_____ *Verde: agua*

Amarillo: electricidad

← El característico exterior del Pompidou, con tuberías de colores, según sus diferentes funciones

ATELIER BRANCUSI

El Atelier Brancusi, en la *piazza,* es una reconstrucción del taller del artista de origen rumano Constantin Brancusi (1876-1957), que residió y trabajó en París desde 1904. Cedió la totalidad de su obra al Estado francés con la condición de que se reconstruyese su taller tal y como se encontrase el día de su muerte.

❸ Musée Cognacq-Jay

📍 M7 🏛 Hôtel Donon, 8 Rue Elzévir 75003 Ⓜ St-Paul, Chemin Vert 🕐 10.00–18.00 ma-do 🚫 1 ene, Lu Pascua, 1 may, 1 jun, 25 dic 🌐 museecognacqjay.paris.fr

Esta pequeña y notable colección de obras de arte y mobiliario franceses del siglo XVIII fue recopilada por Ernest Cognac y su esposa, Marie-Louise Jay, fundadora de La Samaritaine, antiguamente los grandes almacenes más importantes de París, de estilo *art déco*, en el Quai du Louvre. La colección se donó a la ciudad y actualmente se exhibe en el Hôtel Donon, un elegante edificio que data de 1575 con una fachada incorporada en el siglo XVIII y salas revestidas de madera.

L'Ambassade d'Auvergne
Para disfrutar de la cocina del Auvergne, región del centro de Francia, con énfasis en los productos de temporada y en platos de carne contundentes.

📍 K6 🏛 22 Rue du Grenier-St-Lazare 75003 🌐 ambassade-auvergne.fr

💶💶💶

L'As du Fallafel
Sirve el mejor falafel de París, como atestiguan las colas.

📍 L7 🏛 34 Rue des Rosiers 75004 📞 01 48 87 63 60

💶💶💶

❹ Place des Vosges

📍 M7 🏛 75003, 75004 Ⓜ Bastille, St-Paul

Tanto parisinos como visitantes consideran esta plaza como una de las más hermosas del mundo. Su perfecta simetría –36 casas, nueve a cada lado, de ladrillo y piedra, con tejados de pizarra inclinados y ventanas abuhardilladas sobre galerías con arcadas– se conserva intacta después de 400 años. Ha sido escenario de numerosos acontecimientos históricos. En 1615 se celebró un torneo para el enlace de Luis XIII y Ana de Austria. En 1615 se alojó aquí el cardenal Richelieu, pilar de la monarquía; aquí nació en 1626 la célebre Madame de Sevigé,

anfitriona de un salón literario; y el escritor Victor Hugo vivió en ella durante 16 años. Los soportales que rodean la plaza están repletos de galerías de arte y tiendas de moda caras y suelen resonar en ellos ecos de músicos callejeros que tocan música clásica o jazz, mientras que en el centro de la plaza hay un adorable jardín con fuentes y areneros, popular entre las familias con niños.

Una sala de la Maison de Victor Hugo, decorada al estilo chino ↑

5

Maison de Victor Hugo

📍 M7 📮 6 Pl des Vosges 75004 Ⓜ Bastille, Chemin Vert, St-Paul 🕐 10.00-18.00 ma-do 🌐 maisons victorhugo.paris.fr

El poeta, dramaturgo y novelista francés vivió en la segunda planta del Hôtel Rohan-Guéménée desde 1832 hasta 1848. Aquí escribió gran parte de *Los miserables* y completó muchas otras obras conocidas. En el museo se pueden ver las habitaciones en las que residió el escritor, dibujos y caricaturas a lápiz y tinta y libros y recuerdos de los periodos trascendentales de su vida, desde su infancia hasta el exilio fuera de Francia entre 1852 y 1870. También acoge exposiciones temporales para las que hay que adquirir entrada.

6

Rue des Rosiers

📍 L7 📮 75004 Ⓜ St-Paul, Chemin Vert

Esta calle y aledañas integran el barrio judío, una de las zonas más pintorescas de París. Su nombre hace referencia a los rosales que crecían junto a la antigua muralla de la ciudad. Una comunidad judía se estableció aquí en el siglo XIII y en el siglo XIX hubo una segunda oleada de inmigración desde Rusia, Polonia y Europa central; los sefardíes llegaron desde el norte de África en las décadas de 1950 y 1960. En la Segunda Guerra Mundial fueron deportados unos 165 estudiantes de la escuela masculina judía, en el número 10 de Hospitalières-St-Gervais, sobre cuyo muro reza la inscripción *"N'oubliez pas"* *(No olvidéis)*. Actualmente el barrio cuenta con sinagogas, panaderías y restaurantes *kosher*.

7

Pavillon de l'Arsenal

📍 M8 📮 21 Blvd Morland 75004 Ⓜ Sully Morland, Bastille 🕐 11.00-19.00 ma-do 🕐 1 ene 🌐 pavillon-arsenal.com

El Pavillon de l'Arsenal, dedicado a la arquitectura y el urbanismo, alberga gran número de fascinantes exposiciones a lo largo de todo el año que ilustran la evolución arquitectónica de París. A través de películas, maquetas e imágenes panorámicas, explora cómo fue construida la ciudad de París a través de los siglos y cuáles son sus planes de futuro. Aunque el edificio data de 1879, el interior resulta muy moderno. Ordinariamente se realizan actividades para niños; los fines de semana estudiantes de arquitectura realizan visitas guiadas gratuitas (solo en francés).

El imponente ayuntamiento (Hôtel de Ville) de París, con su recargada fachada ↑

8

St-Paul-St-Louis

 M7 🏠 99 Rue St-Antoine 75004 📞 01 42 72 30 32 Ⓜ St-Paul ⏰ 8.00-20.00 diario

Esta iglesia jesuita es un importante símbolo de la influencia que ejerció la Compañía desde 1627, fecha en la que Luis XIII colocó la piedra angular, hasta 1762, cuando fueron expulsados de Francia. La iglesia Il Gesù de Roma sirvió como modelo para la nave, mientras que la cúpula fue la precursora de las de los Inválidos (p. 206) y la Sorbona (p. 255). Aunque la mayor parte de sus tesoros fueron expoliados, aún se contempla la obra maestra de Delacroix, Cristo en el monte de los Olivos. La iglesia acoge conciertos de vez en cuando. Se encuentra en una de las calles principales del Marais, pero también se accede a ella por el Passage St-Paul.

9

Maison Européenne de la Photographie

📍 L7 🏠 5-7 Rue de Fourcy 75004 Ⓜ St-Paul, Pont Marie ⏰ 11.00-20.00 mi-vi, 10.00-20.00 sá y do 🚫 1 ene, 1 may, 25 dic 🌐 mep-fr.org

Situada en el Hôtel Hénault de Cantobre, una antigua residencia privada del siglo XVIII, la Maison Européenne de la Photographie (MEP) alberga algunas de las mejores exposiciones de fotografía contemporánea de toda Europa. En ella se programan exposiciones vanguardistas y retrospectivas de los fotógrafos más importantes y, desde su apertura en 1996, fue anfitriona de personajes tan notables como Elliott Erwitt, Don McCullin, Annie Leibovitz, Robert Doisneau o Henri Cartier- Bresson. Su amplia exposición permanente es un destino imprescindible para todos los amantes de este medio.

LAS MANSIONES DEL MARAIS

En el siglo XVI, hombres y mujeres de la nobleza empezaron a construir residencias suntuosas en las marismas recién drenadas llamadas Marais. Muchas de ellas han sido restauradas y convertidas en museos, como el Musée Carnavalet (p. 97) o el Musée Cognacq-Jay (p. 92).

DETALLE DE LA PUERTA

Meert

Esta elegante sucursal de la pastelería Lillois, creada en el siglo XVIII, es famosa por sus *gaufres* (gofres) de vainilla.
⚐M7 ⬛16 Rue Elzévir 75003 ⬤meert.fr

Edwart Chocolatier

Los productos estrella de esta elegante *boutique* son los chocolates *gourmet* con sabores inusuales, como praliné de curri o té Oolong.

⚐L7 ⬛17 Rue Vieille du Temple 75004 ⬤edwart.fr

Village St-Paul

Estos patios comunicados albergan toda clase de tiendas de antigüedades, interiorismo, arte y curiosidades, además de algún mercadillo de vez en cuando.

⚐M8 ⬛junto a Rue St-Paul 75004 ⬤levillagesaint paul.com

Mémorial de la Shoah

⚐L7 ⬛17 Rue Geoffroy-l'Asnier 75004 ⓜPont Marie, St-Paul ⌚10.00-18.00 do-vi (hasta 22.00 ju); espacios de lectura y multimedia: 10.00-17.30 do-vi (hasta 19.30 ju) ⊘festivos y fiestas judías ⬤memorialdelashoah.org

La llama eterna que arde en esta cripta es un tributo a los judíos desconocidos víctimas del Holocausto. Su rasgo más distintivo es un gran cilindro sobre el que figuran los nombres de los campos de concentración donde murieron tantos judíos a manos de los nazis.
En 2005 se le incorporó un muro de piedra con los nombres de 76.000 judíos, 11.000 de ellos niños, que fueron deportados de Francia para ser aniquilados en los campos nazis. También se exhiben dibujos, cartas y objetos de los campos, además de fotografías de deportados. Un domingo sí y otro no hay visitas guiadas gratuitas en inglés a las 15.00.

Hôtel de Ville

⚐K7 ⬛Pl de l'Hôtel de Ville 75004 (entrada de visitantes por 29 Rue de Rivoli, entrada a las exposiciones por 5 Rue de Lobau) ⓜHôtel de Ville ⌚los horarios varían según las exposiciones temporales ⊘festivos, recepciones oficiales ⬤paris.fr

La sede del Ayuntamiento es una reconstrucción del edificio original, construido entre 1533 y 1628, e incendiado durante la Comuna de París de 1871 (*p. 62*). Muy ornamentada, luce una elaborada mampostería y torreones y estatuas que se asoman a una plaza peatonal, con fuentes iluminadas por la noche.

La plaza acogió en su día horcas, hogueras y otros tipos de ejecuciones. Aquí descuartizaron vivo a Ravaillac, el asesino de Enrique IV: cuatro poderosos caballos tiraron de su cuerpo en 1610.

Un elemento destacado del interior es la alargada Salle de Fêtes, el salón de baile, con salones anexos dedicados a la ciencia, la literatura y el arte. Al ambiente de ceremonia y pomposidad se añade una impresionante escalinata, techos ornamentales con lámparas de araña y estatuas y cariátides. Estas zonas están en su mayoría cerradas al público (excepto en las Journées du Patrimoine en septiembre), pero algunos anexos se utilizan para exposiciones temporales gratuitas sobre diversos temas relacionados con París.

Obras de arte en el
Musée d'Art et d'Histoire
du Judaïsme ↑

chando en las Cruzadas. La marca distintiva de la muralla era una fortaleza situada donde está ahora el Louvre; sus restos se pueden ver en las plantas más bajas del museo. Sin embargo, la parte que hay en el Marais se ve a simple vista. Todavía destaca la enorme torre, la Tour Montgomery, que formó parte de las puertas a través de las cuales tenía que pasar todo el mundo para entrar en la ciudad. La muralla era un medio efectivo para regular el comercio, lo que permitía al rey recaudar impuestos sobre mercancías como el vino o las pieles, además de muchas otras.

La Cuisine Paris

📍 L7 🏠 80 Quai de l'Hôtel de Ville 75004 Ⓜ St-Paul
🌐 lacuisineparis.com

Pese a que París tiene tantísimos restaurantes y panaderías, pocos turistas piensan en aprender a hacer sus propios platos de inspiración francesa. La Cuisine ofrece clases de cocina impartidas por auténticos cocineros franceses, que enseñan a preparar tanto sabrosos platos clásicos como dulces hojaldres en una cocina profesional con vistas al Sena. Los profesores, que dan la clase en inglés, muestran las técnicas para preparar cruasanes mantecosos o *baguettes* crujientes, al tiempo que desmitifican muchos de los platos más emblemáticos de Francia, como los esponjosos suflés o crepes perfectamente elaborados. Algunas clases incluyen una visita al mercado para adquirir los ingredientes

para preparar una comida completa. Tras remangarse unas cuantas horas, los alumnos de La Cuisine se marchan con el estómago lleno o con un paquete de masas hojaldradas, mantecosas o de otro tipo. La escuela también ofrece visitas gastronómicas guiadas al Marais y a barrios cercanos a quienes quieran descubrir tiendas y sabores locales. Las clases y las visitas son para un público de todas las edades y niveles de experiencia.

⓭ Enceinte de Philippe Auguste

📍 L7 🏠 13 Rue Charlemagne 75004
Ⓜ St-Paul, Sully Morland

Estas fortificaciones, que datan de 1190, son lo único que queda de la muralla más antigua de París. El rey Felipe Augusto la construyó para proteger la ciudad de los ataques mientras estaba lu-

Hôtel de Guénégaud (Musée de la Chasse et de la Nature)

📍 L6 🏠 62 Rue des Archives 75003 Ⓜ Hôtel de Ville
🌐 chassenature.org

El arquitecto François Mansart construyó esta mansión a mediados del siglo XVII para Henri de Guénégaud des Bosses, ministro de Estado y conservador de los archivos. Una de las alas acoge desde 1967 el Musée de la Chasse et de la Nature (Museo de la Caza y la Naturaleza), que alberga una colección de 5.000 obras declaradas por el

UN PASEO POR LA ORILLA DEL RÍO

Tras el éxito de la remodelación de la orilla izquierda, Berges de Seine, el ayuntamiento de París decidió abordar la orilla derecha. En 2017, las dos orillas se fundieron en el Parc Rives de Seine, que recorre el Marais y ofrece un agradable paseo a orillas del río. El cambio fue bien recibido por los ciudadanos, ya familiarizados con que la zona no tuviera coches durante el festival playero anual Paris Plages. Ahora, el ambiente festivo dura todo el año y hay bares y cafés por todo el paseo.

Museo de Cultura como "tesoro nacional". El museo, un reflejo de la relación del hombre con los animales y la naturaleza, alberga una notable colección de armas de caza, animales disecados y piezas de arte. Expone dibujos y pinturas de Oudry, Vernet y Rubens (incluido *Diana y sus ninfas se preparan para cazar*).

Musée d'Art et d'Histoire du Judaïsme

🔲 L6 🏠 Hôtel de St-Aignan, 71 Rue du Temple 75003 Ⓜ Rambuteau 🕐 11.00-18.00 ma-vi (hasta 21.00 mi), 10.00-19.00 sá y do 🕐 1 ene, 1 may, Rosh Hashanah y Yom Kippur Ⓦ mahj.org

Ubicado en una elegante mansión, se trata de uno de los principales museos del mundo dedicado al judaísmo, y el mayor de Francia. Está consagrado a la cultura judía en Francia, además de a los judíos sefardíes (de España, Portugal y el norte de África), askenazíes (de Alemania y el este de Europa), italianos y holandeses, desde la época medieval a la actualidad. Desde tiempos romanos ha habido una considerable comunidad judía en Francia y algunos de los eruditos judíos más ilustres del mundo nacieron aquí. Se expone artesanía exquisita, como elaboradas vajillas de plata y cubiertas de torás. Hay también piezas arqueológicas, documentos, fotografías, pinturas y carteles.

🔟 Musée Carnavalet

🔲 M7 🏠 23 Rue de Sévigné 75003 Ⓜ St-Paul, Chemin Vert 🕐 11.00-18.00 ma-vi 🕐 1 ene, 1 may, 24 dic Ⓦ carnavalet.paris.fr

En el interior de dos mansiones contiguas, este museo está dedicado a la historia de París. Tiene muchos elementos para niños e innovaciones digitales para presentar su fascinante colección. El Hôtel Carnavalet se construyó en 1548 y fue transformado en la mansión actual por François Mansart a mediados del siglo XVII, mientras que la otra mansión, el Hôtel Le Peletier de St-Fargeau, del siglo XVII, se caracteriza por su interior de principios del siglo XX. En ambas, hay salas enteras decoradas espléndidamente con revestimientos de madera cubiertos de oro, mobiliario y objetos ornamentales, entre los que hay pinturas y esculturas de personalidades destacadas y con grabados que muestran cómo se construyó París. Una de las zonas más atractivas del museo es la que se ocupa de la Revolución francesa.

> **Tras remangarse unas cuantas horas, los alumnos de La Cuisine se marchan con el estómago lleno o con un paquete de masas hojaldradas, mantecosas o de otro tipo.**

↑ El elegante Musée Carnavalet, renacentista

Hôtel Jules et Jim
Moderno y bien situado, popular entre turistas LGTBIQ+.

🔲 L6 🏠 11 Rue des Gravilliers 75003 Ⓦ hoteljulesetjim.com

 €€€

Hôtel de la Bretonnerie
Con decoración clásica y vigas de madera, es un hotel confortable y acogedor.

🔲 L7 🏠 22 Rue Ste-Croix de la Bretonnerie 75004 Ⓦ hotelparismarais bretonnerie.com

€€€

Le Pavillon de la Reine
Este suntuoso hotel ofrece la experiencia de vivir como la nobleza que habitó en esta plaza.

🔲 M7 🏠 28 Place des Vosges 75003 Ⓦ pavillon-de-la-reine.com

 €€€

UN PASEO
LE MARAIS

Distancia 1,5 km **Metro** St-Paul
Tiempo 20 minutos

Este barrio, antaño una zona pantanosa, tal y como su nombre indica (*marais* significa "ciénaga"), adquirió importancia a partir del siglo XIV gracias a su proximidad al Louvre, la residencia predilecta de Carlos V. Alcanzó su máximo apogeo en el siglo XVII, cuando se convirtió en el lugar de moda de las clases adineradas, que construyeron aquí numerosas mansiones *(hôtels particuliers)*. En la actualidad algunas de estas casas señoriales han sido restauradas y reconvertidas en museos. Le Marais, otra vez de moda entre la gente acomodada, alberga preciosas *boutiques*, restaurantes y cafés.

El Hôtel Salé es el escenario del Musée Picasso Paris. Alberga la mayor colección de Picassos del mundo, donada por su familia al Estado (p. 88).

INICIO ▶

RUE BARBETTE

RUE ELZÉVIR

RUE DES HOSPITALIÈRES ST-GERVAIS

RUE PAVÉE

RUE MALHER

La centenaria Rue des Francs-Bourgeois alberga interesantes edificios y modernas tiendas.

RUE DES ROSIERS

Los restaurantes y panaderías del barrio de la Rue des Rosiers, corazón judío, despiden aromas de pastrami y pan de pita (p. 93).

El lugar donde descubrir una exquisita colección de pinturas y mobiliario del siglo XVIII se exhibe en el Musée Cognacq-Jay (p. 92).

Tras la fachada del espléndido Hôtel de Lamoignon se ubica la biblioteca histórica de París.

←

Un paseo por la comercial Rue des Francs-Bourgeois

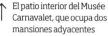

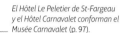

Plano de situación
Para más detalles ver p. 86

↑ El patio interior del Musée Carnavalet, que ocupa dos mansiones adyacentes

¿Lo sabías?

Victor Hugo tardó casi dos décadas en escribir *Los Miserables*.

El Hôtel Le Peletier de St-Fargeau y el Hôtel Carnavalet conforman el Musée Carnavalet (p. 97).

En el patio central del Hôtel Carnavalet, sede del Musée Carnavalet, se erige una estatua de Luis XIV vestido de romano, obra de Coysevox.

PARC ROYAL

SÉVIGNÉ

TURENNE

RUE DE BÉARN

BOURGEOIS

RUE DE

RUE DE

0 metros   100

N ↑

Antiguamente escenario de justas y torneos, la histórica Place des Vosges, en el corazón del Marais, es una plaza de perfecta simetría (p. 92).

Victor Hugo, autor de Los miserables, residió en el número 6 de la Place des Vosges. La Maison de Victor Hugo es actualmente un museo dedicado a su vida y obra (p. 93).

RUE DE BIRAGUE

LLEGADA

El Hôtel de Sully fue construido para un famoso jugador.

LE MARAIS

BASTILLE Y OBERKAMPF

Al este del Marais, la Bastille y Oberkamp fueron en otro tiempo *faibourgs* parisinos (barrios residenciales) muy alejados de donde estaba la muralla de la ciudad en la Edad Media. En los alrededores de la Bastille vivían los fabricantes de muebles, que trabajaban con la madera que llegaba a las cercanas dársenas de la ciudad, mientras que Oberkampf era un barrio de clase trabajadora habitado por artesanos, entre ellos curtidores. Donde hoy se encuentra la Opéra National de Paris Bastille, los parisinos admiraron tiempo atrás la poderosa Bastilla: una imponente prisión-fortaleza medieval y símbolo de la represión de la realeza que encontró su fin en 1789, durante la Revolución francesa. A lo largo de todo el siglo XIX, este barrio de clase trabajadora acabó convirtiéndose en uno de los distritos con mayor densidad de población de París. En 1840, se alzó en la Place de la Bastille la Colonne de Juillet, a la que unos 150 años después se unió la moderna Opéra. Muchos artesanos desaparecieron en esta época, pero tras su estela floreció una animada vida nocturna alimentada por la población culturalmente diversa y, por lo general, más joven, que vive aquí.

BASTILLE Y OBERKAMPF

Esencial
1 Place de la Bastille

Lugares de interés
2 Opéra National de Paris Bastille
3 Coulée Verte René-Dumont
4 Marché d'Aligre
5 Rue de la Roquette
6 Museo Edith Piaf
7 Bassin de l'Arsenal
8 Gare de Lyon
9 Rue Oberkampf
10 Cour Damoye y Passage du Cheval Blanc
11 Merci
12 Bercy

Dónde comer
1 Bofinger
2 Café de l'Industrie
3 Septime

Dónde beber
4 Moonshiner
5 La Fine Mousse
6 Le Perchoir

Dónde dormir
7 Le Petit Beaumarchais
8 Hôtel Les Jardins du Marais

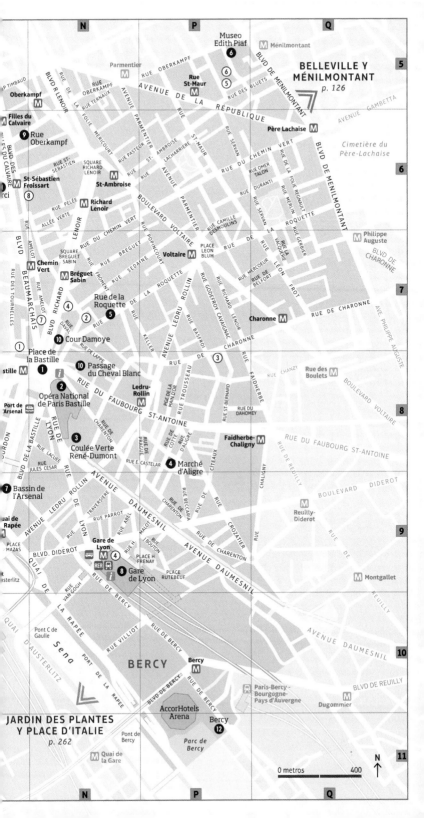

❶

PLACE DE LA BASTILLE

⑨ N8 ⌂ Place de la Bastille 75004 Ⓜ Bastille 🚌 29, 69, 76, 86, 87, 91

Esta bulliciosa plaza fue escenario de uno de los acontecimientos más importantes de la historia francesa: la toma de la Bastilla el 14 de julio de 1789. Hoy quedan pocos restos de aquella infame prisión y la plaza es un núcleo de vida nocturna y de actos culturales, como conciertos.

↑ El Marché Bastille, en el cercano Boulevard Richard Lenoir

En el centro de la enorme plaza que señala el emplazamiento de la prisión se encuentra la Colonne de Juillet. Coronada por la elegante estatua dorada del *Genio de la libertad*, esta columna hueca de bronce de 50,5 m rinde tributo a las personas que murieron en las contiendas callejeras de julio de 1830, que provocaron el destronamiento del monarca. En la cripta se conservan los restos de 504 víctimas de los violentos enfrentamientos y de otras que murieron en la Revolución de 1848.

La Place de la Bastille una vez fue el límite entre el centro de París y los barrios obreros del este *(faubourgs)*. Hoy, sin embargo, el barrio empieza a vivir un proceso de gentrificación. Justo al este de la Opéra Bastille empieza la Coulée Verte René-Dumont *(p. 106)*, un paseo elevado construido sobre la antigua línea de ferrocarril, y se ha creado una amplia plaza peatonal en torno a la columna que conecta con el Bassin de l'Arsenal *(p. 108)* y ha transformado la plaza.

←

La Opéra National de Paris Bastille *(p. 106)*, diseñada por Carlos Ott

LA REVOLUCIÓN FRANCESA

En 1789 la mayoría de los parisinos vivían hacinados en la miseria. La creciente inflación y oposición a Luis XVI culminó con la toma de la Bastilla, la prisión estatal; tres años más tarde se proclamó la República. A este periodo le siguió el llamado Reinado del Terror, durante el cual se ejecutó sin juicio a los sospechosos de traicionar la Revolución: más de 60.000 personas perdieron la vida.

> CONSEJO DK
> **Premio de chocolate**
>
> Los adictos al chocolate no deben perderse La Manufacture de Chocolat de Alain Ducasse, en Rue de la Roquette y su infinidad de ganaches, pralinés y trufas con un gran surtido de sabores.

La Colonne de Juillet, que conmemora la Revolución de 1830 que supuso la caída del rey Carlos X ↑

EXPLORA Bastille y Oberkampf

2

Opéra National de Paris Bastille

📍 N8 🏠 120 Rue de Lyon 75012 Ⓜ Bastille 🌐 operadeparis.fr

La polémica "ópera del pueblo" se inauguró oficialmente el 14 de julio de 1989 para coincidir con el bicentenario de la toma de la Bastilla.

La imponente estructura proyectada por Carlos Ott rompe radicalmente con el diseño decimonónico de las óperas, cuyo máximo exponente es la suntuosa Opéra de Garnier *(p. 172)*, en el centro. Se trata de una colosal estructura de cristal, moderna y curvilínea. El auditorio principal tiene aforo para 2.700 espectadores; su diseño es funcional y actual, con butacas tapizadas que contrastan con el granito de los muros y el espectacular techo de cristal. Con sus cinco escenarios móviles es, sin ningún género de dudas, una obra maestra del ingenio tecnológico. Vale la pena ver una función aquí; en su página web están todos los detalles de la programación e información sobre visitas guiadas (en francés).

3

Coulée Verte René-Dumont

📍 P9 🏠 Ave Daumesnil 75012 Ⓜ Bastille 🕐 8.00-anochecer lu-vi, 9.00-anochecer sá y do

Este antiguo tramo de ferrocarril elevado es hoy el paseo verde más exclusivo de París. Diez metros por encima de las calles y adornado con muchas variedades de flores y árboles, tiene unos 5 km desde la Opéra Bastille y el límite Péripheérique de la ciudad, al este. La línea de ferrocarril se clausuró en 1969,

pero la ciudad conservó la estructura e inauguró en 1993 la Promenade Plantée (también conocida como Coulée Verte René-Dumont), que sirvió de ejemplo para un modelo de renovación urbanística que se ha repetido en todo el mundo. La topografía alterna jardines con plantas, parques más amplios y estrechos paseos que serpentean entre edificios de apartamentos. Dar un paseo o correr por la Coulée Verte René-Dumont es una magnífica experiencia sin coches y con vistas de la ciudad. Bajo los arcos de ladrillo de la vía a su paso por la ópera, el Viaduc des Arts alberga tiendas de artesanía y de moda. A lo largo de todo el paso hay escaleras que llevan hasta el nivel de la calle, donde raras veces queda lejos un café o una panadería para comprar algo mientras se siguen explorando los extremos orientales de París.

> **Dar un paseo o correr por la Coulée Verte René-Dumont es una magnífica experiencia sin coches y con vistas de la ciudad.**

¿Lo sabías?

En el metro Bastille se pueden ver restos de las murallas de la cárcel de la Bastilla.

4

Marché d'Aligre

📍 P8 🏠 Place d'Aligre 75012 Ⓜ Ledru-Rollin 🕐 7.30-13.30 ma-vi, 7.30-14.30 sá y do (mercado cubierto 9.00-13.00 y 16.00-19.30 ma-vi, 9.00-13.00 y 15.30-19.30 sá, 9.00-13.30 do)

Casi todas las mañanas, este animado mercado con buenos precios ofrece una de las estampas más coloridas de París. Vendedores ambulantes franceses, árabes y africanos pregonan la fruta, hortalizas, prendas,

La arbolada Coulée Verte René-Dumont, un paseo elevado sobre la ciudad ↑

La bulliciosa Rue de la Roquette, con sus animados cafés y restaurantes ↑

chucherías y libros usados en las calles, mientras que el Marché Beauvau, cubierto, vende frutas, verduras, un magnífico surtido de quesos, charcutería y aceitunas, además de *delicatessen* internacionales.

En el Marché d'Aligre confluyen la tradición y la modernidad de París. La arraigada comunidad de este antiguo barrio artesano coexiste con un grupo de profesionales urbanos modernos, que se ha establecido más recientemente atraído por la transformación de la zona de la Bastilla. El interior del mercado está en fase de renovación tras un incendio en 2015.

5

Rue de la Roquette

N7 **Ⓜ Bastille, Voltaire**

Esta concurrida calle repleta de bares, cafés y restaurantes lleva desde la Opéra Bastille hacia el cementerio Pére Lachise *(p. 130)*. En el nº 17 está la casa del poeta simbolista Paul Verlaine, un habitual del barrio en el siglo XIX.
En el nº 70 hay una fuente del siglo XIX que antes traía agua desde el canal para abastecer a este barrio con tanta población. Los cinco adoquines de piedra del pavimento donde la calle se cruza con la Rue de la Croix Faubin son un escalofriante recordatorio de una historia mucho más sombría. Eran la base de la guillotina donde se daban cita con su destino los internos de la Prison de la Roquette, normalmente ante una multitud de espectadores. Entre 1851 y 1899 se realizaron unas 200 ejecuciones, mientras que en 1944 se encarceló en esta prisión a unas 4.000 mujeres de la Resistencia francesa. Todavía se ve la antigua entrada al otro lado de la calle, en Square de la Roquette. La Rue de la Roquette y los alrededores, concretamente la adoquinada Rue de Lappe, con todos sus bares, se animan mucho por la noche.

Bofinger
Esta *brasserie* clásica del siglo XIX sirve comida alsaciana en un entorno deslumbrante.

M7 **🏠 5 Rue de la Bastille 75004** **Ⓦ bofingerparis.com**

€€€

―――――――――

Café de l'Industrie
Comida sencilla en un local con mucho ambiente que lo convierte en uno de los lugares predilectos del barrio.

N7 **🏠 16 Rue St-Sabin 75011** **Ⓦ cafedelindustrie paris.fr**

€€€

―――――――――

Septime
Una cocina innovadora y un ambiente relajado se dan cita para una cena perfecta con una estrella Michelin.

P8 **🏠 80 Rue de Charonne 75011** **⏰ sá y do** **Ⓦ septime-charonne.fr**

€€€

→ Recuerdos, cuadros y objetos en el pequeño Museo Edith Piaf

Museo Edith Piaf

Q P5 **A** 5 Rue Crespin du Gast 75011 **C** 01 43 55 52 72 **M** Ménilmontant **O** con cita previa 13.00–18.00 lu-mi **C** jun y sep

Cuenta la leyenda que la cantante Edith Piaf nació en la calle en la cercana Belleville *(p. 132)*. Algunos historiadores discuten ese hecho, pero coinciden en que vivió en este apartamento, que ahora es un museo dedicado a su legado. Es propiedad de un admirador que ha conservado una colección de recuerdos y objetos personales que pertenecieron a la cantante. De solo 1,42 m de altura y conocida como "el gorrión de París", su voz resonó en las salas de concierto de todo el mundo. Enterrada en el cementerio Pére Lachaise *(p. 130)*, Piaf es conocida en la actualidad por canciones como "La vie en rose". Aquí se exhiben recuerdos, grabados y característicos vestidos negros de Piaf. La entrada al museo es solo con cita previa. Una experiencia encantadora e íntima que cautivará tanto a admiradores como a todos aquellos que tengan curiosidad.

Bassin de l'Arsenal

Q M9 **A** 5 Quai de la Rapée **M** Bastille

Entre la Place de la Bastille y el Sena, este puerto para barcos de recreo se oculta por debajo del nivel del suelo. Una esclusa lo comunica con el Sena. Este arsenal, donde se almacenaron armas desde el siglo XVI, quedó en desuso cuando los revolucionarios eliminaron la fortaleza de la Bastilla, piedra a piedra. Hoy, este puerto deportivo alberga embarcaciones privadas y es punto de partida de cruceros turísticos por el Canal St-Martin *(p. 118)*. En las tardes calurosas, merece la pena tumbarse en los jardines que hay junto al canal, a los que los parisinos acuden para merendar alejados del tráfico. Dos puentes que cruzan las aguas ofrecen vistas de postal de la Colonne de Juillet en la Place de la Bastille.

Gare de Lyon

Q N9 **A** Place Louis-Armand 75012 **M** Gare de Lyon **W** Le Train Bleu: le-train-bleu.com

Se construyó para la Exposición Universal de 1900

Moonshiner

Este local, inspirado en la década de 1920 está oculto tras una pizzería. Quizá esté lleno, pero los cócteles son magníficos.

Q N7 **A** 5 Rue Sedaine 75011 **C** 09 50 73 12 99

La Fine Mousse

Tiene todo en cerveza artesana, con marcas locales de barril prometedoras. También ofrecen talleres de degustación.

Q P5 **A** 6 Ave Jean Aicard 75011 **W** lafinemousse.fr

Le Perchoir

Un bar en una azotea con vistas panorámicas de toda la ciudad, ideal para brindar comiendo algo ligero.

Q P5 **A** 14 Rue Crespin du Gast 75011 **W** leperchoir.fr

Con sus restaurantes de lujo, sus cafeterías *gourmet*, su cerveza artesana y su comida mexicana, Rue Oberkampf tiene de todo en sus numerosos bares y restaurantes.

CONSEJO DK
Chambelland

Chambelland, en el
14 Rue Ternaux, junto a la
Rue Oberkampf, es una
de las pocas panaderías
sin gluten de París. Sirve
una exquisita variedad de
pan, galletas y pastas.

y es la tercera con más tráfico de Francia, con unos 110 millones de pasajeros anuales. A ella llegan trenes de toda Francia, además de Italia, Suiza y otros destinos internacionales. En los meses de verano se ve a muchos viajeros bronceados que llegan de la Costa Azul, pues conecta con Niza y otros destinos del sur de Francia. En el exterior de la estación se alza el emblemático reloj que recuerda al Big Ben del parlamento británico. Dentro se encuentra el ilustre restaurante Le Train Bleu, que ofrece una interesante

experiencia gastronómica y lleva abierto más de un siglo. Los comedores están decorados con tallas doradas y con 41 pinturas que representan a ciudades o regiones francesas, obra de destacados artistas franceses como François Flameng o Henri Gervex. Aunque no haya que tomar un tren a algún destino inundado de sol, vale la pena visitar la estación para tomarse una copa de vino entre la suntuosa decoración del restaurante.

————————

Rue Oberkampf

M6 **M** **Oberkampf, Parmentier**

Rue Oberkampf va desde la zona alta del Marais hasta Ménilmontant, pero la parte más animada se encuentra en torno a las estaciones de metro Parmentier y Oberkampf. Esta calle, que

data del siglo XVI, recibió su nombre en el siglo XIX por el industrial de origen alemán Christophe-Philippe Oberkampf, que contribuyó a la manufactura de las telas francesas pintadas *(toile)*. En la actualidad, esta zona es cualquier cosa menos anticuada. Con sus restaurantes de lujo, sus cafeterías *gourmet*, su cerveza artesana y su comida mexicana, Rue Oberkampf tiene de todo en sus numerosos bares y restaurantes. La calle se anima particularmente por la noche, cuando los parisinos más jóvenes se reúnen en bares de copas como Café Charbon o Le Quartier Général. Aquí hay pocas atracciones turísticas. Todo es colorido local, literalmente si uno se fija en las pinturas que cubren las paredes e incluso las chimeneas. Conviene pasar una tarde o una noche yendo de local en local en busca del lugar perfecto.

El opulento interior del restaurante Le Train Bleu, en el interior de la Gare de Lyon ↑

Cour Damoye y Passage du Cheval Blanc

N7 **M** Bastille, Voltaire, Bréguet Sabin

En mitad del bullicio de la Place de la Bastille hay pequeños remansos de paz ocultos en dos pasajes históricos, el Cour Damoye y el Passage du Cheval Blanc. La mayoría de la gente pasa por delante sin atreverse a entrar, pero son vías públicas. Esta zona ha sido el centro de la carpintería y el diseño de mobiliario francés desde la Edad Media. Su ubicación, cerca de un puerto del Sena que comerciaba con madera, la popularizó entre los artesanos y todavía se puede encontrar en el distrito a muchos de los de mayor calidad que siguen fabricando muebles. El Cour Damoye, del siglo XVIII, es hoy en buena medida residencial y

La atrevida arquitectura de Bercy, un antiguo distrito dedicado al comercio del vino ↓

EL DISTRITO QUE FABRICA MUEBLES

Cerca de los antiguos muelles del Quai de la Rapée, este barrio situado al este de la Place de la Bastille almacenaba madera, lo que le dio fama como centro de fabricación de armarios y demás mobiliario. Los artesanos incluso despertaron la atención de Luis XIV y su ministro de Finanzas, Colbert, creó aquí la real fábrica de espejos. En la actualidad todavía quedan vendedores de antes, fabricantes de armarios y artesanos dispersos por la Rue du Faubourg St-Antoine, sobre todo en Le Passage du Chantier.

hay pocos negocios todavía activos, pero en las fachadas se pueden apreciar restos de sus antiguos talleres artesanos. El Passage du Cheval Blanc, frente a la Rue de la Roquette, recibe su nombre por el cartel de un caballo que antes adornaba el acceso. Este pequeño laberinto de patios adoquinados, cuyos nombres corresponden con los meses del año (Cour de Janvier, etc), brinda un sosegado respiro de la ajetreada Rue du Faubourg St-Antoine y esconde estudios de arquitectura y apartamentos con vigas de madera vistas en algunos edificios. La Cité Parchappe lleva de nuevo a la calle principal.

Merci

M6 **⌂** 111 Boulevard Beaumarchais 75003 **M** St-Sébastien Froissart **🕐** 10.30-19.30 lu-ju (hasta 20.00 vi y sá), 11.00-19.00 do **📞** do **🌐** merci-merci.com

París cuenta con infinidad de grandes almacenes inmensos y *boutiques* de lujo, pero en los alrededores de Bastille, Merci es el mejor lugar para ir de compras. Esta tienda *(concept store)*, ubicada en una vieja fábrica de papel, abrió en 2009 y ofrece lo mejor en moda y diseño. Vajilla, ropa y artículos de cocina se alojan bajo un patio de cristal en diferentes plantas. No

tiene el glamur ni las marcas de unos grandes almacenes como Printemps o Le Bon Marché. Más bien, es un reflejo de la personalidad del barrio y propone diseñadores independientes y marcas locales. Si no se tiene interés por accesorios y complementos de moda, también se puede tomar algo en el restaurante Merci's y en los dos cafés frecuentados por residentes.El Used Book Café, entre estanterías de libros, resulta muy atractivo para tomar un té o un café a primera hora de la tarde. En el menú tiene ensaladas, platos con huevos y *tartines*. También hay exposiciones temporales y eventos imprevistos que transmiten frescura y emociones.

Bercy

P11 ∩ 75012 Ⓜ Bercy, Cour St-Émilion

Al este de la ciudad, este barrio antiguamente dedicado al comercio del vino, con sus almacenes, sus naves y las infraviviendas de otros tiempos, es hoy un distrito moderno. Una línea de metro (línea 14) lo conecta con el corazón de la ciudad. Destaca la estructura piramidal del Accor Arena, donde se celebran eventos deportivos, óperas y conciertos de rock.

Otros edificios osados desde el punto de vista arquitectónico dominan Bercy, sobre todo el gigantesco edificio Chemetov, del Ministerio de Economía, y el Frank Gehry's American Center. Este último alberga la Cinématéque Française, un maravilloso museo del cine que programa con frecuencia retrospectivas de directores famosos.

Al pie de estas estructuras, el Parc de Bercy, 14 hectáreas diseñadas con mucha imaginación, ofrece un espacio verde a esta parte de la ciudad. Las antiguas bodegas y almacenes de vino de Cours St-Émilion se restauraron para convertirlos en bares, restaurantes y comercios y uno de los almacenes alberga el Musée des Arts Forains (Museo del Parque de Atracciones), abierto solo para visitas privadas.

Le Petit Beaumarchais
Justo al lado de la Place de la Bastille. Algunas habitaciones tienen balcón.

N7 ∩ 8 Blvd Beaumarchais 75011 Ⓦ hotelpetitbeau marchaisparis.com

€€€

Hôtel Les Jardins du Marais
Un hotel con un toque de lujo y un asombroso patio privado.

M6 ∩ 74 Rue Amelot 75011 Ⓦ lesjardinsdu marais.com

€€€

↑ El paisajismo contemporáneo del atractivo Parc de Bercy

UN RECORRIDO LARGO
FAUBOURG ST-ANTOINE

Distancia 4,5 km **Tiempo** 90 minutos
Metro Bastille

En el este de la ciudad, a poca distancia del trasiego de la Bastille, se encuentra el apacible distrito de Faubourg St-Antoine, un barrio de clase obrera repleto de diseñadores de muebles, ebanistas y artesanos. Su fascinante legado se aprecia en este paseo por el barrio, que cuenta con el puerto de embarcaciones de recreo de París, la zona de artesanos en torno al Viaduc des Arts –un antiguo viaducto con talleres de artesanía en sus arcos– y la arbolada Coulée Verte René-Dumont.

El paseo empieza en la concurrida **Place de la Bastille** (p. 104), emplazamiento de la prisión que fue tomada durante la Revolución de 1789.

Una pausa permite admirar la moderna **Opéra National de Paris Bastille** (p. 106) antes de concluir el paseo en el metro Bastille.

El césped del **jardín Port de l'Arsenal** es perfecto para un pícnic, y las zonas infantiles cuentan con balancines, toboganes y estructuras para trepar.

El **Bassin de l'Arsenal** (p. 108) se inauguró en 1983 para el amarre de embarcaciones de recreo. Hoy es un sitio agradable lleno de yates, botes y parisinos de paseo.

Construido en 1859 como vía férrea, el viaducto de París fue renovado en 1994 como **Viaduc des Arts**, con 50 tiendas y talleres en sus arcadas.

El **Atelier du Temps Passé**, en el nº 5, restaura pinturas.

Para tomar algo, la brasserie **Le Viaduc**, en el nº 43, sirve comidas sencillas y sabrosas ensaladas a los creativos de la zona.

Barcos amarrados junto al río en el Bassin de l'Arsenal

↑ Un paseo por el Coulée Verte René-Dumont,
un parque construido sobre una antigua línea férrea

ST-ANTOINE

RUE DE COTTE

RUE CROZATIER

Marché d'Aligre

RUE BECCARIA

CHARENTON

CITEAUX

RUE DE

Faidherbe-Chaligny Ⓜ

CHALIGNY

RUE

RUE DE REUILLY

COULÉE VERTE RENE-DUMONT

BOULEVARD   DIDEROT

Reuilly-Diderot Ⓜ

CROZATIER

RUE ERARD

RUE DE REUILLY

PLACE RUTEBEUF

Les Atlantes de l'avenue Daumesnil

Montgallet Ⓜ

AVENUE   DAUMESNIL

RUE MONTGALLET

RUE DE CHAROLAIS

BOULEVARD DE BERCY

Bois de Vincennes 2,5 km

0 metros   400   N ↑

¿Lo sabías?

El Coulée Verte René-Dumont inspiró el famoso parque High Line de Nueva York

Unas escaleras llevan al **Coulée Verte René-Dumont** *(p. 106), un sendero sobre el viaducto. Tiene en total 4,5 km y llega hasta los bosques de Vincennes.*

No hay que perderse las asombrosas estatuas de los arquitectos Manolo Núñez-Yanowski y Miriam Teitelbaum, en lo alto de la fachada de **Les Atlantes de l'avenue Daumesnil.**

BASTILLE Y OBERKAMPF

Faubourg St-Antoine

Plano de situación
Para más detalles ver p. 102

113

RÉPUBLIQUE
Y CANAL
ST-MARTIN

En esta antigua zona de tierras de cultivo apartada del centro de París, los caballeros templarios establecieron su sede en la Edad Media, época en la que también albergaba una comunidad de leprosos. En el siglo XVII, el rey Enrique IV construyó un hospital para las víctimas de epidemias, y en el siglo XVIII un nuevo muro incluyó a estos distritos dentro de los límites de la ciudad. Tras la industrialización de la zona en el siglo XIX, gracias al canal de Napoleón, el barrio pasó a ser, sobre todo, de clase trabajadora. Durante el siglo XX esta zona fue algo descuidada aunque en ella se instalaron varias comunidades africanas, sobre todo en Chateau d'Eau. En la década de 1990, un grupo de parisinos burgueses y bohemios –a los que se llama *bobós*– empezó a gentrificar el distrito. La Place de la République, rediseñada por completo en 2013, acoge ahora ferias callejeras y manifestaciones públicas.

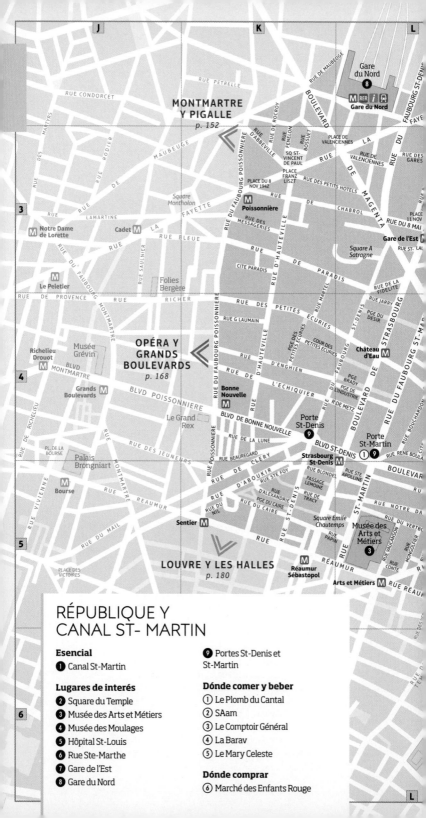

RÉPUBLIQUE Y CANAL ST-MARTIN

Esencial
1 Canal St-Martin

Lugares de interés
2 Square du Temple
3 Musée des Arts et Métiers
4 Musée des Moulages
5 Hôpital St-Louis
6 Rue Ste-Marthe
7 Gare de l'Est
8 Gare du Nord

9 Portes St-Denis et St-Martin

Dónde comer y beber
1 Le Plomb du Cantal
2 SAam
3 Le Comptoir Général
4 La Barav
5 Le Mary Celeste

Dónde comprar
6 Marché des Enfants Rouge

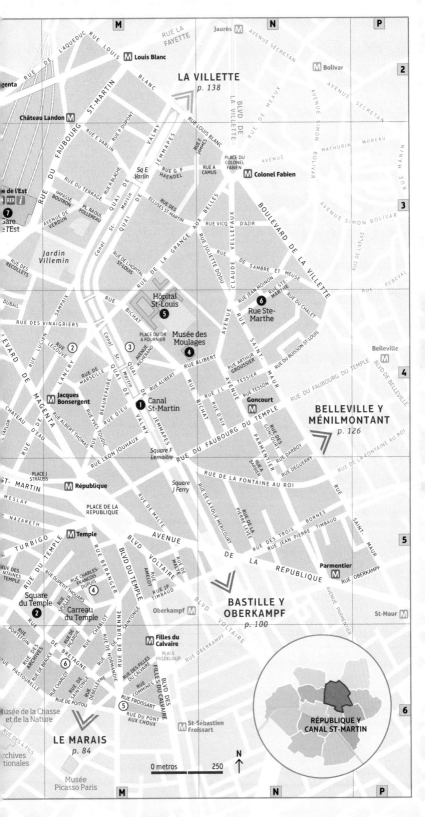

M Louis Blanc

RUE LA FAYETTE

Jaurès M

M Bolivar

Château Landon M

LA VILLETTE
p. 138

e de l'Est
RER i
Gare
e l'Est 7

PLACE DU
COLONEL
FABIEN
M Colonel Fabien

*Jardin
Villemin*

BOULEVARD DE LA VILLETTE

Hôpital
St-Louis 5

Rue Ste-
Marthe 6

Belleville
M

Musée des
Moulages 4

Jacques
Bonsergent M

Canal
St-Martin 1

Goncourt
M

BELLEVILLE Y
MÉNILMONTANT
p. 126

RUE DU FAUBOURG DU TEMPLE

*Square F
Lemaître*

M République

PLACE J
STRAUSS

PLACE DE LA
RÉPUBLIQUE

*Square
J Ferry*

RUE DE LA FONTAINE AU ROI

Parmentier
M

M Temple

AVENUE

DE

LA

RÉPUBLIQUE

St-Maur M

Square
du Temple 2

Carreau
du Temple

Oberkampf M

BASTILLE Y
OBERKAMPF
p. 100

M Filles du
Calvaire

PLACE
PASDELOUP

RÉPUBLIQUE Y
CANAL ST-MARTIN

usée de la Chasse
et de la Nature

LE MARAIS
p. 84

M St-Sébastien
Froissart

chives
tionales

0 metros   250

N
↑

*Musée
Picasso Paris*

M   N   P

❶ CANAL ST-MARTIN

📍M4 Ⓜ️Jacques Bonsergent, Goncourt, République 🚌26, 46, 75

Desde los tiempos de Napoleón, este canal discurre a través de uno de los distritos más de moda de París. Vistosos comercios y cafés pueblan sus orillas, donde los residentes pasan los fines de semana de pícnic o montando en bicicleta a lo largo de la orilla.

Entre el Sena, en el sur, y el Bassin de la Villette, en el norte, el Canal St-Martin se inauguró en 1825 para traer agua corriente al contaminado centro de la ciudad de París. Sin embargo, a finales del siglo XIX, parte del canal fue soterrado para ampliar las carreteras y, al cabo de pocas décadas, el canal y los barcos que los transitaban se habían quedado obsoletos. Las autoridades municipales casi lo desecaron y lo llenaron en la década de 1970, pero con el cambio de milenio se había convertido en un lugar muy concurrido donde los jóvenes parisinos más acaudalados se compraron y remodelaron propiedades. El distrito antes abandonado es hoy una de las zonas más atractivas de la orilla derecha, un barrio mixto desde el punto de vista cultural donde los *hipsters* de París se mezclan con familias y gente llegada de todos los países.

> 💬 CONSEJO DK
> **Comida junto al canal**
>
> Encarga algo para llevar de uno de los muchos restaurantes de la zona –hay desde taiwaneses a mexicanos– y busca un sitio para comer junto al canal.

Los mejores cafés de la zona del canal:

Ten Belles
📍M4 🏠10 Rue de la Grange aux Belles 75010 🌐tenbelles.com

Holybelly
📍L4 🏠5 y 19 Rue Lucien Sampaix 75010 🌐holybellycafe.com

Caoua Coffee Stop
📍M4 🏠98 Quai de Jemmapes 75010 📞09 50 73 47 17

Radiodays
📍M4 🏠15 Rue Alibert 75010 🌐radiodays.cafe

DonAntónia
📍M4 🏠8 Rue de la Grange aux Belles 75010 📞01 42 45 72 06

EXPLORA République y Canal St-Martin

Esencial
☆

1 Cafés y restaurantes pueblan el barrio en torno al canal.

2 Una selección de bollería en la panadería Du Pain et des Idées, en la Rue Yves Toudic.

3 El Canal St-Martin está salpicado de puentes románticos, dos de ellos giratorios.

¿Lo sabías?

2 km del canal discurren por un túnel subterráneo.

↑ Pasear junto al canal nos muestra el París más pintoresco

LUGARES DE INTERÉS

2

Square du Temple

📍L5 🏠75003
Ⓜ Temple, République

Esta plaza fue una fortaleza de los caballeros templarios. Constituía un estado independiente y albergaba un palacio, una iglesia, tiendas cercadas por una muralla y un puente levadizo, que lo convertían en un refugio para aquellos que intentaban huir de la jurisdicción real. Luis XVI y María Antonieta estuvieron detenidos aquí tras su arresto en 1792; el rey salió de este lugar para ser decapitado en la guillotina.

¿Lo sabías?

Square du Temple contiene 70 especies de árboles, entre ellos un avellano turco de 18 m de altura.

3

Musée des Arts et Métiers

📍L5 🏠60 Rue Réaumur 75003 Ⓜ Arts et Métiers ⏰10.00-18.00 ma-do (hasta 9.00 vi) 🚫1 ene, 1 may y 25 dic 🌐arts-et-metiers.net

El Museo de Artes y Oficios, emplazado en la antigua abadía de St-Martin-des-Champs, fue fundado en 1794 y clausurado dos siglos más tarde para reformar su interior. Reabrió sus puertas en 2000 como un museo de ciencia e industria en el que se exhiben 5.000 objetos (sus fondos albergan otros 75.000, reservados para académicos e investigadores). Está dedicado al ingenio humano y al mundo de los inventos y las manufacturas como los textiles, la fotografía y la maquinaria. Destacan los relojes musicales, instrumentos musicales mecánicos y autómatas, uno de los cuales, *Joueuse de Tympanon* (Intérprete de Tímpano), se dice que representa a María Antonieta.

4

Musée des Moulages

📍M4 🏠1 Ave Claude Vellefaux 75010 📞01 42 49 49 86 Ⓜ Goncourt, Colonel Fabien ⏰con cita; 9.00-16.30 lu-vi

En el interior del Hôpital St-Louis, este museo presume de tener 4.807 moldes de cera de espantosas enfermedades de la piel del siglo XIX. El doctor Lallier del Hôpital St-Louis contrató a Jules Baretta, un fabricante de frutas de cera, para crear modelos de enfermedades reales para instruir a sus alumnos sobre enfermedades

↑ El bonito jardín de Square du Temple, con su templete y su estanque

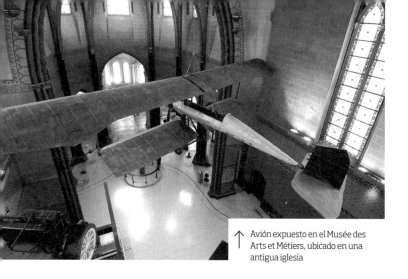

↑ Avión expuesto en el Musée des Arts et Métiers, ubicado en una antigua iglesia

Marché des Enfants Rouges

Este mercado fundado en 1628 en la Rue de Bretagne, repleta de comercios, está lleno de puestos de alimentación y cocina internacional y suele estar muy concurrido a la hora de comer.

📍 M6 📍 39 Rue de Bretagne 75003 🕐 lu

como la sífilis o la elefantiasis. Baretta pasaba el tiempo con los pacientes en el hospital, utilizando yeso de París para sus moldes. Después los pintaba y añadía incluso pelo para que fueran más realistas. Aunque muchos de los rostros y zonas corporales son inquietantes por su realismo, son auténticas obras de arte. Bebés con malformaciones, aspectos de las diversas fases de la enfermedad de la sífilis, en aquel entonces mortal, y toda clase de protuberancias anormales en la piel son tan fascinantes como desagradables. Se trata de una mirada a los avances de la medicina en los últimos 150 años hasta el descubrimiento de los antibióticos, capaces de curar

muchas de estas enfermedades. Hoy pocos estudiantes visitan este anticuado espacio de aprendizaje, de manera que el museo suele estar vacío. Hay que llamar para concertar una cita y adquirir las entradas en el registro del hospital, contiguo al edificio original.

5
Hôpital St-Louis

📍 M4 📍 1 Ave Claude Vellefaux 75010
Ⓜ Goncourt, Colonel Fabien

Construido por encargo del rey Enrique IV en 1607 y concluido tras su muerte, atendía al creciente número de víctimas de epidemias en aquella época. Los pacientes se abarrotaban en las salas del patio cuadrado que recuerda a la Place des Vosges en el Marais *(p. 92)*, y construido por el mismo arquitecto. La mayoría nunca volvía a ver el cielo, salvo si daba algún paseo por el patio con césped. El estado de salud empeoraba con el tiempo en el hospital, pero finalmente la epidemia pasaba.

→
Una estatua del Musée des Arts et Metiers

El edificio sirvió como hospital dermatológico y cárcel para monjas durante la Revolución francesa. Hoy, unas instalaciones modernas junto a los edificios del siglo XVII siguen siendo un hospital. Hay una capilla adyacente construida para los agricultores de la zona y no para las víctimas de epidemias, donde en 1610 se celebró el funeral del rey Enrique IV. El patio principal está abierto al público y es un lugar apartado, e inquietante, en el centro de París. Una de sus salas acoge el Musée des Moulages, dedicado a las enfermedades de la piel.

La Gare de l'Est, de noche

Rue Ste-Marthe

N4 **75010**
M Goncourt, Belleville

Al norte del Hôpital St-Louis, esta callejuela parece más una ciudad francesa de provincias que el centro de París. Las puertas y las fachadas de colores contrastan con el cielo, a menudo gris. Cada una esconde el estudio de un artista, un taller, un restaurante estrafalario o alguna *boutique* excéntrica. Hay pocos elementos históricos en estos antiguos barrios obreros, pero la zona ofrece una visión sin igual de la vida parisina. Se puede rebuscar en los pequeños comercios, probar comida vietnamita o pasar una noche con una copa de vino y unos embutidos en un bar. Los

turistas raras veces llegan hasta aquí porque prefieren detenerse en el Canal St-Martin. Sin embargo, la Rue Sainte-Marthe es muy parisina.

Gare de l'Est

L3 **Place du 11 Novembre 1918 75010**
M Gare de l'Est

Tanto si va a viajar a Alemania como si está de paso por el barrio, hay que dedicar un rato a una de las estaciones de tren más antiguas de París. Se inauguró en 1849 y en 1931 ya había duplicado su tamaño tras varias reformas. Las estatuas de la fachada representan Estrasburgo y Verdún, dos de los destinos iniciales con los que conectaba

← Estatuas que adornan la imponente fachada de la Gare du Nord

 CURIOSIDADES
Marché St-Quentin

El decimonónico Marché St-Quentin, cubierto, en el Boulevard de Magenta, es un buen lugar en el que detenerse para comprar queso y vino en el último momento antes de tomar un tren en la Gare de l'Est o la Gare du Nord.

la estación. En 1883 partió de aquí hacia Estambul el primer Orient Express. En el vestíbulo principal hay una pintura del artista estadounidense Albert Herteer que representa a las tropas francesas abandonando la estación en 1914 rumbo al frente durante la Primera Guerra Mundial. En la Segunda Guerra Mundial, las tropas alemanas transformaron un refugio antiaéreo subterráneo en un búnker de guerra que aún se conserva bajo la estación, aunque no está abierto al público.

Gare du Nord

◉ L2 ◉ 18 Rue de Dunkerque 75010 Ⓜ Gare du Nord

Inaugurada en 1864, esta estación es más conocida en la actualidad por ser la lanzadera del Eurostar con destino Londres, además de conectar con Bruselas y Ámsterdam. Esta enorme estación es la más concurrida de Europa, con más de 200 millones de pasajeros anuales. La imponente fachada está salpicada de esculturas que representan otras capitales europeas, como Berlín y Londres. La imponente estructura de hierro interior crea un romántico vestíbulo de salida y se ha utilizado como localización en muchas películas. Los nuevos cafés y restaurantes, tanto en el interior como en las calles adyacentes, hacen del viaje una nueva experiencia. La estación está siendo objeto de más reformas para prepararse para los Juegos Olímpicos de 2024.

⑨

Portes St-Denis et St-Martin

◉ K4, L4 ◉ Blvds St-Denis y St-Martin 75010 Ⓜ Strasbourg-St-Denis

Estas monumentales puertas dan acceso a las dos antiguas e importantes vías, con el mismo nombre, que atraviesan París en sentido norte-sur. Antes señalaban la entrada a la ciudad.
La Porte St-Denis tiene 23 m de altura y fue obra de François Blondel en 1672. Está decorada con figuras del escultor de Luis XIV, François Girardon. Las puertas conmemoran las victorias de los ejércitos del rey en Flandes y en el Rin.
La porte St-Martin tiene 17 m de altura y fue construida en 1674 por Pierre Bullet, discípulo de Blondel. Celebra la toma de Besançon y la derrota de la Triple Alianza de España, Holanda y Alemania.

↓ El espectacular interior de la Gare de l'Est

Le Plomb du Cantal
Un establecimiento que sirve comida francesa tradicional muy elaborada, pero sencilla.

◉ L4 ◉ 4 Bvld St-Denis 75010 🌐 leplombducantal.fr

€€€

SAam
Restaurante moderno y divertido con platos populares coreanos servidos con sake y zumos naturales.

◉ M4 ◉ 59 bis Rue de Lancry 75010 ☎ 09 83 50 84 94

€€€

Le Comptoir Général
Este original establecimiento acoge eventos y tiene un bar muy frecuentado por la noche y las tardes de los domingos.

◉ M4 ◉ 80 Quai de Jemmapes 75010 🌐 lecomptoir general.com

La Barav
Una popular enoteca llena de parisinos que comparten botellas y bandejas de queso.

◉ M5 ◉ 6 Rue Charles-François Dupuis 75003 🌐 lebarav.fr

Le Mary Celeste
Para tomar cócteles y aperitivos.

◉ M6 ◉ 1 Rue Commines 75003 ◉ lemaryceleste.com

BELLEVILLE Y MÉNILMONTANT

Belleville y Ménilmontant son dos de los distritos que recientemente se han incorporado a la ciudad. En la Edad Media los monjes cultivaban la tierra de esta zona que acogió a diversas órdenes religiosas. Belleville era famoso por ser la zona vitivinícola de las afueras de París, cuyas viñas poblaban las colinas del lugar. Ambos distritos quedaban al margen de los impuestos de la ciudad y en el siglo XVIII Ménilmontant se popularizó entre las clases trabajadoras, que podían beber barato en bares humildes que llamaban *guinguettes*. Cuando en 1860 los urbanistas eliminaron la muralla que rodeaba París, las dos zonas fueron asimiladas a los 20 distritos y buena parte de sus tierras de cultivo y viñedos fueron sustituidos por nuevos hogares. Pasaron a ser cuna de militantes durante la Comuna de París de 1871, cuando estallaron en las calles los enfrentamientos con el ejército. A lo largo del siglo XX, esta zona ha atraído a inmigrantes perseguidos, entre los que había judíos de Europa y habitantes de las antiguas colonias francesas en el norte de África. Una efervescente comunidad china se ha sumado al tejido multicultural de los distritos, donde el inferior precio de los alquileres sigue atrayendo hoy día a muchos artistas e inmigrantes.

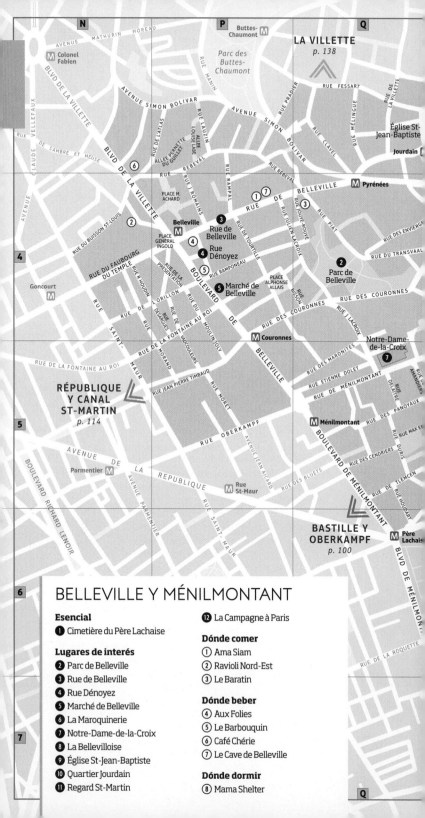

BELLEVILLE Y MÉNILMONTANT

Esencial
① Cimetière du Père Lachaise

Lugares de interés
② Parc de Belleville
③ Rue de Belleville
④ Rue Dénoyez
⑤ Marché de Belleville
⑥ La Maroquinerie
⑦ Notre-Dame-de-la-Croix
⑧ La Bellevilloise
⑨ Église St-Jean-Baptiste
⑩ Quartier Jourdain
⑪ Regard St-Martin

⑫ La Campagne à Paris

Dónde comer
① Ama Siam
② Ravioli Nord-Est
③ Le Baratin

Dónde beber
④ Aux Folies
⑤ Le Barbouquin
⑥ Café Chérie
⑦ Le Cave de Belleville

Dónde dormir
⑧ Mama Shelter

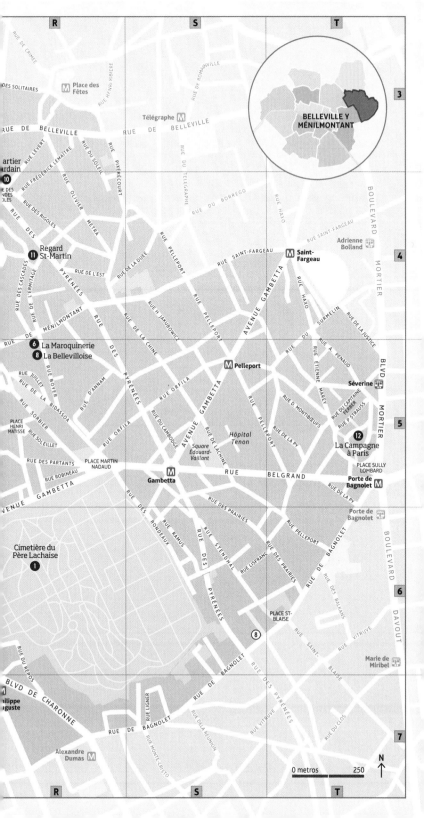

CIMETIÈRE DU PÈRE LACHAISE

📍R6 🏠 Blvd de Ménilmontant, 75020 Ⓜ️ Père Lachaise, Alexandre Dumas
🚌 26, 60, 61, 64, 69 a Pl Gambetta 🕐 8.00-17.30 diario (desde 8.30 sá, 9.00 do; med mar-oct: hasta 18.00)

Este es el cementerio más visitado del mundo. Contiene más de 70.000 tumbas, incluyendo las de muchos personajes famosos como el escritor Honoré de Balzac, el compositor Frédéric Chopin, el cantante Jim Morrison y el actor Yves Montand.

El cementerio más insigne de París está situado en una colina boscosa con vistas a la ciudad. La parcela perteneció al padre (Père) De la Chaise, confesor de Luis XIV, pero Napoleón la expropió en 1803 para crear un nuevo cementerio. Père Lachaise, el primer cementerio en Francia con un crematorio, adquirió tanta popularidad que fue ampliado en seis ocasiones a lo largo del siglo XIX.

En la actualidad, el cementerio es lugar de peregrinación de entusiastas de rock venidos para ver la tumba de Jim Morrison, cantante de The Doors. Con sus sepulturas cubiertas de musgo y sus viejos árboles, y con las impactantes esculturas fúnebres, Père Lachaise es un lugar muy romántico y con mucho ambiente para pasear.

¿Lo sabías?

Los restos de Molière fueron trasladados aquí en 1817 para dar importancia histórica al nuevo cementerio.

→
Paseando por un camino arbolado del fascinante Cimetière du Père Lachaise

← La tumba de Théodore Géricault, con una imagen de su obra maestra, *La balsa de la Medusa*

MUR DES FÉDÉRÉS

Tras la derrota de Francia en la Guerra Franco-Prusiana en 1871, un grupo de izquierdas se rebeló y fundó la Comuna de París. Al cabo de 72 días, las tropas del gobierno marcharon sobre la ciudad y en una semana de feroces combates callejeros, buena parte de la ciudad acabó calcinada y murieron miles de personas. El Mur des Fédérés de Père Lachaise es donde las tropas del ejército fusilaron a los últimos rebeldes de la Comuna.

Residentes famosos

Allan Kardec

▷ Kardec fue el fundador de una doctrina espiritual en el siglo XIX que aún cuenta con numerosos seguidores. Su tumba siempre está cubierta de flores.

George Rodenbach

El monumento a este poeta del siglo XIX lo representa saliendo de su tumba con el brazo extendido y una rosa en la mano.

Oscar Wilde

◁ El dramaturgo irlandés, esteta y de agudo ingenio, se exilió de Gran Bretaña y murió alcoholizado en París en 1900. El artista británico Jacob Epstein esculpió su tumba.

Marcel Proust

El novelista francés realizó una brillante crónica de la *Belle Époque* en su novela *En busca del tiempo perdido*.

Sarah Bernhardt

▷ La gran actriz francesa murió en 1923 a los 78 años y fue la actriz más famosa del mundo.

Edith Piaf

Conocida como "el pequeño gorrión" por su constitución, Piaf fue la cantante popular francesa más grande del siglo XX. Con su voz desgarrada cantaba las calamidades y penas de amor de la clase obrera parisina.

Jim Morrison

▷ El cantante de The Doors murió en París en 1971. Las circunstancias de su muerte siguen siendo un misterio.

LUGARES DE INTERÉS

Parc de Belleville

Q4 **47 Rue des Couronnes 75020**
M Couronnes, Belleville
C oct-may: 8.00-anochecer; jun-sep: 7.00-anochecer

Ofrece una cara menos acicalada que algunos otros parques de París, pero el Parc de Belleville tiene unas vistas de las que ninguna otra zona verde puede presumir. Los empinados jardines brindan panorámicas sin igual de París, entre ellas de la Torre Eiffel y de Notre-Dame. Esta colina estuvo ocupada originalmente por órdenes religiosas que adquirieron parcelas de tierra y plantaron viñas. En la Edad Media aparecieron las *guinguettes*, los *pubs* o cervecerías de su época. Era aquí donde los parisinos bebían *"piquette"*, un vino joven de la zona y un término que en la actualidad equivale, en jerga, a vino malo. Finalmente, los molinos de viento dominaron el paisaje debido a su altitud.

El parque es un bienvenido espacio verde al este de París, una zona con mucha densidad de población. Entre flores minuciosamente cuidadas hay escaleras y senderos atravesados por canales y pequeños acueductos. Hay incluso una cascada con 100 m desde lo alto de su caída hasta el suelo. En una vuelta al pasado vitivinícola de Belleville, en las laderas crecen 140 viñas cuyas uvas se vendimian cada año.

Rue de Belleville

P4 **75020**
M Belleville, Pyrénées, Jourdain

Esta calle principal de la antigua aldea de Belleville atraviesa el distrito desde la estación de metro Belleville. La calle era antes la ubicación de la vieja muralla que separaba París de sus afueras. Belleville recibe su nombre por una deformación de las palabras francesas *belle vue*, "vista hermosa", motivo que queda patente cuando se mira ladera abajo desde la calle hacia donde, a lo lejos, se alza la Torre Eiffel. El tramo entre las estaciones de metro Belleville y Pyrénées es el más interesante. En el nº 72 hay una placa conmemorativa del nacimiento en 1915 de Edith Piaf, quien, según la leyenda, nació en la calle. Con la llegada a esta zona de inmigrantes, se han abierto muchos restaurantes étnicos y asiáticos, y se pueden encontrar toda clase de artículos de alimentación interesantes y en absoluto caros. Los restaurantes sirven múltiples tipos de buñuelos, *bao* relleno de cerdo y sándwiches *banh mí*, por los que merece la pena subir las empinadas calles. En los cafés se sirven vinos y cervezas baratas siguiendo la tradición obrera de Belleville.

¿Lo sabías?

A 108 m sobre el nivel del mar, el Parc de Belleville es el parque con mayor altitud de París.

→ Las calles de Belleville, con puestos donde se venden alimentos frescos *(arriba)*

→
La "galería de arte al aire libre" de la Rue Dénoyez de Belleville

Rue Dénoyez

📍P4 🏠75020 🚇Belleville

En París, los artistas callejeros aprovechan todas las superficies que pueden. En la Rue Dénoyez además, parece como si la calle los incitara. Esta calle estrecha, escondida de la Rue de Belleville y antes bastante desprestigiada, es un museo de arte contemporáneo al aire libre en el que los artistas callejeros dejan su huella continuamente. Se llama así por una familia del lugar que regentaba una popular sala de baile en la década de 1830, pero hoy todo es arte callejero, lo que refleja el espíritu bohemio del barrio. Un día cualquiera, alguien se planta allí y pinta con spray su creación mural en una pared. Los edificios son, en su mayoría, talleres de artistas (si hay suerte, alguno permite entrar), pero su verdadero atractivo son las coloridas obras de las paredes. En los últimos años, algunos talleres han sido sustituidos por viviendas sociales más modernas, pero pervive el espíritu artístico de la Rue Dénoyez. Los parisinos todavía se reúnen al final de la calle en Aux Folles, un bar famoso por lo barata que es la bebida y por el mar de sillas de plástico que se vierte sobre la acera, mientras que, en el otro extremo de la calle, Le Barbouquin es un lugar magnífico para relajarse con una copa y un libro de cualquiera de sus estanterías.

Aux Folies
Las sillas de plástico le dan a este lugar un toque hogareño, reforzado por las copas baratas y la ruidosa clientela.

📍P4 🏠8 Rue de Belleville 75020
📞06 28 55 89 40

Le Barbouquin
Este acogedor café –en parte cafetería, en parte bar y, en parte, biblioteca/librería– es un lugar ideal para relajarse. Organiza periódicamente sesiones musicales nocturnas.

📍P4 🏠1 Rue Dénoyez 75020 📞09 84 32 13 21

Café Chérie
Este bar atrae a una clientela local a la moda. Los fines de semana hay DJ que pinchan música electrónica, rock, hip-hop, funk e indie.

📍N3 🏠44 Boulevard de la Villette 75019
📞09 53 05 93 36

Le Cave de Belleville
Vinos ecológicos, queso y carne curada en esta vinatería elegante de Belleville.

📍P4 🏠51 Rue de Belleville 75019
📞01 40 34 12 95

La Maroquinerie, la popular sala de rock, pop y músicas del mundo

Marché de Belleville

🗺 P4 🏠 Blvd de Belleville 75020 Ⓜ Belleville
🕐 ma y vi 7.00-13.30

Los martes y los viernes por la mañana, el mercado al aire libre de Belleville se extiende desde la estación de metro de Belleville hasta Couronnes. Funciona desde el siglo XIX, cuando no era más que un mercadillo independiente al otro lado de la muralla de París y sigue siendo el lugar donde los parisinos del este compran verdura fresca barata. Las mercancías de los puestos acompañan a las estaciones: clementinas en invierno, fresas en primavera y los mejores tomates a finales del verano. Algunos puestos venden sacacorchos, barritas de chocolate francés o aceitunas: aquí se encuentran toda clase de cosas. Los vendedores pregonan los precios de los alimentos a la venta. Al final del mercado se venden grandes montones de verdura por un euro, de manera que hay auténticas gangas. El mercado se abarrota de clientela local llueva o brille el sol, así que hay que estar preparados para maniobrar entre carritos y parisinos discutiendo por unas manzanas magulladas.

La Maroquinerie

🗺 R5 🏠 23 Rue Boyer 75020
Ⓜ Ménilmontant, Gambetta
🌐 lamaroquinerie.fr

Los verdaderos aficionados a la música no deben perderse este antiguo taller de pieles convertido en sala de conciertos.

¿Lo sabías?

El primer mensaje telegrafiado se comunicó desde Ménilmontant en 1793.

El aforo es solo de unas 500 personas y ha acogido a grandes nombres antes de tener éxito. Bruno Mars y Sam Fender son solo algunos de los grupos que han tocado aquí. Esta sala, entre bohemia y chic, tiene también un restaurante, cuya carta de platos clásicos franceses cambia continuamente y un bar-terraza al aire libre. Para muchas actuaciones musicales hay que reservar con antelación.

Notre-Dame-de-la-Croix

🗺 Q5 🏠 3 Place de Ménilmontant 75020
Ⓜ Ménilmontant, Couronnes
🕐 8.00-19.30 ma-sá, 8.30-19.30 do
🌐 notredamedelacroix.com

Esta iglesia, construida cuando la población de la zona se disparaba y consagrada en 1863 bajo el reinado de Napoleón II,

---

VIDA NOCTURNA

Tanto Belleville como Ménilmontant han sido históricamente lugares populares para beber, con fama de baratos y ruidosos. Su antigua ubicación, justo al otro lado de la muralla fiscal, significaba que la bebida era más barata, así que los parisinos acudían en tropel a las *guinguettes* (tabernas) que daban popularidad a estos distritos. En la actualidad, la zona sigue siendo famosa por sus precios, ya sea por la comida vietnamita barata o por la bebida en Le Cave de Belleville. La vida nocturna también ha evolucionado desde las *guinguettes* y, ahora, centros de esparcimiento como La Bellevilloise o La Maroquinerie mantienen animado el barrio por la noche.

se alza sobre todo Ménilmontant. Su arquitectura es una mezcla de elementos góticos y románicos con una torre que alcanza los 78 m de altura. Es, de hecho, la tercera iglesia más grande de París, después de Notre-Dame y St-Sulpice.

Este distrito se vio muy afectado por la Comuna de París de 1871, cuando los parisinos se levantaron contra el gobierno que se había exiliado a Versalles por las tropas prusianas. Durante esta época, los comuneros, que era como se conocía a los rebeldes, celebraban reuniones en Notre-Dame-de-la-Croix. Fue aquí donde decidieron ejecutar al arzobispo Georges Darboy, que había sido tomado como rehén el 24 de mayo en la prisión de la Rue de la Roquette (p. 107).

La iglesia no le presta atención a esta tormentosa historia, pero en cambio ofrece una visita espléndida, a salvo de las multitudes que abarrotan otros monumentos. Hay que ver el órgano, construido en dos partes con el fin de evitar que obstaculizara el paso de luz del rosetón. También cuenta con obras de arte significativas, *Cristo en el Limbo* (1819), de Pierre Delome, y *Cristo curando a los enfermos* (1827), de Pierre Granger.

Ama Siam
Animado restaurante con platos modernos tailandeses inspirados en recetas de la familia del cocinero.

P4 🏠 49 Rue de Belleville 75019 🕐 lu y do 🌐 amasiam.com

Ravioli Nord-Est
Sirve todo tipo de buñuelos caseros, baratos y deliciosos.

N4 🏠 11 Rue Civiale 75010 📞 01 75 50 88 03 🕐 mi

Le Baratin
Toda una institución para probar la sabrosa comida francesa.

Q4 🏠 3 Rue Jouye-Rouve 75020 📞 01 43 49 39 70 🕐 do, lu

 8

La Bellevilloise

📍 R5 🏠 19 Rue Boyer 75020
Ⓜ Ménilmontant, Gambetta
🌐 labellevilloise.com

El objetivo de este centro de arte comunitario fundado en 1877 era llevar la educación y la cultura a los menos favorecidos. Este espíritu pervive en sus actividades, entre las que hay conciertos –a menudo de jazz o música latina– y exposiciones de arte, además de ferias de trabajadores, mercados de artículos de época y algún *brunch* con jazz. Destaca el Halle aux Oliviers, una zona para representaciones en un patio acristalado, con mesas y rodeado de la jungla urbana.

→ La fachada neorrománica de Notre-Dame-de-la-Croix

↑ El imponente interior neogótico de la Église St-Jean-Baptiste

9

Église St-Jean-Baptiste

📍 Q3 🏠 139 Rue de Belleville 75019 Ⓜ Jourdain 🕐 8.15–19.45 diario (9.30-20.30, lu hasta 20.30 vi) 🌐 sjbb.fr

En lo que se refiere a iglesias, la neogótica de St-Jean-Baptiste de Belleville es desconocida para la mayoría de la gente de París. En lo alto de la ciudad, en un distrito lleno de tiendas, es un hallazgo para los entusiastas de la arquitectura. Construida para sustituir a la iglesia original del siglo XVII, la actual edificación se erigió entre 1854 y 1859. El arquitecto, Jean-Baptiste Antoine Lassus, era un especialista en arquitectura medieval. Es en buena medida responsable de recuperar motivos góticos en construcciones modernas y participó en la restauración de Notre-Dame y otros monumentos. Aunque es un maestro en su ámbito, Lasuss suele quedar olvidado ante Viollet-le-Duc, más famoso y que elogió esta edificación tras la muerte de Lassus. De hecho, fue su último proyecto. Con sus campanarios gemelos y sus techos abovedados, esta iglesia evoca la grandeza y las tradiciones de iglesias como la Sainte-Chapelle (p. 74).

Mama Shelter

Este hotel moderno próximo a Père Lachaise ofrece una alternativa confortable al centro de París, repleto de turistas.

📍 S6 🏠 109 Rue de Bagnolet 75020 🌐 mamashelter.com

€€€

↑ Tallas de piedra, Église St-Jean-Baptiste

10

Quartier Jourdain

📍 R4 🏠 75019 y 75020 Ⓜ Jourdain

Si lo que se busca es apartarse de las multitudes pero seguir saboreando la vida parisina, una tarde de paseo por el barrio Jourdain es perfecto. Desde la iglesia neogótica de St-Jean-Baptiste, la zona ha adquirido sin duda una personalidad propia. Los turistas no visitan mucho la plaza principal, llena de cafés y tiendas típicamente parisinas: queso aquí, carne allá, dulces por todas partes; es uno de los pocos distritos de París que todavía conserva cierto aire de pueblo. Podría estar en el límite de la ciudad pero, en realidad, solo requiere un trayecto rápido y fácil en la línea 11 del metro desde el Hotel de Ville, en pleno centro. El parc des Buttes-Chaumont (p. 146) encaja a la perfección con la visita al Jourdain, como también desviarse hasta Le Plateau, en la Rue des Alouettes, un espacio de exposiciones gestionado por el FRAC (Fonds Régional d'Art Contemporain, una colección regional de arte contemporáneo). Exhibe arte moderno –pintura, fotografía y todo lo que pueda situarse entre ambas– de su colección de 1.600 obras. De vez en cuando se hacen *performances*.

Regard St-Martin

R4 **42 Rue des Cascades 75020** **Jourdain, Pyrénées**

Este curioso edificio de piedra de la Rue des Cascades fue en otro tiempo esencial para garantizar que los parisinos de la Edad Media tuvieran agua potable. Conocido como *regard* –en esencia, un pozo–, formaba parte de un sistema de recogida de aguas pluviales de las colinas de Belleville que canalizaba a las fuentes de París. El agua del Sena estaba muy sucia, contaminada por una mezcla de aguas negras y productos químicos que las curtidurías vertían en él. Estas estructuras de piedra suministraban agua corriente antes de que en el siglo XIX se construyeran los canales. Se reformó en el siglo XVI (como atestigua una placa en latín que hay en el edificio), pero el Regard St-Martin, construido en el siglo XII, sigue funcionando, salvo que, en la actualidad, el agua termina en la red de alcantarillado.

La Campagne à Paris

T5 **Rue du Père-Prosper-Enfantin, Rue Irénée Blanc, Rue Mondonville, Rue Jules Siegfried 75020** **Porte de Bagnolet**

Esta antigua zona de viviendas es una de las más pintorescas de París, con sus fachadas de piedra en las calles adoquinadas. La Campagne, que significa literalmente "la campiña", parece exactamente eso. Sully

ARTISTAS DE BELLEVILLE

A finales de la década de 1990, los artistas acudieron a Belleville por el bajo precio de los alquileres, la amplitud de espacio y el estilo de vida bohemio que todavía muchos asocian hoy con París. Sus galerías de arte, como las que hay en la Rue Dénoyez *(p. 133)*, se han convertido en elementos permanentes. Cada año, durante cuatro días de mayo/junio, los artistas de todo Belleville abren sus talleres y reciben a miles de visitantes en un total de unos 120 estudios de pintura, fotografía, escultura y cerámica. Las Portes Ouvertes (literalmente, "puertas abiertas") existen desde 1990. Se puede encontrar más información en Internet, en atelier-artistes-belleville.fr.

Lombard, un sacerdote, ideó, en 1907, su construcción para los parisinos de rentas más bajas. Ubicadas sobre una antigua cantera de yeso y concluidas bastante después de la Primera Guerra Mundial, las aproximadamente 90 casas se distinguían del resto de la arquitectura de París. Las fachadas de ladrillo con hiedra y glicinia trepadoras y los jardines repletos de rosas adornan estas casas de dos plantas. Las calles adoquinadas, de aspecto provinciano, ofrecen alguna que otra oportunidad para hacer una fotografía y conforman un oasis de sosiego alejado del bullicio del París más urbanizado.

Las calles de La Campagne à Paris recuerdan a un pueblo

LA VILLETTE

En esta zona hubo hace mucho tiempo una ciudad galorromana que, posteriormente, acogió a los religiosos encargados de una colonia de leprosos cercana. Fue durante muchos años una aldea agrícola al otro lado de la muralla de la ciudad, pero despertó atención cuando Napoleón inició aquí su proyecto de canal. El distrito se incorporó a París formalmente en 1859. La Villette es más conocida por los grandes mataderos del siglo XIX, construidos en la época de Napoleón III. Las gigantescas naves sustituyeron a otras situadas en cinco ubicaciones de París, con lo que se centralizaba la actividad del sector cárnico en la ciudad. En la década de 1970, los mataderos dejaron de operar y el alcalde decidió recuperar la zona creando un parque. Diseñada en la década de 1980, la tercera zona verde más grande de París mezcla un diseño postmoderno y deconstructivista con centros culturales destacados como el museo de la ciencia más grande de Europa o la Philarmonie de Paris, diseñada por Jean Nouvel. Fuera del parque hay teatros y centros de arte por explorar, así como otro de los espacios verdes más emblemáticos de París: Buttes-Chaumont.

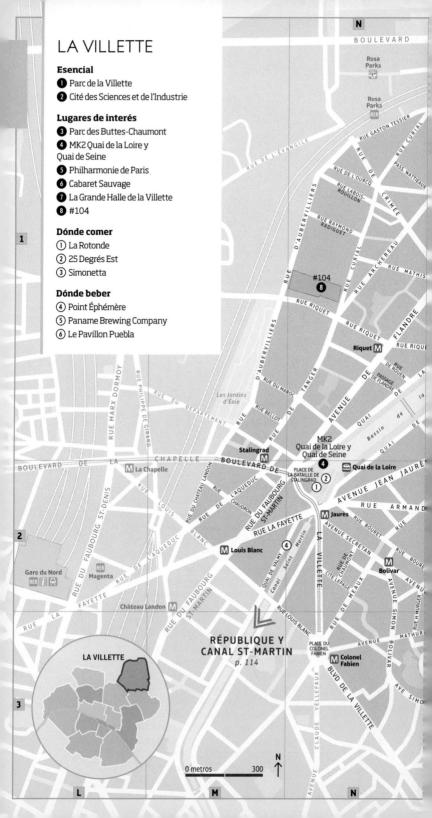

LA VILLETTE

Esencial
❶ Parc de la Villette
❷ Cité des Sciences et de l'Industrie

Lugares de interés
❸ Parc des Buttes-Chaumont
❹ MK2 Quai de la Loire y
Quai de Seine
❺ Philharmonie de Paris
❻ Cabaret Sauvage
❼ La Grande Halle de la Villette
❽ #104

Dónde comer
① La Rotonde
② 25 Degrés Est
③ Simonetta

Dónde beber
④ Point Éphémère
⑤ Paname Brewing Company
⑥ Le Pavillon Puebla

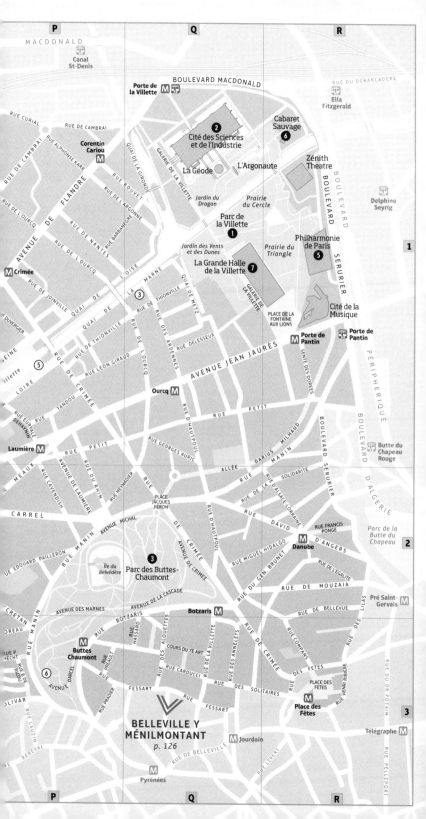

P

MACDONALD

Canal
St-Denis

Q

BOULEVARD MACDONALD

Porte de
la Villette M 🚉

R

RUE DU DEBARCADERE

Ella
Fitzgerald

RUE CURIAL

RUE DE CAMBRAI

RUE DE CAMBRAI

Corentin
Cariou M

RUE ALPHONSE KARR

RUE DE FLANDRE

RUE DE L'OURCQ

RUE DE JOINVILLE

RUE DE LOURCQ

RUE ROUVET

QUAI DE LA GIRONDE

RUE DE LARGONNE

RUE DE NANTES

RUE BARDANESCHI

GALERIE DE LA VILLETTE

2
Cité des Sciences
et de l'Industrie

La Géode

L'Argonaute

Cabaret
Sauvage 6

Zénith
Theatre

Delphine
Seyrig

BOULEVARD SERURIER

1

Crimée M

AVENUE DE FLANDRE

Jardin du
Dragon

Prairie
du Cercle

Parc
de la Villette
1

Philharmonie
de Paris
5

QUAI DE L'OISE

RUE DE LA MARNE

QUAI DE LA MEUSE

3

RUE DE THIONVILLE

QUAI DE LA MARNE

Jardin des Vents
et des Dunes

La Grande Halle
de la Villette 7

Prairie du
Triangle

GALERIE DE LA VILLETTE

Cité de la
Musique

PÉRIPHERIQUE

SEINE

RUE DE THIONVILLE

RUE DES ARDENNES

RUE DE METZ

RUE DELESSEUX

PLACE DE LA
FONTAINE
AUX LIONS

Porte de
Pantin M

Porte de
Pantin 🚉

DUVERGER

5

Villette

LOIRE

QUAI DE LA

RUE DE CRIMÉE

RUE LEON GIRAUD

RUE D'OURCQ

AVENUE JEAN JAURÈS

SENTE DES DORÉES

BOULEVARD SERURIER

Ourcq M

RUE

PETIT

RUE TANDOU

RUE EURIALE
DEHAYNIN

RUE DE CRIMÉE

RUE GEORGES AURIC

RUE D'HAUTPOUL

RUE DARIUS MILHAUD

Butte du
Chapeau
Rouge

Laumière M

RUE PETIT

RUE DU RHIN

AVENUE DE LAUMIÈRE

ALLÉE

RUE MANIN

RUE DE LA SOLIDARITÉ

BOULEVARD D'ALGERIE

MEAUX

AVENUE DE LAUMIÈRE

RUE MEYNADIER

PLACE
JACQUES
FÉRON

RUE D'HAUTPOUL

RUE MIGUEL HIDALGO

RUE D'ALSACE-LORRAINE

RUE

DAVID

Danube M

RUE FRANCIS
PONGE

D'ANGERS

Parc de la
Butte du
Chapeau

2

CARREL

RUE EDOUARD PAILLERON

RUE CAVENDISH

AVENUE MICHAL

RUE MANIN

Île du
Belvédère

3
Parc des Buttes-
Chaumont

AVENUE DE CRIMÉE

AVENUE DE LA CASCADE

RUE DU GEN. BRUNET

RUE DE L'EGALITE

RUE DE MOUZAIA

Pré Saint-
Gervais M

CRETAN

DREAU

AVENUE DES MARNES

BOTZARIS

Botzaris M

RUE DE BELLEVUE

RUE DES LILAS

RUE MANIN

RUE

Buttes
Chaumont M

RUE PRÉAULT

RUE HASSARD

RUE DES ALOUETTES

COURS DU 7E ART

RUE DE LA VILLETTE

RUE DES ANNELETS

RUE DE CRIMÉE

RUE COMPANS

RUE DES FÊTES

RUE DU DR POTAIN

Télégraphe M

6

AVENUE

RUE PRADIER

RUE CARDUCCI

RUE DES SOLITAIRES

PLACE DES
FÊTES

RUE HENRI RIBIERE

RUE PELLEPORT

OLIVAR

FESSART

RUE

FESSART

Place des
Fêtes M

BELLEVILLE Y
MÉNILMONTANT
p. 126

M Jourdain

3

REBEVAL

Pyrénées M

RUE DE BELLEVILLE

RUE LEVERT

P

Q

R

PARC DE LA VILLETTE

📍Q1 🏠211 Ave Jean Jaurès 75019 Ⓜ️Porte de Pantin, Porte de la Villette 🚌75, 139, 150, 151, 152 🚊T3b 🕐Espacios públicos: 24 h diario; jardines: may-sep: 15.00-19.00 sá y do (oct-mar: solo reservando); Jardin des Vents et des Dunes: abr-oct: 10.00-20.00 diario (nov-mar: 10.00-17.00 mi, sá y do, festivos y vacaciones escolares) 🌐lavillette.com

Un imaginativo parque urbano que ofrece una atractiva combinación de naturaleza y arquitectura moderna con jardines, juegos infantiles y múltiples espacios culturales.

Regeneración urbana

El antiguo matadero y mercado de ganado de París se ha transformado en este vibrante parque diseñado por Bernard Tschumi. Las instalaciones se extienden a lo largo de 55 hectáreas en una antigua zona deslucida. El objetivo era revivir la tradición de los parques como lugares de encuentro y fomentar el interés por las artes y las ciencias. Las obras se iniciaron en 1984 y se ha ido ampliando para dar cabida a la Cité des Sciences et de l'Industrie –un museo de la ciencia interactivo y de alta tecnología– *(p. 144)*, una vanguardista sala de conciertos, un pabellón para exposiciones, un cine esférico y un centro de música. El parque, el tercero más grande de París, se extiende entre todos ellos con sus folies, paseos, jardines y zonas de recreo infantil. En verano acoge varios festivales, entre ellos uno de cine al aire libre.

26

edificios modernos de color rojo animan el parque.

FESTIVAL DE CINE AL AIRE LIBRE

En verano, el parque alberga el festival Cinéma en Plein Air *(p. 59)*, gratuito, que proyecta al aire libre varias noches a la semana durante un mes cine francés e internacional. Se pueden alquilar sillas y mantas y mucha gente lleva cena para hacer un pícnic durante la película.

↑ Tomándose un respiro bajo el sol frente a uno de los cafés del parque

↓ Vista desde la azotea de la Philharmonie de Paris, una sala de conciertos *(p. 147)*

Le grand récit

2 🛹 🍴 🖥 🛍

CITÉ DES SCIENCES ET DE L'INDUSTRIE

📍 Q1 🏠 30 Ave Corentin Cariou 75019 Ⓜ Porte de la Villette
🚌 75, 139, 150, 152 🚊 T3b 🕙 10.00-18.00 ma-sá, 10.00-19.00 do, conviene reservar 📅 1 ene, 1 may, 25 dic 🌐 cite-sciences.fr

Ubicada en el interior del Parc de la Villette, la Cité des Sciences et de l'Industrie es un museo interactivo de ciencia y tecnología muy frecuentado por familias.

Este museo de la ciencia y de la tecnología ocupa el más grande de los antiguos mataderos de la Villette. El arquitecto Adrien Fainsilber creó un imaginativo juego de luces, vegetación y agua en un edificio de alta tecnología, con cinco pisos que se elevan 40 m y se extienden sobre 3 ha. En el centro del museo se encuentra la exposición Explora sobre la ciencia y la tecnología. En ella los visitantes participan en juegos sobre el espacio, la tierra, el transporte, la energía, el diseño y el sonido. En otras plantas hay un museo de las ciencias para niños, con máquinas para jugar y experimentar, un planetario, una biblioteca y tiendas.

3
invernaderos en la fachada sur inundan de luz el edificio.

Univers – entrée

↑ La Gran Historia del Universo, que traslada a los visitantes hasta el nacimiento del universo, hace 13.700 millones de años.

↑ El edificio del museo, rodeado por un foso y unido al parque a través de pasarelas

LA GÉODE

En un edificio que parece sacado de una película de ciencia ficción, esta esfera diseñada por Adrien Fainsilber pensada para que albergara un cine IMAX y 3D. Está cerrada por reforma, pero vale la pena verla desde el exterior.

← Niños observando insectos y plantas en el invernadero de la ciudad de la ciencia de los niños

3

Parc des Buttes-Chaumont

◉ Q2 🅰 Rue Botzaris 75019 (acceso principal por Rue Armand Carrel) Ⓜ Botzaris, Buttes-Chaumont ⏰ abr y sep: 7.00-21.00; may-ago: 7.00-22.00; oct-mar: 7.00-20.00 diario

Para muchos, este es el parque más agradable e inesperado de la ciudad. Su ubicación, en una zona elevada con vistas panorámicas, fue antes un patíbulo donde se ejecutaba a crimina-

---

 CURIOSIDADES
Rosa Bonheur

Con el nombre de una artista del siglo XIX, Rosa Bonheur es una popular *guinguette* del Parc des Buttes-Chaumont. Ideal para tomar un vino y unas tapas, los domingos por la noche es un lugar de encuentro LGTBIQ+.

---

les, una cantera de yeso y un vertedero. Fue transformado en parque a mediados de la década de 1860, uno de los muchos proyectos para remodelar la ciudad. El Barón Haussmann trabajó con el arquitecto/paisajista Aldolphe Alphand, en un proyecto para poner en las nuevas aceras de las avenidas bancos y farolas. También participaron en el proyecto el ingeniero Darcel y el paisajista Barillet-Deschamps. Crearon un lago e hicieron una isla con rocas auténticas y artificiales, que coronaron con un templo romano clásico (el Temple de la Sibylle, a imitación del Templo de la Sibila en Tivoli, Italia). La pareja añadió una cascada, arroyos, y dos pasarelas para conectar la isla con el parque.

→ El romántico Parc des Buttes-Chaumont

4

MK2 Quai de Loire y Quai de Seine

◉ N2 🅰 7 Quai de la Loire y 14 Quai de la Seine 75019 Ⓜ Stalingrad, Jaurès 🖥 mk2.com

Estos dos cines en cada una de las orillas del canal son lugares de paseo por las noches. Los cafés y bares cercanos se llenan de cinéfilos para ver el último estreno. Las salas proyectan películas francesas e internacionales que satisfacen tanto a un público minoritario como a multitudes en busca de éxitos de taquilla y, a veces, proyectan películas de Hollywood antes de que se estrenen en EE. UU. Al comprar una entrada hay que ver en

↑ Vistas desde el Temple in Parc des Buttes-Chaumont

El innovador interior del auditorio filarmónico de París ↑

qué sala proyectan la película; si está en la otra orilla, un ferri cruza el canal. El cine internacional se exhibe tanto en versión original como francesa. Quien no quiera ver una película doblada al francés tiene que comprar la entrada para la versión original. Después, se puede participar en un juego de *pétanque* en el canal, al lado del cine, donde los parisinos matan el tiempo.

Philharmonie de Paris

R1 221 Ave Jean Jaurès 75019 Porte de Pantin Museo: 12.00-18.00 ma-do (desde 10.00 sá y do) lu philharmoniedeparis.fr

Construida en 2015, la futurista Philharmonie, diseñada por el arquitecto francés Jean Nouvel, se eleva sobre el Parc de la Villette como una nave espacial plateada. El auditorio principal tiene un aforo de hasta 3.650 butacas, según sea su configuración y la ubicación de sus palcos móviles. La idea es que los espectadores no estén

nunca a más de 32 m del director, lo que produce una experiencia musical más íntima. El edificio se pasó de presupuesto –más del doble de los 170 millones de euros previstos–, lo que desató cierto escándalo. Aun así, al concierto inaugural, celebrado en honor de las víctimas del ataque contra Charlie Hebdo producido ese mismo año, asistió mucho público, entre el que se encontraba el entonces presidente François Hollande.

La Philharmonie programa sobre todo conciertos sinfónicos, pero también jazz y música del mundo. Alberga centros culturales y salas de exposiciones, así como otras salas de conciertos más pequeñas. Se puede reservar entrada para un concierto o pasarse para comer con vistas al parque, o descubrir más de 1.000 instrumentos en el museo. La Philharmonie organiza visitas guiadas, para las que se puede reservar en su página web. También se celebran conciertos de menor envergadura en la vecina Cité de la Musique, en la actualidad rebautizada como Phiharmonie 2.

> **Construida en 2015, la futurista Philharmonie, diseñada por el arquitecto francés Jean Nouvel, se eleva sobre el Parc de la Villette como una nave espacial plateada.**

La Rotonde
Parte de la última gran muralla de París, esta rotonda de adorable estilo clásico es ahora un lugar magnífico para comer algo o tomar un cóctel.

N2 6-8 Place de la Bataille de Stalingrad 75019 larotonde stalingrad.com

25 Degrés Est
Con su terraza con vistas al canal, este restaurante-bar desenfadado atrae en verano a quienes van buscando sol.

N2 10 Place de la Bataille de Stalingrad 75019 09 53 27 68 16

Simonetta
Para disfrutar de excelentes pizzas al estilo napolitano en la bulliciosa terraza que tiene este restaurante junto al canal.

Q1 32 Quai de la Marne 75019 simonetta-paris.com

La azotea de la Philarmonie de Paris de Jean Nouvel

La Fontaine aux Lions, frente a La Grande Halle de la Villette ↑

 6

Cabaret Sauvage

📍 R1 🏠 59 Blvd Macdonald 75019 Ⓜ Porte de la Villette
Ⓦ cabaretsauvage.com

En la orilla del canal, justo antes de cruzar los límites de la ciudad de París, hay un curioso espacio independiente en el Parc de la Villette. El Cabaret Sauvage, inaugurado en 1997, es una sala de ocio diferente de cualquier otra de París. Méziane Azaïche, de origen argelino, creó un espacio que acoge a grandes y pequeños artistas. Hay conciertos y espectáculos que abarcan desde exhibiciones de acrobacias y circo contemporáneo hasta danza y actuaciones musicales del occidente de África. Aquí han tocado con el paso de los años artistas internacionales como Redman, Mos Def o Noel Gallagher. Una vez en la sala de terciopelo rojo, los espectadores no pueden evitar verse absorbidos por el singular ambiente de la pista de circo del Cabaret Sauvage. Hay espejos biselados, banquetas y una pista de baile circular. Las reformas han mejorado la acústica y han añadido una amplia terraza para actos al aire libre. Sin duda, una noche en el Cabaret Sauvage es tan memorable como particular.

7

La Grande Halle de la Villette

📍 Q1 🏠 211 Ave Jean Jaurès 75019 Ⓜ Porte de Pantin
Ⓦ lavillette.com

Esta nave, un antiguo matadero, es una de las tres que había en esta zona de La Villette. En el siglo XIX, Haussmann decidió que sería mas cómodo concentrar toda la industria cárnica en un lugar. Finalmente, y seguramente sin causar sorpresa, la zona se ganó el apodo de "Ciudad de Sangre". En la década de 1980, la sala de terneras quedó destruida, mientras que la de ovino fue desmontada con la

---

BASSIN DE LA VILLETTE

La Bassin de la Villete acoge actividades todo el año. Merece la pena unirse a parisinos de todas las edades en una partida de *pétanque* en las orillas o pruebe el Mölkky, un juego finlandés de bolos de madera. En el canal se ve a los franceses remando, pero los turistas también pueden surcar las aguas alquilando una motora en Marin d'Eau Douce. En julio y agosto se instala aquí Paris Plage (playa), donde se puede nadar y remar. No obstante, la actividad más popular es hacer un pícnic. Es importante llegar pronto, sobre todo en verano, para tener sitio junto al agua.

> **Una vez en la sala de terciopelo rojo, los espectadores no pueden evitar verse absorbidos por el singular ambiente de la pista de circo del Cabaret Sauvage.**

esperanza de reconstruirla en otra parte. El presidente Mitterrand conservó esta belleza de hierro empleada como matadero y hoy es un espacio para actos. Aquí se programan conciertos, teatro, exposiciones, entre otros. Hay que pasarse por el café/restaurante a tomar un café o comer; tiene un jardín para cuando el tiempo acompaña.

104

N1 5 Rue Curial 75019
Riquet, Stalingrad
12-19.00 diario (desde las 11.00 sá y do) lu 104.fr.

Quizá no sea obvio al entrar, pero este centro de arte fue construido originalmente por el arzobispo de París en 1874 para servicios funerarios. Tenía un almacén de ataúdes, establos y tiendas donde las personas podían adquirir decoración para tumbas. Finalmente, los coches fúnebres del siglo XX

desaparecieron cuando el sector público perdió el monopolio sobre la realización de servicios funerarios. Sin embargo, el espacio experimentó un renacer. El salón, con vigas de hierro y techo de cristal, se transformó poco a poco en # 104 (o Centquatre-Paris), una residencia y sala de exposiciones para artistas. Es un excelente ejemplo de renovación urbana en una ciudad hábil para replantear sus edificios históricos. El alcalde lo inauguró en 2008 y la ciudad todavía financia la mayor parte de sus gastos. Hay actuaciones, conciertos y espectáculos durante todo el año, abiertos al público. Se puede ver a artistas trabajando y experimentando con diferentes medios. Centquatre-Paris se está convirtiendo rápidamente en un protagonista fundamental en la escena artística local e internacional; ha albergado exposiciones dedicadas a artistas contemporáneos famosos como Keith Haring o Krijn de Koning.

Point Éphémère
Mitad sala de conciertos, mitad bar de copas. Con frecuencia se organizan noches especiales con puestos de comida sobre ruedas.

N2 200 Quai de Valmy 75010
pointephemere.org

Paname Brewing Company
Situado sobre el canal, en un viejo almacén; lo mejor son las cervezas artesanas locales.

P1 41 bis Quai de la Loire 75019
panamebrewing company.com

Le Pavillon Puebla
Escondido en el verde del Parc des Buttes Chaumont, un oasis perfecto con una mezcla de toques marroquíes y modernos.

P3 Ave Darcel 75019
leperchoir.fr

MONTMARTRE Y PIGALLE

Montmartre era antiguamente un distrito rural salpicado de molinos de viento y viñedos. Tras su incorporación a la ciudad en 1860, se transformó enseguida en un barrio urbano popular entre las clases trabajadoras por el bajo precio de los alquileres. A finales del siglo XIX, este lugar bohemio contaba con una reputación de vida libertina y decadente que atraía a los artistas, escritores e intelectuales. El Bateau Lavoir, aún en pie, fue un estudio y hogar compartido por personajes como Matisse, Picasso o Modigliani. La fama de inmoralidad de Montmartre se debía, en buena medida, a sus numerosos cabarés, entre ellos el Moulin Rouge, del que se dice que fue cuna del cancán. Aunque parte de su propuesta de ocio pueda tener un carácter más sórdido, Montmartre y Pigalle son populares destinos para la vida nocturna y cuentan con infinidad de bares y restaurantes muy animados.

153

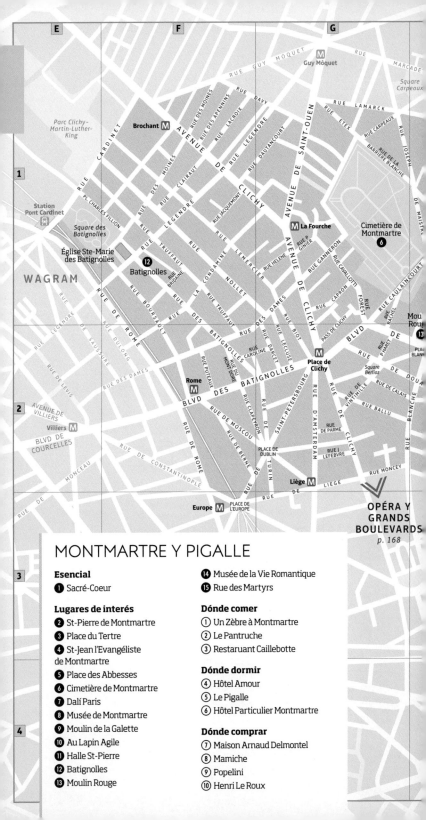

MONTMARTRE Y PIGALLE

Esencial

① Sacré-Coeur

Lugares de interés

② St-Pierre de Montmartre
③ Place du Tertre
④ St-Jean l'Evangéliste de Montmartre
⑤ Place des Abbesses
⑥ Cimetière de Montmartre
⑦ Dalí Paris
⑧ Musée de Montmartre
⑨ Moulin de la Galette
⑩ Au Lapin Agile
⑪ Halle St-Pierre
⑫ Batignolles
⑬ Moulin Rouge

⑭ Musée de la Vie Romantique
⑮ Rue des Martyrs

Dónde comer

① Un Zèbre à Montmartre
② Le Pantruche
③ Restaruant Caillebotte

Dónde dormir

④ Hôtel Amour
⑤ Le Pigalle
⑥ Hôtel Particulier Montmartre

Dónde comprar

⑦ Maison Arnaud Delmontel
⑧ Mamiche
⑨ Popelini
⑩ Henri Le Roux

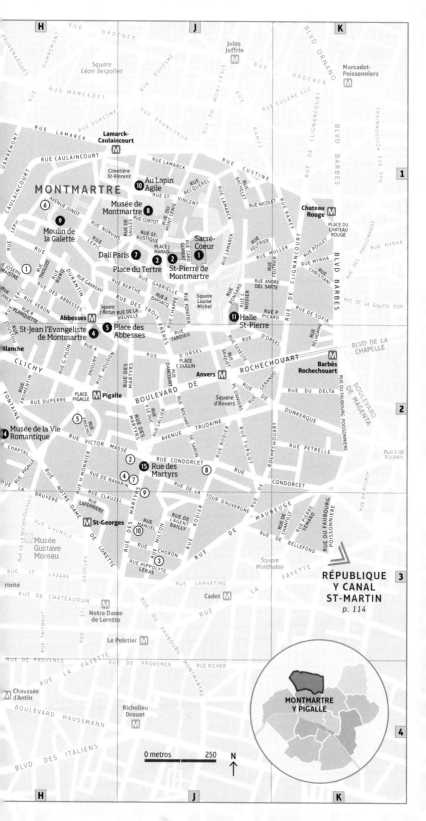

1 ⊘ 🛍

SACRÉ-COEUR

9 J1 🏠 35 Rue du Chevalier-de-la-Barre 75018 Ⓜ Abbesses (después subir en funicular hasta las escaleras del Sacré-Coeur), Anvers, Barbès-Rochechouart, Lamarck-Caulaincourt 🚌 30, 31, 40, 80, 85 🕐 6.30-22.30 diario; cúpula: oct-feb: 10.30-17.30 diario; mar–may: 10.30-19.00 diario; jun–sep: 10.30-20.30 diario 🖥 sacre-coeur-montmartre.com

Situada en la cima de la colina de Montmartre, la espectacular basílica blanca del Sacré-Coeur vigila París desde el punto más alto de la ciudad. Es un monumento conmemorativo de los 58.000 soldados franceses muertos en la Guerra Franco-Prusiana.

Seis meses después de estallar la Guerra Franco-Prusiana en 1870, dos empresarios católicos, Alexandre Legentil y Hubert Rohault de Fleury, realizaron un juramento religioso en privado para construir una iglesia dedicada al Sagrado Corazón como penitencia por los pecados de Francia. Ambos lograron vivir hasta que París se libró de la conquista y fueron testigos del comienzo de la construcción de la basílica del Sagrado Corazón. El arzobispo de París, Guibert, emprendió el proyecto y las obras se acometieron en 1875, según un diseño de Paul Abadie inspirado en la iglesia romano-bizantina de St-Front, en Périgueux. La basílica se completó en 1914, pero su consagración fue retrasada hasta 1919 debido a la Primera Guerra Mundial.

EL ASEDIO DE PARÍS

Prusia invadió Francia en 1870. Durante el asedio de París, instigado por el estadista prusogermano Otto von Bismarck, los parisinos hambrientos se vieron obligados a comer caballos y otros animales de la ciudad.

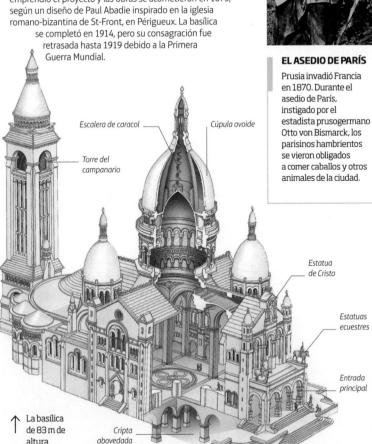

Escalera de caracol

Cúpula ovoide

Torre del campanario

Estatua de Cristo

Estatuas ecuestres

Entrada principal

↑ La basílica de 83 m de altura

Cripta abovedada

LA MEJOR FOTO
**La basílica
y la ciudad**

La mejor vista del Sacré-Coeur se obtiene desde los jardines que hay en su base, pero para contemplar la totalidad de la ciudad hay que subir 300 escalones hasta lo alto de la cúpula de la basílica.

↑ La hermosa basílica, coronada por su elegante cúpula ovoide

LUGARES DE INTERÉS

2

St-Pierre de Montmartre

J1 ⌂ 2 Rue du Mont-Cenis 75018 Ⓜ Abbesses
⏱ 8.00-19.00 diario (hasta 18.00 vi) 🌐 saintpierrede montmartre.net

Situada a la sombra de la basílica del Sacré-Coeur, St-Pierre de Montmartre es todo lo que se conserva de la gran abadía benedictina de Montmartre, fundada en 1133 por Luis VI y su esposa, Adelaida de Saboya, que, como primera abadesa, está enterrada aquí. En el interior de la iglesia se erigen cuatro columnas de mármol, al parecer de un templo romano que ocupaba originalmente el solar. El coro abovedado data del siglo XII, la nave se restauró en el siglo XV y la fachada oeste en el XVIII. Durante la Revolución, la abadesa fue guillotinada y St-Pierre quedó abandonada hasta que se consagró por segunda vez en 1908. Las vidrieras de estilo gótico reemplazaron a las ventanas originales, destruidas por una bomba fortuita en la Segunda Guerra Mundial. El cementerio abre al público solo una vez al año, el 1 de noviembre.

Iglesia de
St-Pierre de
Montmartre ↓

3

Place du Tertre

J1 ⌂ 75018 Ⓜ Abbesses

La palabra *tertre* significa "cerro" o "colina", y esta pintoresca plaza, a 130 m de altitud, es el punto más alto de París. En el pasado fue el emplazamiento del patíbulo de la abadía, pero hoy se asocia con los artistas que comenzaron a exhibir sus pinturas aquí en el siglo XIX. Está rodeada de alegres restaurantes; La Mère Catherine se remonta a 1793. En verano, las terrazas del restaurante se despliegan por el centro de la plaza. La casa del número 21 fue antaño la sede de la irreverente Comuna Libre, fundada en 1920 para perpetuar el espíritu bohemio del barrio. Actualmente alberga la oficina de turismo del casco antiguo de Montmartre.

4

St-Jean l'Évangéliste de Montmartre

H2 ⌂ 19 Rue des Abbesses 75018 Ⓜ Abbesses ⏱ 9.00-19.00 lu-sá; 9.30-18.00 do (hasta 19.00 verano) 🌐 saintjeandemont martre.com

Diseñada por Anatole de Baudot y completada en 1904, esta iglesia fue la primera que se construyó con hormigón armado. Los motivos florales del interior son típicos del *art nouveau*, mientras que la sucesión de arcos recuerda la arquitectura islámica. Se la conoce como St-Jean-des-Briques (San Juan de los Ladrillos) por los ladrillos rojos de la fachada.

5

Place des Abbesses

H2 ⌂ 75018 Ⓜ Abbesses

Esta plaza es una de las más pintorescas de París y se encuentra escondida entre la Place Pigalle, con sus locales de *striptease*, y la Place du Tertre, siempre a rebosar con cientos de visitantes. Resulta de obligada visita la estación de metro

→ La agradable Place du Tertre, con sus numerosos restaurantes

Abbesses, con originales arcos verdes de hierro forjado y luces ámbar. Fue diseñada por el arquitecto Hector Guimard y es una de las escasas bocas de metro *art nouveau* originales.

 6

Cimetière de Montmartre

📍 G1 **🏠 20 Ave Rachel 75018** **📞 01 53 42 36 30** **Ⓜ Place de Clichy, Blanche** **🕐 8.00-18.00 lu-vi, 8.30-18.00 sá, 9.00-18.00 do (hasta 17.30 invierno)**

Aquí yacen los restos de geniales artistas de principios del siglo XIX. Los compositores Héctor Berlioz y Jacques Offenbach (autor de la famosa melodía del cancán) están ente-rrados aquí, además de muchas otras figuras como La Goulue (nombre artístico de Louise Weber, la primera estrella del cancán y modelo de Toulouse-Lautrec), el pintor Edgar Degas, el escritor Alejandro Dumas, el poeta alemán

Heinrich Heine, el bailarín ruso Vaslav Nijinski y el director de cine François Truffaut. El Cimetière de Montmartre es un lugar evocador y pintoresco donde se percibe parte de la intensa energía y creatividad de la zona hace un siglo.

Al este, cerca de la Square Roland Dorgelès, se halla el **Cimetière St-Vincent**, que a veces pasa desapercibido. Aquí descansan otros insignes artistas del barrio, entre ellos el compositor suizo Arthur Honegger y el escritor Marcel Aymé. Lo más notable de St-Vincent es la tumba del pintor francés Maurice Utrillo, uno de los pocos artistas famosos de Montmartre nacido en la zona y muchas de cuyas obras constituyen actualmente estampas eternas del barrio.

Cimetière St-Vincent

📍 6 Rue Lucien-Gaulard 75018 **📞 01 46 06 29 78** **Ⓜ Lamarck-Caulaincourt** **🕐 8.00-18.00 lu-vi, 8.30-18.00 sá, 9.00-18.00 do (hasta 17.30 invierno)**

> **El Cimetière de Montmartre es un lugar evocador y pintoresco donde se percibe parte de la intensa energía y creatividad de la zona hace un siglo.**

Un Zèbre à Montmartre

Un lugar estupendo para comer *croque monsieur* o cenar un *steak tartar*.

📍 H1 **🏠 38 Rue Lepic 75018** **🌐 zebreamontmartre.fr**

€€€

Le Pantruche

Siempre es buena señal que el menú esté escrito a mano; aquí sirven clásicos franceses con toques divertidos.

📍 J2 **🏠 3 Rue Victor Massé 75009** **🚫 sá, do** **🌐 lapantruchoise.com/ lepantruche**

€€€

Restaurant Caillebotte

Este animado y pequeño bistró propiedad del equipo de Le Pantruche *(arriba)* sirve comida fresca y moderna.

📍 J3 **🏠 8 Rue Hippolyte Lebas 75009** **🚫 do** **🌐 lapantruchoise.com/ caillebotte**

€€€

El Moulin de la Galette, uno de los dos molinos de viento que todavía se pueden ver en Montmartre

Hôtel Amour
Un lugar animado y moderno, pero con un toque siempre romántico.

J2 **8 Rue de Navarin 75009**
w hotelamourparis.fr

Le Pigalle
Habitaciones decoradas con gusto en los alrededores del antiguo barrio rojo. Magnífico desayuno y restaurante debajo.

H2 **9 Rue Frochot 75009** **w lepigalle.paris**

Hôtel Particulier Montmartre
Las *suites* de esta mansión decimonónica tienen una ubicación ideal para explorar los distritos de Montmartre y Pigalle.

H1 **23 Ave Junot 75018**
w hotelparticulier.com

Dalí Paris

J1 **11 Rue Poulbot 75018**
M Abbesses **10.00-18.00 diario** **24 y 25 dic**
w daliparis.com

En el corazón de Montmartre, en un espacio pequeño pero valioso, se exhibe una colección permanente de más de 300 obras del pintor y escultor Salvador Dalí. A través de pinturas, esculturas, grabados y mobiliario del pintor surrealista, esta impresionante colección privada –la mayor de Francia– saca a la luz el carácter dramático del genio catalán del siglo XX. Este fascinante museo también alberga una galería comercial de arte.

Musée de Montmartre

J1 **12 Rue Cortot 75018** **M Abbesses, Anvers** **10.00-19.00 diario w museedemont martre.fr**

Durante el siglo XVII esta preciosa residencia perteneció al actor Rosimond (Claude de la Rose), un miembro de la compañía de teatro de Molière. Desde 1875 esta gran casa blanca, sin duda la más espléndida de Montmartre, proporcionó alojamiento y espacio artístico a artistas como Maurice Utrillo y su madre, Suzanne Valadon, ex acróbata y modelo, que llegó a ser una pintora de talento, Raoul Dufy y Pierre-Auguste Renoir.

El museo ilustra la historia de Montmartre mediante objetos, dibujos y fotografías. Destaca especialmente la riqueza de recuerdos de la vida bohemia y cuenta con una reconstrucción del Café de l'Abreuvoir, la taberna favorita de Utrillo. El apartamento-estudio se reformó y abrió al público en 2014, como también el Hôtel Demarne, que acoge exposiciones temporales sobre temas relacionados con Montmartre.

Moulin de la Galette

H1 **En la intersección de Rue Tholoze y Rue Lepic 75018** **M Lamarck-Caulaincourt, Abbesses**

Antiguamente salpicaban la silueta de Montmartre unos 14 molinos de viento, que se utilizaban para moler trigo y prensar uva. En la actualidad solo se conservan dos, ambos en la Rue Lepic: el Radet, un restaurante también llamado Moulin de la Galette, y el reconstruido Moulin de la Galette. Este último se levantó en 1622 y era conocido también como Blute-fin; al parecer, uno de los molineros, Debray, fue crucificado en una de las aspas del molino durante el asedio de París en 1814 después de tratar de repeler a los invasores cosacos. A finales del siglo XIX, ambos molinos se convirtieron en famosas salas de baile que sirvieron de inspiración a muchos artistas, entre los que destacan Pierre-Auguste Renoir y Vincent van Gogh.

La rue Lepic sube muy empinada desde la zona comercial central de Montmartre. Armand Guillaumin, industrial y pintor impresionista, vivió en la primera planta del número 54 y Van Gogh en la tercera.

10

Au Lapin Agile

J1 **22 Rue des Saules 75018** **Lamarck-Caulaincourt** **9.00-13.00 ma y ju-sá** **au-lapin-agile.com**

El nombre actual del antiguo Cabaret des Assassins procede de un cartel pintado por el humorista André Gill. Esta escena de un conejo huyendo de una cazuela (*Le lapin á gill*) dio pie al juego de palabras en su propio nombre. El local gozaba de gran popularidad entre intelectuales y artistas a principios del siglo XX. Aquí, en

1911, el novelista Roland Dorgelès y un grupo de asiduos llevaron a cabo una de las bromas más celebradas en el mundo del arte moderno, con la ayuda del burro del propietario del café, *Lolo*. Se ató un pincel a la cola de *Lolo* y el cuadro resultante se exhibió en el Salon des Indépendants ante los elogios de la crítica, bajo el título *Puesta de sol en el Adriático*, antes de desvelar la broma.

En 1903 el establecimiento fue adquirido por el empresario de cabarés Aristide Bruand (a quien Toulouse-Lautrec pintó en sus láminas). Años después, consigue conservar gran parte de su ambiente original.

11

Halle St-Pierre

J1 **2 Rue Ronsard 75018** **Anvers** **11.00-18.00 lu-vi, 11.00-19.00 sá, 12.00-18.00 do** **1 ene, 1 may, 14 jul, 15 ago, sá y do en ago, 25 dic** **hallesaintpierre.org**

En 1945 el pintor francés Jean Dubuffet desarrolló el concepto de *art brut* (arte marginal) para definir las

 CONSEJO DK
Las mejores baguettes

Muchas de las panaderías de Montmartre están galardonadas con el premio "Mejor *Baguette*" de París; busque la pegatina en el escaparate. En el 38 de Rue des Abbesses, Grenier á Pain lo ha ganado dos veces.

obras creadas al margen de la cultura oficial, habitualmente realizadas por internos de hospitales psiquiátricos, discapacitados mentales, presos o niños. La Halle St-Pierre alberga un museo dedicado a estas expresiones artísticas injustamente tratadas en muchas ocasiones. Además de las exposiciones, se representan obras de teatro vanguardista y producciones musicales, se celebran debates y veladas literarias y se imparten talleres infantiles. Además de exposiciones temporales, la colección permanente incluye más de 500 obras de arte naíf recopiladas por el editor Max Fourny.

↑ Estudio-apartamento de Suzanne Valadon, en el Musée de Montmartre

Espectacular vista desde el Sacré-Coeur de Montmartre

⑫ Batignolles

⑨ F1 🏠 75017 Ⓜ Place de Clichy, Rome, Brochant

Antiguamente utilizado como coto de caza real, este barrio del distrito 17 en el noroeste de París, creció paulatinamente convirtiéndose en una pequeña aldea. Pese a convertirse en parte de la ciudad en la segunda mitad del siglo XIX, todavía recuerda a un pequeño pueblo francés encajado en la ciudad cosmopolita. Este barrio tiene un animado ambiente y entre sus antiguos residentes cabe destacar a Édouard Manet y sus amigos artistas, conocidos como el Groupe des Batignolles, Émile Zola y más tarde, también, el cantante belga, Jacques Brel.

La bonita iglesia de Ste-Marie des Batignolles se halla en el corazón de la villa. Aparte de su tranquila atmósfera de pueblo, Batignolles posee también una faceta más urbana, con una buena mezcla de bares muy frecuentados y *boutiques* y restaurantes con estilo. Fue una de las primeras zonas en tachar a su nueva clase de habitantes pudientes como *les bobós*, o bohemios burgueses.

Se pueden visitar dos mercados: el ecológico Marché Biologique de Batignolles en el Boulevard des Batignolles y el mercado cubierto en la Rue Lemercier, que data de 1846. Las familias suelen disfrutar los fines de semana en alguno de los parques de la zona, siendo

¿Lo sabías?

Las tropas aliadas apodaron "Pig Alley" ("Calle de los cerdos") al distrito de Pigalle tras la Segunda Guerra Mundial debido a su vida nocturna inmoral.

los dos más grandes el Square des Batignolles y el Parc Clichy-Batignolles-Martin Luther King, con estanques con patos, zonas para jugar, skate parks y pistas para correr. El distrito ha experimentado cambios sustanciales en los últimos años y hay apartamentos, tiendas y edificios de oficinas modernos, como los nuevos tribunales de París.

⑬

Moulin Rouge

⑨ H2 🏠 82 Blvd de Clichy 75018 Ⓜ Blanche 🕐 cena: 19.00; espectáculos: 21.00 y 23.00 diario 🌐 moulinrouge.fr

Construido en 1885, el Moulin Rouge se transformó en cabaré en 1900. El cancán se originó en Montparnasse, en los jardines de polca de la Rue de la Grande-Chaumière, aunque siempre se asocia con el Moulin Rouge, donde Henri de Toulouse-Lautrec inmortalizó en láminas y dibujos los espectáculos de este frívolo y colorido baile. El enérgico e incesante movimiento de piernas de bailarinas como Yvette Guilbert y Jane Avril continúa ejecutándo-

El Moulin Rouge, un ↑ emblemático símbolo de la vida nocturna parisina

se hoy en espectaculares revistas con sofisticada iluminación y actuaciones de magia.

⑭

Musée de la Vie Romantique

⑨ H2 🏠 16 Rue Chaptal 75009 Ⓜ Blanche, Pigalle 🕐 10.00–18.00 ma-do, se recomienda reservar por adelantado 🚫 Algunos festivos 🌐 museevieromantique. paris.fr

Esta pintoresca y diminuta casa del siglo XIX fue hogar de Ary Scheffer, el retratista de la monarquía durante la restauración borbónica. Aquí, el artista recibía a grandes figuras culturales de mediados del siglo XIX, como Eugéne Delacroix y Charles Dickens. La casa, que ahora es un museo, expone cuadros del

---

LOS MOLINOS DE MONTMARTRE

En Montmartre abundaban los molinos de viento a finales del siglo XI, cuando la zona seguía siendo un pueblo. Cuando la ciudad empezó a engullir las tierras de cultivo, los propietarios convirtieron sus molinos casi inactivos en lugares de ocio como el Moulin de la Galette *(p. 160)*. El más famoso, el Moulin Rouge, rinde homenaje a las noches de cabaré, aunque en realidad nunca funcionó como molino.

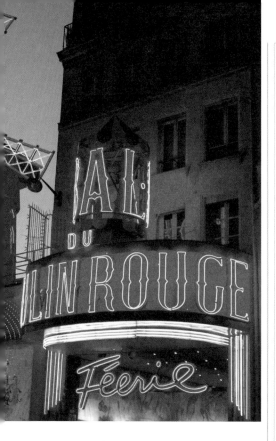

Maison Arnaud Delmontel
Pan y pasteles exquisitos en una panadería galardonada.

📍 J2 🏠 39 Rue des Martyrs
🌐 arnaud-delmontel.com

Mamiche
Agradable panadería con un delicioso *babka* de chocolate.

📍 J2 🏠 45 Rue Condorcet
🌐 mamiche.fr

Popelini
Solamente pastelitos rellenos de crema.

📍 J3 🏠 44 Rue des Martyrs
📞 01 42 81 35 79

Henri Le Roux
Una tienda llena de caramelos de mantequilla salada y chocolate.

📍 J3 🏠 24 Rue des Martyrs
🌐 chocolatleroux.com

siglo XIX y objetos que pertenecieron a la famosa George Sand, así como a su amante Frédéric Chopin. Sand fue una prolífica autora y crítica del levantamiento popular conocido como la Comuna de París. También fue conocida por vestir ropa de hombre en público y fumar tabaco, a diferencia de la mayoría de mujeres de la época. El museo tiene un encantador café en el jardín.

15

Rue des Martyrs

📍 J2 🏠 75009 Ⓜ Pigalle

Esta paradigmática calle parisina debe su nombre a Saint Denis, que fue martirizado en esta zona. La Rue des Martyrs conserva buena parte del ambiente de mercadillo local que se ha perdido en muchos lugares semejantes de París. La calle está llena de atractivos a disfrutar tanto por parisinos como por turistas: pastelerías, restaurantes, cafés e, incluso, una *boutique* dedicada a los caramelos de mantequilla salada. De vez en cuando se ve alguna marca conocida pero, en general, la calle es una de las más características y exclusivas de París.

El bonito café del jardín del Musée de la Vie Romantique ↑

UN PASEO
MONTMARTRE

Distancia 1,5 km **Metro** Abbesses
Tiempo 20 minutos

La pronunciada colina de Montmartre lleva atrayendo a parisinos y turistas desde hace siglos. Théodore Géricault y Camille Corot llegaron aquí a comienzos del siglo XIX, y en el siglo XX Maurice Utrillo inmortalizó estas calles en sus obras. Actualmente, este pintoresco barrio, que aún conserva en ciertos lugares el ambiente de París de antes de la guerra, es el lugar perfecto para deambular. Es recomendable hacer una parada en la Place du Tertre para admirar las obras de los artistas callejeros y relajarse tomando un café con pastas antes de descender por la ladera.

Au Lapin Agile, este café y cabaré fue un popular lugar de encuentro de los artistas, entre ellos Picasso (p. 161).

El Musée de Montmartre (p. 160) alberga trabajos de artistas que vivieron en la zona. Cuenta con tres hermosos jardines diseñados en memoria del pintor Auguste Renoir, que vivió aquí dos años.

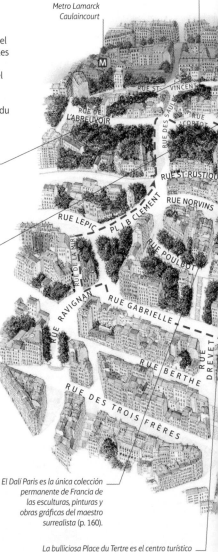

Clos Montmartre es uno de los últimos viñedos que se conservan en París. El comienzo de la vendimia se celebra cinco días a principios de octubre.

Metro Lamarck Caulaincourt

RUE ST VINCENT
RUE DE L'ABREUVOIR
RUE DES SAULES
RUE CORTOT
RUE ST-RUSTIQUE
RUE NORVINS
RUE LEPIC
PL J B CLEMENT
RUE DE LA MIRE
RUE POULBOT
RUE RAVIGNAN
RUE GABRIELLE
RUE DREVET
RUE BERTHE
RUE DES TROIS FRÈRES

El Dalí Paris es la única colección permanente de Francia de las esculturas, pinturas y obras gráficas del maestro surrealista (p. 160).

La bulliciosa Place du Tertre es el centro turístico de Montmartre y está repleta de retratistas y otros pintores de caballete (p. 158). La plaza está rodeada de cafés y bares.

↑ Admirando las obras de artistas callejeros en la concurrida Place du Tertre

0 metros   100

N ↑

La Mère Catherine era uno de los restaurantes predilectos de los cosacos rusos en 1814. Solían dar un puñetazo en la mesa y gritar Bistro! ("rápido" en ruso). De ahí procede el término francés bistrot.

St-Pierre de Montmartre, se transformó en el "Templo de la Razón" durante la Revolución (p. 158).

Plano de situación
Para más detalles ver p. 154

↑ El hermoso Sacré-Coeur, iluminado por el amanecer

La iglesia romano-bizantina del Sacré-Coeur comenzó a construirse en la década de 1870 y se concluyó en 1914. Es un lugar destacado de la zona (p. 156).

RUE DU MONT CENIS

RUE DU CHEVALIER

RUE DU CARDINAL GUIBERT

RUE LAMARCK

RUE PAUL ALBERT

PL DU PARVIS DU SACRÉ-COEUR

RUE AZAIS

RUE ST-ELEUTHERE

RUE DU CARDINAL DUBOIS

SQ LOUISE MICHEL

RUE CH NODIER

Halle St-Pierre alberga exposiciones de art brut y arte naif (p. 161).

RUE CHAPPE

¿Lo sabías?

El nombre de Montmartre se atribuye a los mártires de la zona torturados en torno al año 250: *mons martyrium*.

PL ST-PIERRE

● INICIO

RUE TARDIEU

RUE DE STEINKERQUE

□ LLEGADA

El funicular, al final de la Rue Foyatier, desciende hasta los pies de la basílica del Sacré-Coeur; los billetes de metro son válidos para subir.

La Square Louise-Michel se halla bajo el parvis (patio delantero) del Sacré-Coeur. Está dispuesta sobre la ladera de la colina, en una serie de terraplenes sucesivos con espacios de césped, setos, árboles y parterres de flores.

OPÉRA Y GRANDS BOULEVARDS

Famosa por sus avenidas elegantes y la Opéra Garnier, esta zona fue un núcleo importante en la remodelación de París llevada a cabo por el Barón Haussmann en el siglo XIX. Se eliminaron las calles hacinadas de la ciudad medieval para dejar espacio para los amplios Grands Boulevards Madeleine, Capucines, Italiens y Montmartre, flanqueados por imponentes edificios con elaborados balcones de hierro. En esta época también se construyeron muchas claraboyas y techos de cristal en galerías comerciales, a las que siguieron los grandes almacenes Printemps y Galeries Lafayette, que consolidaron la fama de esta zona como gran espacio comercial. Además, se convirtió en un popular distrito de ocio, con salas como la deslumbrante Opéra National de Paris Garnier. Y en 1895 los hermanos Lumière proyectaron la primera película pública en el Grand Café, en el Boulevard des Capucines. En la actualidad, esta zona es más un centro de negocios, pero por las noches, quien quiera salir de fiesta encontrará todavía muchas discotecas y teatros para disfrutar.

CHAMPS-ÉLYSÉES
Y CHAILLOT
p. 212

OPÉRA Y GRANDS BOULEVARDS

Esencial
1 Opéra National de Paris Garnier

Lugares de interés
2 La Madeleine
3 Place de la Madeleine
4 Église de la Ste-Trinité
5 Théâtre Mogador
6 Galeries Lafayette
7 Chapelle Expiatoire
8 Église St-Augustin
9 Gare St-Lazare
10 Printemps

11 Musée Grevin
12 Le Grand Rex

**Dónde comer
y beber**
1 La Petite Régalade
2 Chartier
3 Harry's New York Bar

Dónde dormir
4 Chouchou Hôtel
5 Hôtel Chopin
6 Hôtel Parister

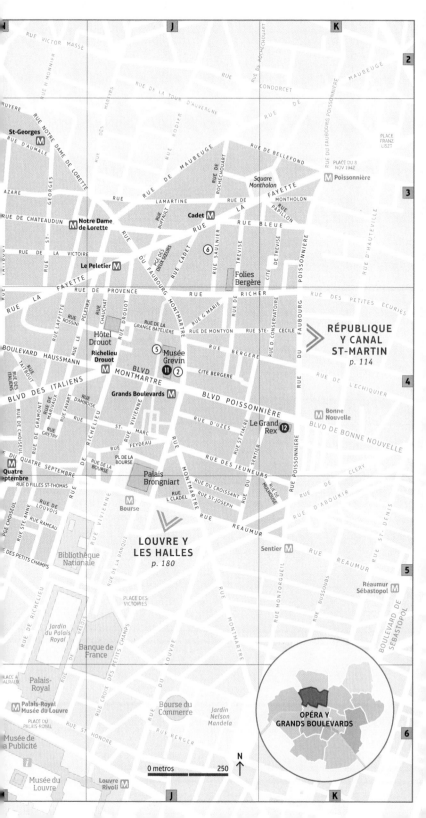

OPÉRA NATIONAL DE PARIS GARNIER

📍 H4 🏠 Pl de l'Opéra 75009 Ⓜ Opéra 🕐 10.00-17.00 diario, horario de taquilla: 10.00-18.30 lu-sá y 1 hora antes de las funciones (hasta 14.30 los días de actuación matinal y festivos) 🚫 1 ene, 1 may, 25 dic 🌐 operadeparis.fr

Comparada a veces con una gran tarta nupcial, este teatro de la ópera palaciego, con su interior ornamentado, es un elegante lugar para disfrutar de un ballet o una ópera.

Este edificio fue diseñado por Charles Garnier para Napoleón III; las obras comenzaron en 1862 y concluyeron en 1875, después de interrupciones por la Guerra Franco-Prusiana y los levantamientos de 1871. Su inconfundible aspecto se atribuye a la fusión de materiales (piedra, mármol, bronce) y estilos, que abarcan desde el clasicismo hasta el barroco, con columnas, frisos y esculturas en la fachada.

Detrás del vestíbulo se alza la cúpula, que cubre el anfiteatro, mientras que el frontón triangular que se eleva a sus espaldas señala el frontal del escenario. Destacan la gran escalinata, realizada con mármol blanco y con una balaustrada de mármol rojo y verde, y el vestíbulo, con techos abovedados cubiertos de mosaicos. El auditorio, de cinco niveles, se caracteriza por su terciopelo rojo, y querubines de escayola y pan de oro, que contrastan con los falsos techos pintados por Marc Chagall en 1964.

Aunque las óperas se representan tanto en esta sede como en la Opéra National de Paris Bastille *(p. 106)*, el ballet permanece aquí.

> **El auditorio, de cinco niveles, se caracteriza por su terciopelo rojo, querubines de escayola y pan de oro.**

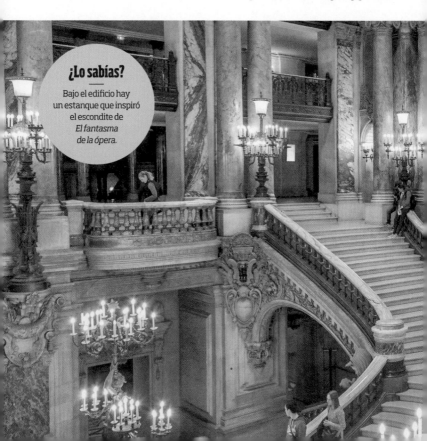

¿Lo sabías?

Bajo el edificio hay un estanque que inspiró el escondite de *El fantasma de la ópera*.

1 La elegante fachada está adornada con frisos de mármol y estatuas.

2 Con un aforo de 2.054 espectadores, el auditorio fue diseñado para que el público pudiera ver y ser visto.

3 El techo del vestíbulo está decorado con pinturas de Paul Baudry.

↑ La gran escalinata, una espectacular entrada al edificio

LUGARES DE INTERÉS

2

La Madeleine

G4 **Pl de la Madeleine 75008** **M** Madeleine **9.30–19.00 diario** **w** eglise-lamadeleine.com

Esta iglesia, dedicada a María Magdalena, es uno de los monumentos más conocidos de París gracias a su privilegiada ubicación y grandes dimensiones. Se alza con vistas al sur de la Place de la Concorde y constituye el contrapunto del Palais Bourbon (sede del Parlamento francés), al otro lado del río. Las obras se iniciaron en 1764, pero se interrumpieron con el estallido de la Revolución de 1789. Tras la batalla de Jena en 1806, Napoleón decidió construir un templo dedicado a la gloria militar y se lo encargó a Pierre

Vignon. La iglesia quedó concluida en 1842.

Una columnata de columnas corintias rodea la iglesia y sustenta un friso escultórico, y los bajorrelieves de las puertas de bronce, realizados por Henri de Triqueti, muestran los Diez Mandamientos. El interior está decorado con mármol y pan de oro y cuenta con algunas esculturas notables, especialmente *El bautismo de Cristo*, de François Rude. La iglesia tiene una rica tradición musical; Gabriel Fauré y Camille Saint-Saëns fueron sus organistas. Y aquí se celebran con regularidad recitales de órgano y conciertos corales.

Desde que en 2017 se celebró aquí el funeral del emblemático músico francés Johnny Hallyday, se ha convertido en un santuario para sus admiradores.

¿Lo sabías?

El mercado de las flores de la Place de la Madeleine lleva vendiendo vistosos ramos desde principios del siglo XIX.

3

Place de la Madeleine

F4 **75008** **M** Madeleine **mercado de flores: 9.00-20.00 lu–sá**

La plaza de la Madeleine se construyó al tiempo que la iglesia homónima. Esta plaza alberga muchos restaurantes, cafés y tiendas de exquisiteces

> En la Église de la Ste-Trinité, cada una de las capillas ofrece una amplia variedad de pinturas y tallas dedicadas a santos.

caros, como Maille, en el nº 6, famosa por sus mostazas. Marcel Proust pasó su infancia en la gran casa del nº 9 del Boulevard Malesherbes, junto a la Place Madeleine. Al este de la Madeleine hay un pequeño mercado de flores, con unos aseos públicos del siglo XIX.

Église de la Ste-Trinité

📍 G3 🏛 Place d'Estienne d'Orves 75009 Ⓜ Trinité-d'Estienne d'Orves
🕐 7.15-19.15 lu-vi, 10.00-19.30 sá, 10.00-20.15 do
🌐 latriniteparis.com

Inspirada en iglesias renacentistas italianas, esta obra maestra del siglo XIX fue consagrada en 1913. Denominada a menudo simplemente como La Trinité, es el monumento central de la ajetreada intersección de la Place d'Estienne d'Orves, creada por el Barón Haussmann. En el marco de su gran proyecto de remodelación de París, Haussmann trasladó la iglesia varios cientos de metros desde su ubicación original. La iglesia está maravillo-

←
El adornado altar mayor de la Église de la Madeleine

---

samente decorada con su gran campanario. Dentro, cada una de las capillas ofrece una amplia variedad de pinturas y tallas dedicadas a santos como Geneviéve y Vincent de Paul.

Théâtre Mogador

📍 G3 🏛 25 Rue de Mogador 75009 Ⓜ Trinité-d'Estienne d'Orves 🌐 theatremogador. com

Fue construido por Alfred Butt, el magnate del teatro londinense. Lo inauguró en 1919 el futuro presidente estadounidense Franklin Delano Roosevelt. Tras la Primera Guerra Mundial, numerosos políticos acudieron a la ciudad para negociar el Tratado de Versalles, de modo que debió de parecer buena idea incorporar cierto espectáculo.
En el pasado acogió operetas y ballets rusos de Sergei Diaghilev, pero también se han puesto en escena musicales clásicos como *Hello, Dolly!* o *Les Misérables*. Ahora, este majestuoso teatro de tres plantas produce en su mayoría espectáculos de Broadway de alto presupuesto en francés, como *El rey león* o *Los productores*.

Galeries Lafayette

📍 H4 🏛 40 Blvd Haussmann 75009 Ⓜ Chaussée d'Antin-Lafayette 🕐 10.00-20.30 diario (11.00-20.00 do)
🌐 haussmann. galerieslafayette.com

Estos grandes almacenes, que se remontan a 1893, son un emblema de París y una parada imprescindible en una visita a la ciudad. Este enorme complejo contiene moda de

---

caballero y señora, sección de hogar y tienda *gourmet*.
En Navidad, un árbol inmenso ocupa la cúpula *art nouveau*, mientras que los escaparates narran elaboradas historias navideñas muy populares entre los niños. Se puede tomar la escalera automática para subir a la azotea, donde aguardan unas vistas espectaculares de la ciudad. Pueden ser una locura durante las rebajas semestrales, las *soldes*, pero forman parte de la experiencia de visitar las Galeries Lafayette.

La Petite Régalade
El chef hace una innovadora apuesta con la *pascade,* una especie de crepe relleno de ingredientes *gourmet*.

📍 G4 🏛 14 Rue Daunou 75002 🕐 do
🌐 lapetiteregalade.com

€€€

Chartier
Esta vieja cantina para trabajadores con platos clásicos franceses, sigue siendo económica.

📍 J4 🏛 7 Rue du Faubourg Montmartre 75009 🌐 bouillon-chartier.com.

€€€

Harry's New York Bar
El lugar de nacimiento del Bloody Mary y de otros cócteles, todo un clásico *(ver p. 178).*

📍 H4 🏛 5 Rue Daunou 75002
🌐 harrysbar.fr

LAS VÍCTIMAS DE LA GUILLOTINA

Junto con Luis XVI y María Antonieta, hay otros muchos personajes famosos que fueron enterrados donde se encuentra ahora la Chapelle Expiatoire. Entre ellos estaba Charlotte Corday, asesina de Murat; la escritora y feminista Olympe de Gouges; Jeanne du Barry, amante de Luis XV, y Madame Roland.

7

Chapelle Expiatoire

🔲 F4 🏠 29 Rue Pasquier 75008 Ⓜ St-Augustin
☎ 01 42 65 35 80 🕐 abr-sep: 10.00-12.30 y 13.30-18.30 ju-sá; oct-mar: 10.00-12.30 y 13.30-17.00 🌐 chapelleexpiatoire-paris.fr

En 1816, el rey Luis XVIII dedicó esta capilla a la memoria de su hermano, el rey Luis XVI, y de su cuñada María Antonieta.

Los dos fueron enterrados en su cementerio tras ser guillotinados en la Place de la Concorde (p. 222). La fosa común, conocida como Cementerio de la Madeleine, fue una de las cuatro que albergan los restos de víctimas de la guillotina. María Antonieta y Luis XVI fueron trasladados a la Basílica de St-Denis (p. 305) en el siglo XIX. La capilla solo recuerda esta turbulenta historia con un modesto monumento conmemorativo neoclásico. En el peque-

ño jardín hay cenotafios de los aquí sepultados, entre ellos las víctimas de la catástrofe de los fuegos artificiales de la boda de María y Luis en 1770.

8

Église St-Augustin

🔲 F3 🏠 8 Ave César Caire 75008 Ⓜ St-Augustin
🕐 8.30-19.00 lu-vi, 9.00-12.30 y 14.30-19.30 sá, 8.30-12.30 y 16.30-20.00 do
🌐 saintaugustin.net

Esta iglesia se encuentra en uno de los barrios más exclusivos de París. Diseñada por Victor Baltard, el arquitecto de Les Halles y finalizada en 1868 en la intersección de los extensos bulevares nuevos, el edificio despertó críticas en un principio por su exagerada cúpula y su curiosa torreta roja. En la construcción de la iglesia se emplearon grandes cantidades de metal y su estructura de hierro forjado forma parte de la decoración del interior, junto con los ángeles de hierro en lo alto de los pilares.

9

Gare St-Lazare

🔲 G3 🏠 13 Rue d'Amsterdam 75008 Ⓜ Gare Saint-Lazare

La Gare St-Lazare, una de las estaciones con más tráfico ferroviario de Europa, es seguramente la más representada en el arte. Se inauguró en 1837 y desde aquí salen trenes hacia Normandía, incluida la estación más próxima a Giverny, donde Claude Monet pintó sus famosos nenúfares. El artista no fue más que uno de los muchos pintores del siglo XIX que inmortalizó la estación St-Lazare en sus obras. Los famosos pintores Caillebotte y Manet también vivieron cerca de aquí y sus representaciones de ella cuelgan en museos de todo el mundo. La estación tiene un centro comercial y restaurantes.

← Estatua de María Antonieta en la Chapelle Expiatoire

↑ Una vista desde las azoteas de los grandes almacenes Printemps, de estilo *art nouveau*

Printemps

📍G4 🏛️64 Blvd Haussmann 75009 Ⓜ️Havre Caumartin, Haussmann St-Lazare ⏱️10.00-20.00 lu-sá, 11.00-20.00 do 🌐printemps.com

Los grandes almacenes Printemps, un palacete *art nouveau* dedicado a las compras, datan de 1865. La moda de lujo invade sus plantas que tienen un toque más elegante y refinado que las vecinas Galeries Lafayette. El restaurante que hay bajo la cúpula de vidrieras es un lugar impresionante para comer, mientras que el café de la azotea brinda magníficas vistas del Sacré-Coeur.

Musée Grévin

📍J4 🏛️10 Blvd Montmartre 75009 Ⓜ️Grands Boulevards ⏱️10.00-18.00 lu-vi, 9.30-19.00 sá, do y durante las vacaciones escolares 🌐grevin-paris.com

Este museo de cera se inauguró en 1882 y hoy es una institución parisina de la talla del Madame Tussaud londinense. Alberga escenas históricas con vívidas figuras (como la del consejo de guerra a Napoleón), el Palais des Mirages –un caleidoscopio gigante–, y el Cabinet Fantastique, donde se ofrecen imaginativos espectáculos a cargo de magos. Se exponen figuras famosas del mundo del arte, del deporte y la política, y las estrellas del pasado que caen en el olvido se sustituyen por nuevas celebridades.

---

⑫

Le Grand Rex

📍K4 🏛️1 Blvd Poissonnière 75002 Ⓜ️Bonne Nouvelle 🌐legrandrex.com

Este monumento nacional, a la vez que ejemplo innovador de la arquitectura *art déco*, construido en 1932, fue promocionado como el cine más opulento de Europa, y anfitrión de multitud de eventos de alfombra roja. Considerado todavía uno de los cines europeos más grandes, es un bello símbolo en decadencia de la historia cinematográfica. El auditorio tiene el techo estrellado y una inmensa pantalla. Cada diciembre desde 1954 celebra la Féerie des Eaux, un evento para toda la familia con un espectáculo con agua.

Chouchou Hôtel
Algunas de las elegantes habitaciones de este hotel con estilo tienen vistas a la Ópera Nacional de Paris Garnier.

📍H4 🏛️1 Rue du Helder 75009 🌐chouchouhotel.com

€€€

Hôtel Chopin
Escondido en un pasaje oculto del siglo XIX, este hotel bien situado tiene mucho encanto.

📍J4 🏛️46 Passage Jouffroy 75009 🌐hotelchopin-paris-opera.com

€€€

Hôtel Parister
Silencio y sosiego con decoración contemporánea. Un maravilloso lugar de retiro. Tiene piscina y un encantador restaurante y coctelería.

📍J3 🏛️19 Rue Saulnier 75009 🌐hotelparister.com

€€€

UN PASEO
OPÉRA

Distancia 1,5 km **Metro** Madeleine
Tiempo 15 minutos

Se dice que si uno se sienta durante un buen rato en el Café de la Paix (enfrente de la Opéra National de Paris Garnier), el mundo entero pasa por delante. De día, la zona está animada con una mezcla de gente de compras, oficinistas y turistas. La zona está repleta de tiendas, desde las más chic, exclusivas y caras hasta los más populares grandes almacenes. De noche, cuando abren sus puertas los teatros y cines, los cafés del Boulevard des Capucines son ideales para contemplar la actividad.

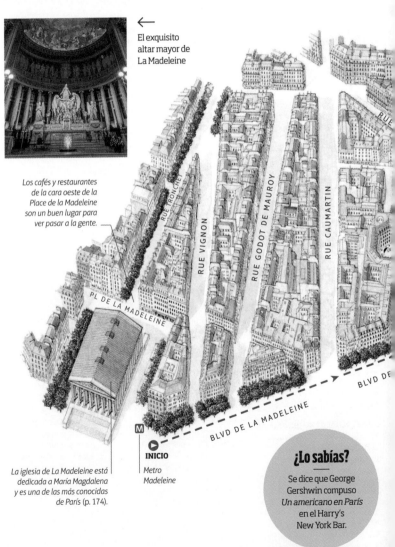

← El exquisito altar mayor de La Madeleine

Los cafés y restaurantes de la cara oeste de la Place de la Madeleine son un buen lugar para ver pasar a la gente.

RUE TRONCHET

RUE VIGNON

RUE GODOT DE MAUROY

RUE CAUMARTIN

RUE

PL DE LA MADELEINE

BLVD DE LA MADELEINE

BLVD DE

Ⓜ
▶ INICIO
Metro Madeleine

La iglesia de La Madeleine está dedicada a María Magdalena y es una de las más conocidas de París (p. 174).

¿Lo sabías?

Se dice que George Gershwin compuso *Un americano en París* en el Harry's New York Bar.

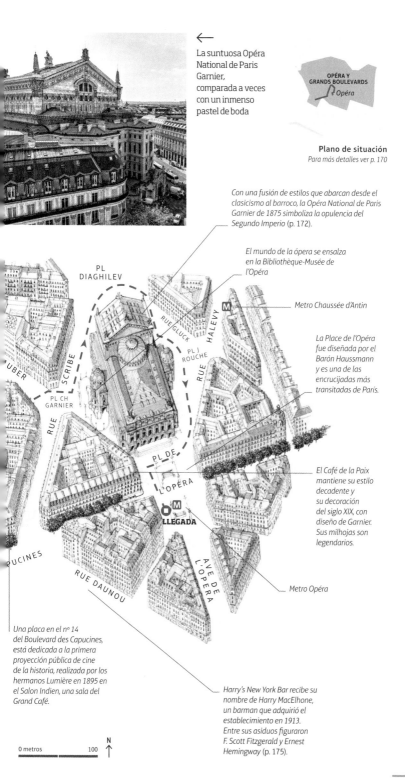

La suntuosa Opéra National de Paris Garnier, comparada a veces con un inmenso pastel de boda

OPÉRA Y GRANDS BOULEVARDS
Opéra

Plano de situación
Para más detalles ver p. 170

Con una fusión de estilos que abarcan desde el clasicismo al barroco, la Opéra National de Paris Garnier de 1875 simboliza la opulencia del Segundo Imperio (p. 172).

El mundo de la ópera se ensalza en la Bibliothèque-Musée de l'Opéra

PL DIAGHILEV

RUE GLUCK

HALEVY

Ⓜ Metro Chaussée d'Antin

PL J ROUCHE

RUE

UBER

SCRIBE

PL CH GARNIER

RUE

La Place de l'Opéra fue diseñada por el Barón Haussmann y es una de las encrucijadas más transitadas de París.

PL DE
L'OPÉRA

Ⓜ LLEGADA

El Café de la Paix mantiene su estilo decadente y su decoración del siglo XIX, con diseño de Garnier. Sus milhojas son legendarios.

PUCINES

RUE DAUNOU

AVE DE L'OPÉRA

Metro Opéra

Una placa en el nº 14 del Boulevard des Capucines, está dedicada a la primera proyección pública de cine de la historia, realizada por los hermanos Lumière en 1895 en el Salon Indien, una sala del Grand Café.

Harry's New York Bar recibe su nombre de Harry MacElhone, un barman que adquirió el establecimiento en 1913. Entre sus asiduos figuraron F. Scott Fitzgerald y Ernest Hemingway (p. 175).

0 metros   100

N ↑

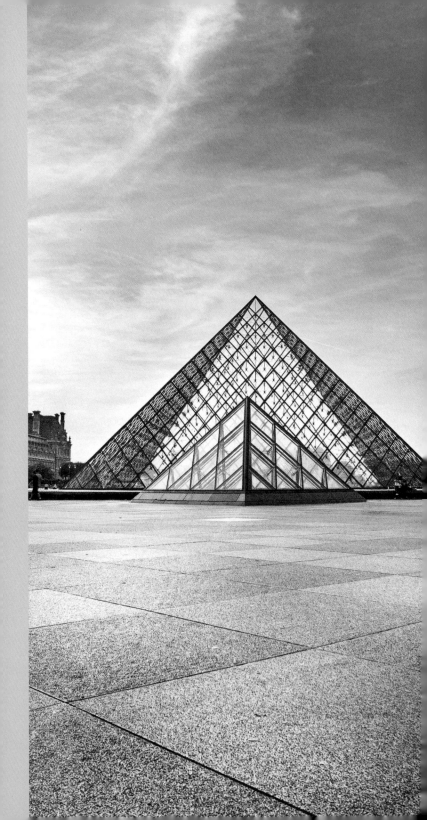

LOUVRE Y
LES HALLES

Esta zona, el actual corazón de la ciudad, se
encuentra en las afueras del París de la Edad Media.
Su vulnerable posición llevó a Felipe Augusto a
construir aquí en 1190 una fortaleza defensiva en
torno a la cual se desarrolló un distrito urbano
muy poblado. En 1528, Francisco I estableció su
residencia en el Louvre, lo que marcó el principio
de siglos de remodelaciones reales y la construcción
de numerosos grandes edificios y jardines. La zona
siguió siendo próspera tras la caída de la monarquía
en 1789 y continúa albergando muchos comercios
exclusivos y hoteles de lujo.

Por su parte, Les Halles tiene unos orígenes
mucho más humildes. Durante 800 años, el
"vientre de París" fue el emplazamiento del
mercado de abastos de la ciudad. Alojado desde
finales del siglo XIX en 12 majestuosos pabellones
de hierro y vidrio diseñados por Victor Ballard, fue
demolido en 1971 y transformado en un inmenso
centro comercial subterráneo llamado Westfield
Forum des Halles. Se remodeló en el marco de un
proyecto de rehabilitación de mil millones de
euros, que fue muy impopular, y reabrió en 2016.

LOUVRE Y LES HALLES

Esencial
1 Musée du Louvre

Lugares de interés
2 Palais-Royal
3 Jardin du Palais-Royal
4 Galerie Vivienne
5 Galerie Colbert
6 Tour Jean Sans Peur
7 St-Eustache
8 Westfield Forum des Halles
9 St-Merry
10 Tour St-Jacques
11 Fontaine des Innocents
12 Jardin des Tuileries
13 Musée de l'Orangerie

14 Galerie Nationale du Jeu de Paume
15 Arc de Triomphe du Carrousel
16 St-Germain l'Auxerrois
17 Place Vendôme
18 Ô Château

Dónde comer
① Le Grand Colbert
② Au Pied de Cochon
③ Champeaux

Dónde dormir
④ Hotel Regina Louvre
⑤ Hôtel Thérèse
⑥ Grand Hôtel du Palais Royal

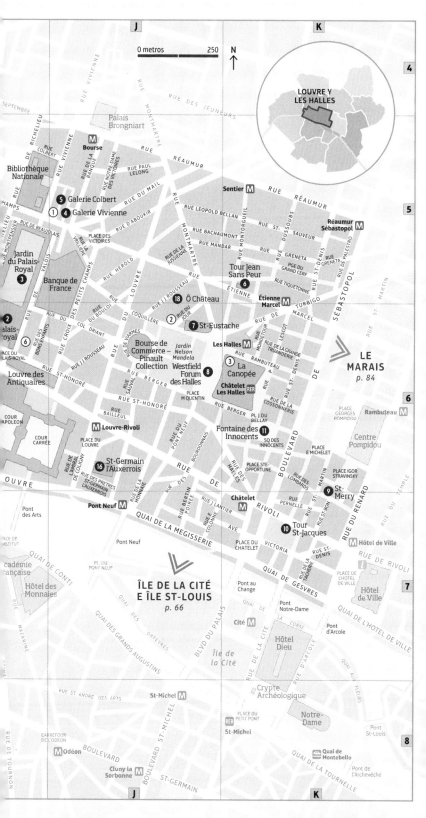

La inconfundible pirámide de vidrio del Louvre en el Cour Napoleon ↓

❶ 🎨 🏛 🍴 🖥 🛍

MUSÉE DU LOUVRE

📍 H6 🏠 Pl du Louvre Ⓜ Palais-Royal-Musée du Louvre 🚌 21, 27, 39, 68, 69, 72, 81, 95 🚇 Châtelet-Les-Halles Ⓛ Louvre ⏱ 9.00-18.00 mi-lu (hasta 21.45 vi) 🚫 1 ene, 1 may, 25 dic 🌐 louvre.fr

El Louvre, que abrió al público por primera vez en 1793, posee una de las colecciones de arte más importantes del mundo.

Felipe Augusto construyó una fortaleza para defender París de los vikingos en 1190. Durante el reinado de Francisco I (1514-1547), el Louvre perdió su imponente porte, pues lo sustituyó por un edificio de estilo renacentista. Desde entonces, reyes y emperadores lo han restaurado y ampliado a lo largo de cuatro siglos. En 1989 se añadió al patio principal una pirámide de vidrio diseñada por I. M. Pei. Desde ella se accede a todas las salas.

Los tesoros del Louvre se remontan a la colección del siglo XVI de Francisco I, que adquirió numerosas pinturas italianas, entre ellas *La Gioconda (La Mona Lisa)*. Durante el reinado de Luis XIV (1643-1715) se componía de apenas doscientas obras, pero las donaciones y adquisiciones ampliaron la colección, que desde entonces no ha dejado de aumentar.

GUÍA DEL MUSEO

Hay ocho departamentos en cuatro plantas: antigüedades de Oriente Próximo; antigüedades griegas, etruscas y romanas; arte islámico; escultura; artes decorativas; pintura; grabados y dibujos.

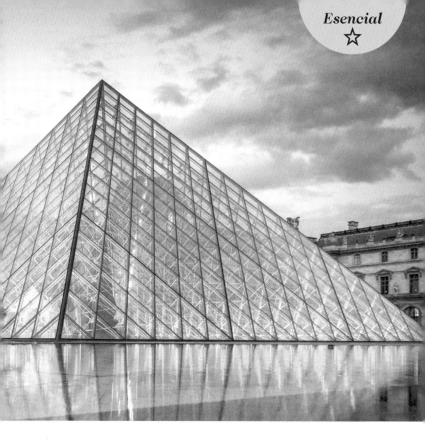

2

3

1

1 Esta monumental escalera de caracol forma parte del moderno acceso al vestíbulo diseñado por I. M. Pei.

2 Los caballos de Marly de Guillaume Coustou estaban antes en la Place de la Concorde.

3 *La coronación de Napoleón,* de Jacques-Louis David, mide unos imponentes 6,2 m de alto por 9,8 m de ancho.

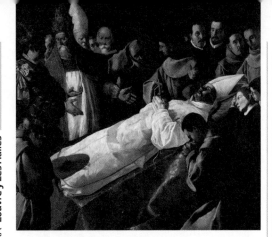

↑ *Exposición del cuerpo de san Buenaventura (c. 1629), de Francisco de Zurbarán*

PINTURA EUROPEA: DESDE 1200 A 1850

La pintura del norte de Europa está bien representada con obras flamencas, holandesas, alemanas e inglesas de artistas como Jan van Eyck, Vermeer, Hans Holbein y J.M.W. Turner. Las obras españolas tienden a ser representaciones de la vertiente trágica de la vida, aunque varios retratos de Goya tienen un tono más ligero.

La gran colección de cuadros italianos abarca desde 1200 hasta 1800 con figuras clave del Renacimiento como Giotto o Rafael. Hay también algunos cuadros de Leonardo da Vinci tan cautivadores como su *Mona Lisa*.

Las obras francesas van desde el siglo XIV hasta 1848. Hay cuadros soberbios de Jean Fouquet, Georges de la Tour y Jean Watteau, además de J.H. Fragonard, maestro del rococó.

LA GIOCONDA: HISTORIA DE UN ENIGMA

Este retrato de una misteriosa mujer, de la que se cree que fue la noble italiana Lisa Gherardini, adquirido por el rey Francisco I, fue uno de los primeros cuadros expuestos en el Louvre cuando se inauguró el museo. Su muy publicitado robo en 1911 llamó la atención del público con toda clase de reproducciones. Su magistral composición y la enigmática expresión de la modelo hacen que siga siendo una de las pinturas más valiosas del mundo.

ESCULTURA EUROPEA: DESDE 1100 A 1850

La escultura flamenca y alemana cuenta con muchas obras maestras en la colección, como un inusual desnudo a tamaño natural de la pecadora María Magdalena, de Gregor Erhart (principios del siglo XVI). Las sección francesa se abre con obras del primer románico, como una figura de Cristo de un escultor borgoñón del siglo XII y un busto de san Pedro. Con sus ocho dolientes con capuchas negras, la tumba de Philippe Pot es una de las obras más inusuales.

Las obras de Pierre Puget se reúnen en el interior del Cour Puget, mientras que el Cour Marly alberga los caballos de Marly y otras obras maestras de la escultura francesa.

La colección de escultura italiana cuenta con obras prerrenacentistas de Duccio y Donatello y obras de arte posteriores como *Esclavos*, de Miguel Ángel o *La ninfa de Fontainebleau* de Cellini.

← *María Magdalena, de Gregor Erhart (c. 1515-1520)*

ARTES DECORATIVAS

↑ Bandeja de serpentina (siglo I)

El Louvre cuenta con más de 8.000 piezas de "arte decorativo", entre las que se encuentran joyería, objetos de plata, cristalería, bronces, porcelana, petacas de tabaco y armaduras. Muchos de estos valiosos objetos proceden de la Abadía de St-Denis *(p. 305)*, donde están enterrados los reyes de Francia. Entre los tesoros hay una bandeja de serpentina del siglo I con el borde dorado y piedras preciosas y el cetro dorado hecho para Carlos V en torno a 1380. Entre las joyas de la realeza francesa se encuentran las coronas para la coronación de Luis XV y Napoleón y el Regente, uno de los diamantes más puros del mundo.

La amplia colección de mobiliario francés abarca desde el siglo XVI hasta el XIX. Se exhiben obras importantes de destacados fabricantes de muebles, como André-Charles Boulle, carpintero de Luis XIV.

En 2012 se abrió en el Cour Visconti el Departamento de Arte Islámico con unos 18.000 objetos expuestos de un periodo de más de 3.000 años en tres continentes. El museo también cuenta con salas de arte decorativo dedicadas a objetos del reinado de Luis XIV y el siglo XVIII.

> **Entre las joyas de la realeza francesa se encuentran las coronas para la coronación de Luis XV y Napoleón y el Regente, uno de los diamantes más puros del mundo.**

ANTIGÜEDADES DE ORIENTE PRÓXIMO, EGIPCIAS, GRIEGAS, ETRUSCAS Y ROMANAS

Las piezas de antigüedades abarcan desde el periodo neolítico hasta la caída del Imperio Romano. Entre las importantes obras de arte mesopotámico está la figura sedente de Ebih II, de 2400 a. C., mientras los beligerantes asirios están representados por exquisitos grabados y una reconstrucción de parte del palacio de Sargón II (722-705 a. C). Un magnífico ejemplo del arte persa es el ladrillo esmaltado que representa a la guardia personal de arqueros del rey de Persia (siglo V a. C.).

La mayoría del arte egipcio se hizo para acompañar a los muertos al más allá. Un ejemplo es la diminuta cámara funeraria tallada para una autoridad en torno a 2500 a. C. Hay una cripta dedicada al dios Osiris que contiene algunos sarcófagos colosales y animales momificados.

El departamento de antigüedades griegas, romanas y etruscas contiene algunas piezas excepcionales. Las dos estatuas griegas más famosas del Louvre, *La victoria de Samotracia* y *La venus de Milo* pertenecen al periodo helenístico (siglos III-II a. C.), cuando se empezaron a realizar por primera vez formas humanas más realistas. La estrella de la colección etrusca es el *Sarcófago de Cerveteri*, de terracota, mientras que las numerosas y magníficas piezas de la sección romana incluyen un busto de Agripa y un espléndido y enérgico busto de bronce del emperador Adriano.

→
La victoria de Samotracia
(c. 190 a. C.)

LUGARES DE INTERÉS

②

Palais-Royal

📍 H6 🏛 Pl du Palais-Royal 75001 Ⓜ Palais-Royal 🌐 domaine-palais-royal.fr

Este antiguo Palacio Real, cerrado al público, atesora una turbulenta historia. A principios del siglo XVII comenzó su andadura como palacio para el cardenal Richelieu, momento en que pasó a manos de la Corona y se convirtió en el hogar de Luis XIV en su infancia. En el siglo XVIII, bajo el control de los duques de Orleans, fue escenario de libertinaje y juegos de azar. El teatro del cardenal, donde había actuado Molière, se incendió en 1763 y fue reemplazado por la Comédie-Française. Después de la Revolución, el palacio se convirtió en un casino. En 1815 lo recuperó el rey Luis Felipe, uno de cuyos bibliotecarios fue Alejandro Dumas.

Tras una segunda restauración acometida entre 1872 y 1876, el palacio volvió a ser de propiedad estatal y actualmente alberga el Consejo de Estado, el órgano legislativo supremo para asuntos administrativos, y el Consejo Constitucional. El Ministerio de Cultura ocupa otra ala del edificio.

---

③

Jardin du Palais-Royal

📍 H5 🏛 6 Rue de Montpensier, Pl du Palais-Royal 75001 Ⓜ Palais-Royal 🕐 Los horarios varían; consultar la web 🌐 domaine-palais-royal.fr

El jardín actual ocupa aproximadamente la tercera parte del original, que fue diseñado por el jardinero de la corte por encargo del cardenal Richelieu en la década de 1630. La reducción se debe a la construcción entre 1781 y 1784 de 60 casas uniformes. Hoy, restaurantes, galerías de arte y tiendas flanquean esta plaza, que tiene a Cocteau, Colette y Jean Marais entre sus antiguos residentes famosos.

En el patio se encuentran las controvertidas columnas de piedra a rayas blancas y negras que forman la obra *Les deux plateaux*, del artista conceptual Daniel Buren. Estas columnas se instalaron en el patio peatonal del Palais-Royal en 1986, a pesar de una fuerte oposición. Hoy son muy apreciadas por niños y adultos.

---

④

Galerie Vivienne

📍 J5 🏛 4 Rue des Petits Champs 75002 Ⓜ Bourse, Pyramides 🕐 Por lo general 8.30-20.30 diario 🌐 galerie-vivienne.com

Los inicios del siglo XIX fueron testigo del aumento de los *passages* cubiertos, muy de moda, que recuerdan a los zocos del norte de África descubiertos durante las conquistas de Napoleón. En el momento cumbre de su popularidad había más de 100; eran los centros comerciales de su tiempo, mucho antes de que se abrieran las grandes almacenes. La Galerie Vivienne, construida en 1823, fue un ejemplo particularmente suntuoso de uno de estos *passages* cubiertos. Su preciosa decoración ha sido restaurada, también los techos del atrio y el suelo de mosaicos, con dibujos que recuerdan a la decoración de Pompeya. Es el lugar perfecto con cualquier

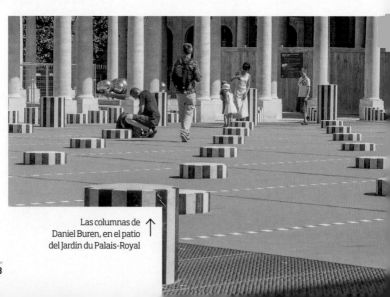

Las columnas de Daniel Buren, en el patio del Jardín du Palais-Royal ↑

↑ El interior repleto de luz de la elegante Galerie Vivienne

¿Lo sabías?

La mayoría de los *passages* cubiertos de París desaparecieron durante la remodelación urbana de Haussmann, a finales del siglo XIX.

clima para apartarse a tomar una copa de vino, hacer algunas compras en tiendas elegantes o explorar la Librairie Jousseaume y su oferta de libros de segunda mano.

5

Galerie Colbert

Q J5 **A** 4 Rue Vivienne 75002 **M** Bourse, Pyramides **C** por lo general 9.00–20.00 diario

A diferencia de la cercana Galerie Vivienne, la Galerie Colbert, cubierta, tan exquisita como su vecina y concluida también en 1823, ya no tiene fines comerciales. Los dos *passages* han competido históricamente por ser el favorito de París. Fue en la Galerie Colbert donde el compositor Hector Berlioz, famoso por su *Sinfonía fantástica*, cantó con la multitud durante

el estallido de la Revolución de 1830. En la actualidad, acoge varias instituciones y departamentos de la Universidad de París, todas dedicadas a las artes y la conservación cultural. El *passage* suele estar abierto al público y vale la pena ver su exquisita rotonda de cristal, con una estatua de Eurídice. También se puede ver desde la *brasserie* contigua: Le Grand Colbert.

6

Tour Jean Sans Peur

Q K5 **A** 20 Rue Étienne-Marcel 75002 **M** Étienne-Marcel, Sentier **C** 13.30–18.00 mi-do **W** tourjean sanspeursite.wordpress.com

Después de urdir el asesinato de Felipe II en 1407, el duque de Borgoña temió represalias, y para protegerse ordenó construir esta torre de 27 metros sobre su casa, el Hôtel de Bourgogne. Trasladó sus aposentos a la cuarta planta de la torre (a la que se llegaba después de subir 140 escalones) con el fin de dormir tranquilo. El excelente techo abovedado está decorado con grabados de piedra de hojas de roble, espinos y lúpulo, símbolos de la casa de Borgoña.

Le Grand Colbert
Esta *brasserie* clásica mantiene su encanto y el nivel en su comida tradicional francesa.

Q J5 **A** 2 Rue Vivienne 75002 **W** legrandcolbert.fr

Au Pied de Cochon
La sopa de cebolla es un plato esencial en esta institución de Les Halles que abre toda la noche.

Q J6 **A** 6 Rue Coquillière 75001 **W** pieddecochon.com

Champeaux
El establecimiento informal, pero chic, de Alain Ducasse bajo el dosel del Forum des Halles sirve clásicos franceses en su punto.

Q K6 **A** La Canopée, Forum des Halles 75001 **W** restaurant-champeaux. com

❼ St-Eustache

📍 J6 🏠 2 Impasse St-Eustache, Pl du Jour 75001 Ⓜ Les Halles 🚉 Châtelet-Les-Halles 🕐 9.30-19.00 lu-vi, 10.00-19.00 sá, 9.00-19.00 do 🌐 saint-eustache.org

La iglesia de San Eustaquio, con planta gótica y líneas renacentistas, es una de las más hermosas de París. Su planta interior imita la de Notre-Dame (*p. 70*), con cinco naves y capillas laterales que irradian del centro. Durante los 105 años (1532-1637) que se tardó en construir, floreció el estilo renacentista, que queda patente en los arcos, pilares y columnas. Las vidrieras del presbiterio se realizaron con imágenes de Philippe de Champaigne.

Molière fue enterrado en esta iglesia; y la marquesa de Pompadour, amante oficial de Luis XV, y el cardenal Richelieu recibieron en este templo el bautismo. No hay que perder la oportunidad de escuchar uno de los recitales de órgano que se celebran con regularidad en este lugar.

❽ Westfield Forum des Halles

📍 J5 🏠 101 Porte Berger 75001 Ⓜ Les Halles, Châtelet 🚉 Châtelet-Les-Halles 🕐 Complejo: 10.00-20.30 lu-sá, 11.00-19.00 do; restaurantes y cines: 9.00-23.30 diario 🌐 forumdeshalles.com

Conocido como Les Halles y construido en el lugar de un famoso mercado, este amplio complejo, en gran parte subterráneo, está cubierto por un tejado ondulado de cristal y acero llamado La Canopée. Alberga muchas tiendas y restaurantes, dos cines

multisalas, un gimnasio y una piscina, además de un centro de recursos cinematográficos, el **Forum des Images.** En él, se puede escoger entre miles de películas de cine, telefilmes y cintas de aficionados en las que suele aparecer París. En la zona superior hay tranquilos jardines, pérgolas y minipabellones.

Forum des Images
🏠 2 Rue du Cinéma 🕐 ma-do; consultar detalles en la página web 🌐 forumdesimages.fr

❾ St-Merry

📍 K7 🏠 76 Rue de la Verrerie 75004 Ⓜ Hôtel de Ville 🕐 8.00-20.00 lu-sá, 9.00-13.00 y 15.30-18.00 do 🌐 saintmerry.org

Los orígenes de esta iglesia se remontan al siglo XVII. St Médéric, abad de St-Martin d'Autun, fue enterrado aquí a principios del siglo VIII, cuando peregrinaba a París. La construcción de la iglesia, de estilo gótico flamígero, se llevó a cabo entre 1500 y 1550.

La fachada oeste destaca especialmente por su orna-

mentación y la torre noroeste alberga la campana más antigua de París, fechada en 1331. Fue la parroquia de los acaudalados prestamistas lombardos que dieron nombre a la cercana Rue des Lombards. Hay conciertos todos los domingos por la tarde, normalmente de piano o de grupos corales.

❿ Tour St-Jacques

📍 K7 🏠 Square de la Tour St-Jacques 75004 Ⓜ Châtelet, Hôtel de Ville 🕐 Jardines: todo el año; torre: solo visita guiada, jun-nov: vi-do 🌐 toursaintjacques.fr

Esta torre tardogótica, fechada en 1523, es lo único que se conserva de la iglesia en la que se reunían los peregrinos antes de emprender su largo camino a Santiago de Compostela. En el siglo XVII, Blaise Pascal, matemático, físico, filósofo y escritor, utilizó la torre para sus experimentos. La reina Victoria la visitó durante su viaje oficial en 1854 y dio su nombre a la cercana Avenue Victoria. La torre se puede visitar en verano; hay que reservar a través de su web.

→ Los cuidados terrenos del Jardin des Tuileries

Estatuas de la fachada de la iglesia gótica de St-Merry

Fontaine des Innocents

Q K6 **A** Pl Joachim-du-Bellay 75001 **M** Les Halles **RER** Châtelet-Les-Halles

Esta fuente renacentista restaurada, lugar de encuentro habitual y símbolo de Les Halles, se encuentra en la Place Joachim-du-Bellay, el eje neurálgico de esta zona. Erigida en 1549 en la Rue St-Denis, fue trasladada a su ubicación actual en el siglo XVIII, al construir la plaza sobre un antiguo cementerio. Originalmente pegada a una pared, la fuente solo tenía tres lados, así que hubo que construir un cuarto. Está decorada con figuras mitológicas.

Jardin des Tuileries

Q G6 **A** Pl de la Concorde 75001 **M** Tuileries, Concorde **O** abr-sep: 7.00-21.00 (hasta 23.00 jun-ago); oct-mar: 7.30-19.30

Antiguamente estos jardines formaban parte del Palais des Tuileries. Hoy integran el área de zonas verdes que se extiende desde el Louvre hasta los Champs-Élysées. Los jardines fueron diseñados en el siglo XVII por André Le Nôtre, jardinero de la corte, y después se han llenado de singulares esculturas. Cada año se replantan aquí 125.000 plantas.

Hotel Regina Louvre
Este hotel, situado junto al Louvre, es ideal para quienes buscan encanto a la antigua usanza y servicio de calidad. Algunas habitaciones dan a la Torre Eiffel.

Q H6 **A** 2 Place des Pyramides 75001 **W** regina-hotel.com

€€€

Hôtel Thérèse
Un hotel chic con encanto, alternativo a los hoteles renombrados de la zona. Todas las habitaciones tienen una decoración distinta.

Q H5 **A** 5 Rue Thérèse 75001 **W** hoteltherese.fr

€€€

Grand Hôtel du Palais Royal
Encajado tras el Palais-Royal y con vistas a su jardín. Un hotel de lujo céntrico, pero con sensación de estar aislados.

Q H6 **A** 4 Rue de Valois 75001 **W** grandhoteldupalais royal.com

€€€

JEU DE PAUME

La nobleza solía jugar a este "juego de palma", precursor del tenis moderno, en el patio del Palacio Real que hoy acoge la Galerie Nationale du Jeu de Paume. Los jugadores, al lanzar la pelota, gritaban a sus adversarios *tenez* o, "tened" en español. Según el juego fue evolucionando, esta expresión se mantuvo y, más tarde, al ser adoptado por los ingleses, empezaron a llamar al juego tenis o tenis real y a utilizar raquetas en vez de las palmas de las manos. Durante la ocupación nazi la sala fue un almacén de obras de arte robadas. En 1942, estas obras, entre ellas de Picasso o Dalí, fueron quemadas en el patio por considerarse ofensivas.

Una vidriera policromada en St-Germain l'Auxerrois ↑

Musée de l'Orangerie

🗺 F6 🏛 Jardin des Tuileries, Pl de la Concorde 75001 Ⓜ Concorde ⏱ 9.00-18.00 mi-lu, conviene reservar 📅1 may, 14 jul mañana y 25 dic 🌐 musee-orangerie.fr

La obra culminante de Claude Monet se expone en este museo. Pintó la serie de los *Nenúfares* en su jardín de Giverny, cerca de París, y la presentó al público en 1927. Estos enormes y hermosos lienzos se complementan con la notable colección de Walter-Guillaume de la École de Paris, que abarca magníficos trabajos desde finales de la época impresionista al periodo de entreguerras. Destacan las obras de Soutine y unas 14 de Cézanne –bodegones, retratos *(Madame Cézanne)* y paisajes como *Rueda de molino en el parque del Château Noir–*.

Pierre-Auguste Renoir está representado con 27 lienzos, entre ellos *Muchachas tocando el piano*. Se exponen Picassos tempranos, obras de Henri Rousseau –destaca *La calesa del padre Junier*–, Matisse y un retrato de Paul Guillaume realizado por Modigliani. Las obras están bañadas con la luz natural que se filtra por las ventanas. En la planta inferior se muestran exposiciones temporales.

Galerie Nationale du Jeu de Paume

🗺 F5 🏛 Jardin des Tuileries, 1 Pl de la Concorde 75008 Ⓜ Concorde ⏱ 11.00-21.00 ma, 11.00-19.00 mi-do 📅1 ene, 1 may, 14 jul y 25 dic, también entre una y otra exposición 🌐 jeudepaume.org

El Jeu de Paume (pista de tenis real) fue construido por Napoleón III en 1851. Cuando el tenis sobre césped sustituyó por su popularidad al tenis real, la pista se utilizó para exposiciones de arte. Después se erigió un museo impresionista. En 1986, la colección se trasladó al Musée d'Orsay *(p. 238)*. Remodelada en 2020-2021, el Jeu de Paume organiza instalaciones de cine y vídeo y exposiciones de fotógrafos contemporáneos, tanto célebres como emergentes.

Arc de Triomphe du Carrousel

🗺 H6 🏛 Pl du Carrousel 75001 Ⓜ Palais-Royal

Construido por Napoleón entre 1806 y 1808 como entrada al antiguo Palais des Tuileries, este enorme arco de mármol rosáceo mostraba originalmente en su parte superior los Caballos de San Marcos, que Napoleón se llevó de la catedral de San Marcos veneciana. Tras la derrota de Napoleón en Waterloo, en 1815, fueron devueltos y sustituidos por unas copias.

St-Germain l'Auxerrois

🗺 J6 🏛 2 Pl du Louvre 75001 Ⓜ Louvre, Pont-Neuf ⏱ 9.00-19.00 diario 🌐 saintgermainauxerrois.fr

Esta iglesia se ha construido con una combinación de estilos renacentista y gótico. El primer templo que ocupó este lugar se construyó en el siglo XII, del que quedan los cimientos del

¿Lo sabías?

La fachada de St-Germain l'Auxerrois sirvió de modelo a la del adyacente ayuntamiento.

campanario. La espléndida vidriera data del Renacimiento.

Cuando los Valois trasladaron la corte de la Île de la Cité al Louvre en el siglo XIV, esta iglesia se convirtió en la predilecta de los reyes. Una de sus numerosas referencias históricas es la terrible matanza del día de San Bartolomé, el 24 de agosto de 1572, víspera del enlace real de Enrique de Navarra y Margarita de Valois. Miles de hugonotes que se habían desplazado a París para la boda fueron asesinados mientras repicaba la campana. Más tarde, después de la Revolución, la iglesia sirvió de granero y de comisaría de policía. A pesar de las numerosas restauraciones, sigue siendo una joya de la arquitectura gótica. Para más detalles sobre las visitas guiadas

periódicas, se debe consultar la página web.

17

Place Vendôme

G5 **75001** **M Tuileries**

El arquitecto cortesano Jules Hardouin-Mansart comenzó a construir esta plaza, tal vez el ejemplo más logrado de la elegancia parisina en el siglo XVIII, en 1698. El proyecto original pretendía servir de sede a academias y embajadas tras las fachadas arqueadas. Sin embargo, los banqueros construyeron aquí suntuosas mansiones. La plaza se conserva casi intacta y hoy la ocupan entidades bancarias y joyerías. Entre sus ilustres huéspedes figuran Frédéric Chopin, que murió en el nº 12 en 1848, y César Ritz, que fundó su hotel en el nº 15 a principios del siglo XX.

18

Ô Château

J5 **68 Rue Jean-Jacques Rousseau 75001**
M Louvre-Rivoli, Étienne Marcel **16.00–24.00 lu-sá**
W o-chateau.com

Con sus 50 vinos diferentes servidos por copas, esta vinatería, situada en el corazón de Les Halles, es uno de los mejores lugares para averiguar cuáles van a ser sus próximas bodegas preferidas (p. 53). Aquí se puede degustar una copa de vino, apuntarse a una clase e incluso reservar una excursión. Los organizadores programan viajes a Champagne para catar vinos o suculentas comidas en alguno de sus comedores abovedados. Un sumiller elige un vino para cada uno de los platos mientras explica las particularidades de la viticultura francesa.

←

La Galerie Nationale du Jeu de Paume

UN PASEO
QUARTIER DES TUILERIES

Distancia 2 km **Metro** Pyramides
Tiempo 20 minutos

Elegantes plazas, jardines formales, calles con soportales y patios imprimen un carácter especial a esta parte de París. Los monumentos relacionados con la monarquía y los artísticos conviven con el lujo contemporáneo: hoteles de alto nivel, restaurantes de fama mundial, mecas de la moda y joyeros de prestigio internacional. El paseo por la zona se puede combinar con la visita al famoso Louvre y concluir el día con un bien merecido descanso en el Jardin des Tuileries.

Metro
Pyramides

INI

St-Roch, una iglesia del siglo XVII que sorprende por su longitud y curiosa disposición, de norte a sur, y constituye un auténtico museo de arte sacro.

El Normandy es un elegante hotel de líneas belle époque, el exquisito estilo de vida que prevaleció en París a principios del siglo XX.

En la Place des Pyramides, la estatua dorada de Juana de Arco, de Frémiet, es lugar de peregrinación para monárquicos.

El Musée des Arts Décoratifs, entre cuyas muestras de arte y diseño destaca especialmente la colección de art nouveau.

El Jardin des Tuileries, de estilo formal, fue diseñado por el jardinero real André Le Nôtre en el siglo XVII.

DES PYRAMIDES

RUE ST-HONORÉ

RUE

RUE DE L'

RUE

DE

AVE DU GL LEMONNIER

LLEGADA

0 metros   100

N

←
Un descanso
al sol en el
Jardin des
Tuileries

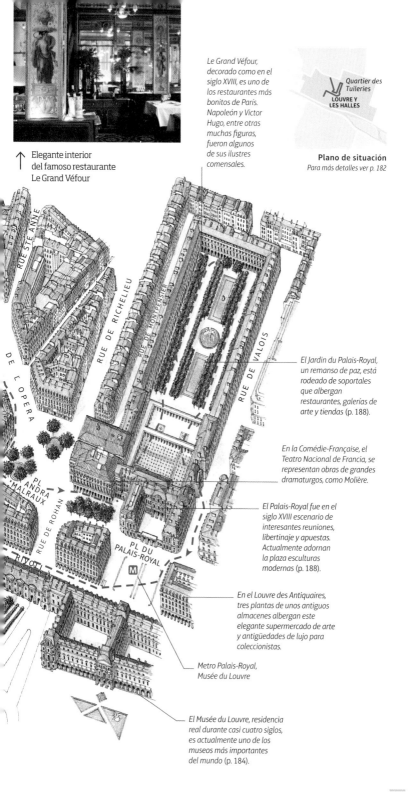

Elegante interior del famoso restaurante Le Grand Véfour

Le Grand Véfour, decorado como en el siglo XVIII, es uno de los restaurantes más bonitos de París. Napoleón y Victor Hugo, entre otras muchas figuras, fueron algunos de sus ilustres comensales.

Plano de situación
Para más detalles ver p. 182

El Jardin du Palais-Royal, un remanso de paz, está rodeado de soportales que albergan restaurantes, galerías de arte y tiendas (p. 188).

En la Comédie-Française, el Teatro Nacional de Francia, se representan obras de grandes dramaturgos, como Molière.

El Palais-Royal fue en el siglo XVIII escenario de interesantes reuniones, libertinaje y apuestas. Actualmente adornan la plaza esculturas modernas (p. 188).

En el Louvre des Antiquaires, tres plantas de unos antiguos almacenes albergan este elegante supermercado de arte y antigüedades de lujo para coleccionistas.

Metro Palais-Royal, Musée du Louvre

El Musée du Louvre, residencia real durante casi cuatro siglos, es actualmente uno de los museos más importantes del mundo (p. 184).

TORRE EIFFEL
Y LES INVALIDES

Este barrio, en la *Rive gauche* del Sena y en el séptimo *arrondissement* tiene una escala realmente monumental. La construcción del Hôtel des Invalides a finales del siglo XVII provocó la urbanización de las zonas adyacentes y el barrio se convirtió rápidamente en el lugar perfecto para la nobleza, que deseaba más espacio para sus palacetes. Muchos de los residentes adinerados de Le Marais se mudaron aquí a principios del siglo XVIII, creando con sus hogares aristocráticos calles como la Rue de Varenne o la Rue de Grenelle. Algunos fueron destruidos durante la Revolución y otros convertidos en instituciones nacionales como la Assemblée Nationale Palais-Bourbon, y embajadas.

La fuerte conexión militar no se debe solo a Les Invalides sino también a la École Militaire y su antiguo campo de desfiles, el Champ-de-Mars, que fue, en 1889, elegido como sede de la Exposición Universal, con el fin de conmemorar el centésimo aniversario de la Revolución. La mayor atracción de la Exposición fue la Torre Eiffel.

Alma-Marceau Ⓜ

PLACE DE L'ALMA

Port de la Conférence 🚌

Ⓜ Trocadéro

CHAMPS-ÉLYSÉES Y CHAILLOT
p. 212

Pont de l'Alma

Berges de Seine ❽

Passerelle Debilly

Pont de l'Alma RER

❼ Musée des Égouts

QUAI D'ORSAY

Palais de Chaillot

PLACE DE LA RESISTANCE

RUE COGNACQ JAY

RUE DE

RUE MALAR

QUAI BRANLY

Sena

PORT DE LA BOURDONNAIS

Jardins du Trocadero

PLACE DE VARSOVIE

Musée du Quai Branly-Jacques Chirac ❷

RUE DE L'UNIVERSITÉ

CITE DE L'ALMA

RAPP

AVENUE

RUE PIERRE VILLEY

PASSAGE LANDRIEU

AVENUE

AVE FRANCO RUSSE

RUE DE MONTTESSUY

RUE E VALENTIN

ST-

Pont d'Iéna

🚌 Port de la Bourdonnais

ALLÉE PAUL DESCHANEL

RUE DUPONT DES LOGES

RUE DE

AVENUE DE NEW YORK

🚌 Port de Suffren

QUAI BRANLY

Torre Eiffel ❶

AVE S DE SACY

AVE DU GEN CAMOU

SÉDILLOT

RUE

RUE ST-DOMINIQUE

RUE DE

AVE ÉLISÉE RECLUS

RUE DU MAL DU CHAMPE

AVE GUSTAVE EIFFEL

ALLÉE

PLACE DU GENERAL GOURAUD

RUE DE L'EXPOSITION

RUE AUGEREAU

Rue Cl

RER

Champ de Mars - Tour Eiffel

AVENUE

AVENUE

LA

AVE EMILE

RUE DE BOURDONNAIS

RUE DE

VALHON

RUE DE

AVE OCTAVE GRÉARD

AVENUE

BOUVARD

ADRIENNE

RUE DU CHAMP

DE MA

Parc du Champ-de-Mars

ALLÉE

PLACE JACQUES RUEFF

AVE

BELGRADE

PASS DE VIERI

❶

❶❶ **Champ-de-Mars**

AVENUE J

THOMY

PIERRE

ANATOLE

AVE CHARLES RISLER

LECOUVREUR

DESCHANEL

École Militaire Ⓜ

PLACE L'ÉCO MILITA

FRANCE

LOTI

AVE F LE PLAY

AVE DU GEN DETRIE

THIERRY

AVE E ACCOLAS

PLACE JOFFRE

PLACE DE LA MOTTE PICQUET

RUE DUPLEIX

École Militaire ❹

AVENUE DE LA MOTTE PICQUET

AVENUE DE

UNESCO

RUE DU LAOS

AVENUE DE SUFFREN

BLVD DE GRENELLE

Ⓜ La Motte Picquet Grenelle

RUE DU COMMERCE

Square Cambronne

RUE MARIO NIKIS

RUE FREMICOURT

PLACE CAMBRONNE

Ⓜ Cambronne

BOULEVARD

RUE DE LA CROIX NIVERT

RUE DE L'AMIRAL ROUSSIN

RUE

CAMBRONNE

RUE MIOLLIS

RUE FRANÇOIS B

RUE LECOURBE

Square St-Lambert

MADEMOISELLE

RUE ROUSSIN

RUE BLOMET

① ⊗ 🛍 🍽

TORRE EIFFEL

📍B7 🚶Quai Branly y Champ-de-Mars Ⓜ Bir Hakeim 🚌30, 42, 69, 82 hasta Champ-de-Mars 🚆 Champ-de-Mars-Tour Eiffel 🕐sep-jun: 9.30-23.45 diario (18.30 para escaleras); jul-ago: 9.00-24.45 📅14 jul 🌐toureiffel.paris

La Torre Eiffel, un impresionante logro de ingeniería y el emblema de París, alcanza 324 m y ofrece unas vistas de la ciudad realmente singulares.

La Torre Eiffel se construyó expresamente para la Exposición Universal de 1889 y, en principio, iba a ser un elemento temporal de la silueta de París. Construida por el ingeniero Gustave Eiffel, fue criticada atrozmente por los estetas del siglo XIX; el escritor Guy de Maupassant comía en ella para así evitar contemplarla. Fue la estructura más alta del mundo hasta 1931, fecha en la que se completó el Empire State de Nueva York, y constituye el símbolo de París. La torre atrae a casi siete millones de visitantes cada año y su primera planta, con suelo de cristal, cuenta con un moderno centro de visitantes, además de un museo interactivo sobre el pasado y el presente de la torre.

LA TORRE EN CIFRAS

276 m: la altura del mirador de la tercera planta

1.665: el número de escalones que llevan a la tercera planta

2,5 millones: el número de remaches que mantienen el coloso en una pieza

7 cm: la máxima tolerancia de balanceo de la torre

10.100 toneladas: el peso total de la torre

60 toneladas: la cantidad de pintura necesaria para decorar las partes metálicas

18 cm: la tolerancia de torsión de la punta por efecto de la elevada temperatura

---

↑ El horizonte visible desde la torre alcanza 72 km

← Construcción de la Torre Eiffel en abril de 1888, con menos de la mitad terminada

¿Lo sabías?
—
Franz Reichelt se mató cayendo de la torre en 1912 al intentar volar usando una capa modificada como alas.

↑ La Torre Eiffel vista desde los Jardins du Trocadéro *(p. 220)*

2 🏃 Ⓜ 🍴 ☕ 🏛

MUSÉE DU QUAI BRANLY-JACQUES CHIRAC

📍C6 🏠37 Quai Branly Ⓜ Alma-Marceau, Bir-Hakeim, Iéna
🚌42, 63, 72, 80, 82, 92 🚋Pont de l'Alma ⏰10.30–19.00 ma-do (hasta 22.00 ju) 🚫lu (excepto en vacaciones escolares, salvo las de verano), 1 may, 25 dic 🌐quaibranly.fr

Esta profusa colección de objetos procedentes de África, Asia, Oceanía y las Américas ocupa un impactante edificio cuyo entorno verde sirve de marco a su exposición.

Considerado el legado del antiguo presidente Jacques Chirac a la escena cultural de París, el Quai Branly ha demostrado ser un importante foco de interés turístico desde que se inauguró en 2006. El edificio de Jean Nouvel alberga 3.500 objetos de arte no occidental propiedad del Estado francés. Entre ellos se encuentran instrumentos africanos, máscaras de Gabón, estatuas aztecas y pieles de animales pintadas de América del Norte. Los jardines ofrecen un agradable espacio verde y en verano, el auditorio, con capacidad para 500 personas, acoge actuaciones musicales y de danza al aire libre. El restaurante de la azotea ofrece vistas fantásticas.

GUÍA DEL MUSEO

Las entradas se venden fuera del edificio. Dentro, una rampa en la que se exponen instrumentos musicales rodea una torre acristalada y lleva a la colección principal. El itinerario continúa después por cuatro zonas geográficas señaladas con colores. Las tres galerías de las entreplantas acogen exposiciones temporales.

↑ El atractivo exterior del museo con su pared de cristal y jardines llenos de vegetación

CURIOSIDADES
Pieza clave

La colección africana muestra una impactante estatua andrógina de Mali, con cabeza masculina y pecho de mujer.

Talla en madera de una figura femenina, originaria de Papúa Nueva Guinea

↑ El elegante edificio de Jean Nouvel es una obra de arte en sí mismo *(página anterior)*

3 ⊘ Ⓜ 🍴 ▭ 🛍

LES INVALIDES

📍 E7 📪 6 Blvd des Invalides, Esplanade des Invalides Ⓜ La Tour-Maubourg, Varenne
🚌 28, 63, 69, 80, 82, 83, 87, 92, 93 a Les Invalides 🚈 Invalides ⛴ Tour Eiffel

Este notable conjunto de edificios monumentales es uno de los lugares más impresionantes de París. El complejo toma el nombre del Hôtel des Invalides, construido para alojar soldados heridos a finales del siglo XVII, y que hoy alberga fascinantes museos militares. En el centro, el Dôme des Invalides es el lugar de descanso eterno del que podría decirse que fue el mejor soldado francés, Napoleón Bonaparte.

Hôtel des Invalides

🕐 10.00-18.00 diario (hasta 21.00 ma para las exposiciones temporales) 📅 1 ene, 1 may, 25 dic 🌐 musee-armee.fr

Fundado por Luis XIV, el Hôtel des Invalides fue el primer hospital militar y residencia para soldados veteranos y discapacitados, que hasta entonces habían caído en la mendicidad. Diseñado por Libéral Bruand, su construcción fue terminada en 1675.

Uno de los elementos más espectaculares es la fachada clásica, con cuatro pisos, un cañón en el antepatio, un jardín y una explanada con hileras de árboles que llega hasta el Sena.

Una parte del edificio sigue siendo residencia de veteranos. El flanco sur conduce a St-Louis-des-Invalides, la iglesia de los soldados, cuya fachada trasera da a la magnífica iglesia del Dôme des Invalides, de Jules Hardouin-Mansart (p. 206). En 1989 se dio un nuevo baño de oro a la cúpula.

← El espléndido Hôtel des Invalides visto desde el Pont Alexandre III

Musée de l'Armée

♿ 29 Rue de Grenelle (acceso en silla de ruedas por el 6 Blvd des Invalides) 🕐 10.00-18.00 diario (hasta las 21.00 ma para las exposiciones temporales); 📅 1 ene, 1 may, 25 dic 🌐 musee-armee.fr

Se trata de uno de los museos de historia militar más completos del mundo, con exposiciones que abarcan desde la Edad de Piedra hasta los últimos días de la Segunda Guerra Mundial.

Situada al noreste del refectorio, la zona dedicada a la armería antigua, una de las más grandes del mundo, merece especial atención, así como los murales restaurados del siglo XVII de Joseph Parrocel que celebran las conquistas militares de Luis XIV.

La vida de Charles de Gaulle y su papel en la Segunda Guerra

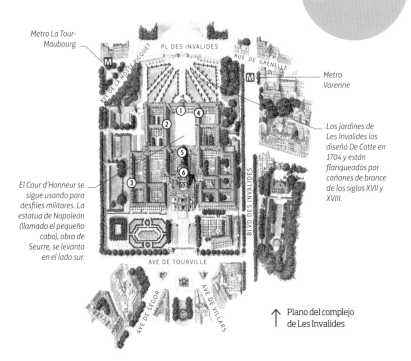

Metro La Tour-Maubourg

PL DES INVALIDES

RUE DE GRENELLE

AVE DE LA MOTTE PICQUET

BLVD DES INVALIDES

AVE DE TOURVILLE

AVE DE SÉGOR

AVE DE VILLARS

Metro Varenne

Los jardines de Les Invalides los diseñó De Cotte en 1704 y están flanqueados por cañones de bronce de los siglos XVII y XVIII.

El Cour d'Honneur se sigue usando para desfiles militares. La estatua de Napoleón (llamado el pequeño cabo), obra de Seurre, se levanta en el lado sur.

↑ Plano del complejo de Les Invalides

Mundial se documentan en *Historial de Gaulle*, una película y atracción multimedia (cerrada lunes). El Département Moderne se divide en dos partes: la primera (1648-1792) cubre el reinado de Luis XIV, mientras que la segunda (1792-1871) muestra una colección de recuerdos de Napoleón. Entre los objetos se incluyen su cama de campaña y su perro disecado.

---

③ Musée de l'Ordre de la Libération

 10.00-18.00 diario (hasta 21.00 ma para las exposiciones temporales; hasta 17.00 nov-mar) 🗓1 ene, 1 may, 25 dic 🌐ordredelaliberation.fr

Este museo está dedicado al jefe de las fuerzas de la Francia Libre en la guerra, el general Charles de Gaulle, además de a los combatientes de la Resistencia en Francia y a los miembros deportados.
    La Orden de la Liberación fue creada por De Gaulle en

1940. Constituye el honor de máximo rango y acabó otorgándose a aquellos que realizaron una contribución notable a la victoria de la Segunda Guerra Mundial. Entre los galardonados con esta condecoración hay civiles y miembros de las Fuerzas Armadas francesas, además de diversos líderes extranjeros, entre ellos el rey Jorge VI, Churchill y Dwight Eisenhower.

---

④ Musée des Plans-Reliefs

 10.00-18.00 diario (oct-mar: hasta 17.00) 🗓1er lu de mes (excepto jul-sep), 1 ene, 1 may, 25 dic 🌐museedesplansreliefs.culture.fr

Las detalladas maquetas de fuertes y ciudades fortificadas francesas, algunas de la época de Luis XIV, se consideraron material clasificado hasta los años cincuenta. Las maquetas fueron fabricadas entre los reinados de Luis XIV y Napoleón

III para planificar las defensas urbanas y las posiciones de la artillería. En el museo se muestran cerca de un centenar de los 260 mapas tridimensionales. La maqueta más antigua es la de Perpiñán, de 1686, donde se muestran las fortificaciones diseñadas por el arquitecto militar Vauban en el siglo XVII, que construyó baluartes en varias ciudades francesas.

---

⑤ St-Louis-des-Invalides

 10.00-18.00 diario (nov-mar: hasta 17.00) 🗓1 ene, 1 may, 25 dic 🌐musee-armee.fr

La iglesia de los soldados la construyó Jules Hardouin-Mansart entre 1679 y 1708 según el diseño original de Libéral Bruand. Su interior está decorado con estandartes requisados en batallas.
    En 1837 se ofreció el primer concierto, con el *Réquiem* de Berlioz, por una orquesta acompañada de una batería de artillería de campo.

⑥ 🗺️ 🖼️ 🖥️ 🏛️

DÔME DES INVALIDES

🕐 10.00-18.00 diario (hasta 21.00 ma para las exposiciones emporales);
🗓️ 1 ene, 1 may, 25 dic   🌐 musee-armee.fr

Esta iglesia fue construida en estilo clásico francés por encargo de Luis XIV y sirve de lugar de eterno descanso de Napoleón Bonaparte y otros grandes personajes de la historia militar. Su magnífica cúpula forma parte del paisaje de la ciudad y brilla tanto como cuando el Rey Sol la inauguró en 1715.

El Dôme des Invalides fue diseñado en 1676 por Jules Hardouin-Mansart para el uso exclusivo de Luis XIV y para albergar las tumbas reales. Encajado entre los demás edificios de este complejo militar, figura entre los grandes ejemplos de la arquitectura francesa del siglo XVII. Tras la muerte de Luis XIV, se desechó la idea de enterrar a la familia real en el Dôme, y este se convirtió en un monumento a la gloria de los Borbones. En 1840, Luis Felipe decidió trasladar los restos de Napoleón a la cripta y la incorporación de las tumbas de Vauban y el mariscal Foch, entre otros, convirtió la iglesia en un monumento conmemorativo a los militares franceses.

Si se alza la vista, se contempla en el techo la pintura circular (1692) de Charles de la Fosse, que muestra *La gloria del paraíso,* con san Luis entregando la espada a Cristo.

REGRESO DE NAPOLEÓN

El rey Luis Felipe decidió traer los restos de Napoleón de Santa Elena en un gesto de reconciliación con los republicanos y partidarios de Bonaparte contrarios a su régimen. El Dôme des Invalides, con vínculos históricos y militares, era obviamente el lugar apropiado para conservar los restos del emperador. Se colocó el cuerpo en seis ataúdes y finalmente se instaló en la cripta en 1861, con una fastuosa ceremonia oficiada por Napoleón III.

¿Lo sabías?

La cúpula alcanza 107 m y fue cubierta de oro por primera vez en 1706.

↑ La cúpula de la iglesia se volvió a cubrir de oro en 1989 y fueron necesarios 12 kg del preciado metal

LUGARES DE INTERÉS

❹
École Militaire

📍 D8 🏛 21 Pl Joffre 75007
📞 01 80 50 14 00 Ⓜ École
Militaire

La Real Escuela Militar de
Luis XV fue fundada en 1751
para formar a hijos de oficiales sin medios económicos.
La diseñó el arquitecto Jacques-Ange Gabriel, y su pabellón central, un logrado
ejemplo de estilo francés,
tiene ocho columnas corintias y una bóveda cuadran-
gular. Su interior está decorado en estilo Luis XVI;
destaca la capilla y la baran-
dilla que diseñó Gabriel para
la escalera principal.
   Uno de los primeros
cadetes fue Napoleón, cuyo

informe de graduación
estipulaba que
"podría llegar lejos
en las circunstancias
propicias". La
academia se
utiliza actualmente
como campo de
entrenamiento de
la caballería y, por
lo general, no está
abierta al público.

___

❺
Musée Rodin

📍 E7 🏛 79 Rue de Varenne
75007 Ⓜ Varenne
🕐 10.00-18.30 ma-do, se
recomienda reservar por
adelantado
🚫 1 ene, 1 may, 25 dic
🌐 musee-rodin.fr

Auguste Rodin, considerado
uno de los escultores
franceses más importantes
del siglo XIX, vivió y trabajó
en el elegante Hôtel
Biron desde 1908

↑ La famosa escultura de
Auguste Rodin, *Las tres
sombras*, en el Musée
Rodin

hasta su muerte en 1917.
Rodin se comprometió a
dejar su obra a la nación
a cambio del palacete,
propiedad del estado.
Algunas de sus esculturas
más famosas están
expuestas en el jardín:
*Los burgueses de Calais,
El pensador, Las puertas del
infierno* y *Balzac*. El jardín
está formado por una
ornamental rosaleda y una
zona de descanso con
bancos. El museo cuenta
con 18 estancias, en las que
se combina la cronología de

La espléndida
fachada clásica de
la École Militaire ↓

La comercial calle Rue Cler, con su multitud de tiendas de ricos alimentos ↑

la obra con la exploración de su temática. El lugar incluye un espacio recreado exactamente como era en los tiempos del artista. El café al aire libre es una atractiva opción en los días más cálidos.

6 Rue Cler

◊ D7 ◊ 75007 Ⓜ École Militaire, La Tour-Maubourg

En esta calle se monta el típico mercadillo parisino, aunque lo bastante elegante para el distrito séptimo, el más lujoso de París, lugar de residencia de funcionarios, expatriados,

¿Lo sabías?

Si se unieran los 2.100 km de alcantarillado parisino en una línea, llegarían de París hasta Estambul.

empresarios y diplomáticos. La mayoría de los puestos de comida y bebida –con productos frescos, queso, chocolate, helados, pasteles y charcutería– se extienden por la zona adoquinada al sur de Rue de Grenelle.

7 Musée des Égouts

◊ D6 ◊ Pl Habib Bourguiba, frente al 93 Quai d'Orsay 75007 Ⓜ Alma-Marceau ⒭ Pont de l'Alma ◊ 10.00-17.00 ma-do ◊ ene, 1 may, 25 dic ◊ musee-egouts. paris.fr

La mayoría de las alcantarillas de París *(égouts),* uno de los mayores logros del Barón Haussmann, datan del Segundo Imperio (1852-1870). En el siglo XX las alcantarillas se convirtieron en una popular atracción. El Musée des Égouts permite a sus visitantes dar un pequeño paseo hasta la entrada desde el Quai d'Orsay, con paneles que explican los suministros de agua parisinos y la gestión de los residuos. Conviene reservar las visitas guiadas con antelación.

Le P'tit Trouquet

Este acogedor restaurante ofrece comida francesa clásica.

◊ D7 ◊ 28 Rue de l'Exposition 75007 ◊ sá, do ◊ leptittroquet.fr

€€€

David Toutain

Cocina creativa con dos estrellas Michelin en un entorno relajado.

◊ E6 ◊ 29 Rue Surcouf 75007 ◊ sá, do ◊ davidtoutain.com

€€€

Arpège

Merece la pena probar la cocina de tres estrellas de Alain Passard.

◊ F7 ◊ 84 Rue de Varenne 75007 ◊ sá, do ◊ alain-passard.com

€€€

Hôtel de Varenne

Un hotel con decoración refinada en el elegante 7° *arrondissement.*

◊ F7 ◊ 44 Rue de Bourgogne 75007 ◊ hotelde varenne.com

€€€

Hôtel 7 Eiffel

Una opción moderna próxima a la Torre Eiffel.

◊ D7 ◊ 17 bis Rue Amélie 75007 ◊ hotel-7eiffel-paris.com

€€€

8

Berges de Seine

D6 **Quai d'Orsay 75007** **Assemblée Nationale, Invalides**

En 2013, el ayuntamiento cerró esta antigua y concurrida carretera al tráfico convirtiéndola así en uno de los paseos fluviales más bellos de París. Además de sus espectaculares vistas del Louvre, del Jardin des Tuileries y de otros monumentos, estos 2,3 km de paseo ofrecen también actividades para niños en sus zonas de juego, paredes para trepar y jardines flotantes. La senda tiene también pistas de petanca, atletismo y *fitness* y de bicis Vélib *(p. 313)*. Además de actividades deporti-

vas, la zona cuenta también con restaurantes y cafés (algunos de ellos prestan juegos de mesa) instalados tanto sobre barcos como en tierra firme, sobre todo en los alrededores del Pont Alexandre III. En verano las Berges de Seine se convierten en una de las zonas más frecuentadas y animadas de la orilla izquierda.

9

Assemblée Nationale Palais-Bourbon

F6 **126 Rue de l'Université 75007** **Assemblée Nationale** **Invalides** **assemblee-nationale.fr**

El Palais-Bourbon, construido en 1722 para la duquesa de Borbón, hija de Luis XIV, fue confiscado durante la Revolución. Es la sede de la Cámara Baja del Parlamento francés desde 1830 y se permite la entrada de público a las sesiones parlamentarias. Durante la Segunda Guerra Mundial, el palacio fue la sede

del gobierno nazi. En el año 1806 se incorporó al palacio la fachada neoclásica con sus estilizadas columnas, en parte para armonizar con la fachada de la iglesia de La Madeleine, al otro lado del Sena *(p. 174)*. El contiguo Hôtel de Lassay es la residencia del presidente de la Asamblea Nacional. Es posible organizar visitas de un máximo de 50 personas, con una invitación de algún diputado y previo aviso, con meses de antelación.

10

Ste-Clotilde

F7 **23B Rue Las Cases 75007** **Solférino, Varenne, Invalides** **9.00-19.30 lu-vi, 10.00-20.00 sá y do. Distinto horario en jul y ago, consultar la web** **festivos no religiosos** **sainte-clotilde.com**

Esta iglesia neogótica, diseñada por François-Christian Gau, fue la primera de este estilo que se construyó en París y se inspiró

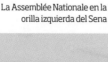

¡Lo sabías?

El Pont de la Concorde, frente a la Assemblée Nationale, fue construido utilizando piedra de la Bastille.

→

La Assemblée Nationale en la orilla izquierda del Sena

Los bonitos jardines del Champ-de-Mars a los pies de la Torre Eiffel

la escuela. Se ha utilizado para carreras de caballos, vuelos en globo y para las celebraciones del 14 de julio, aniversario de la Revolución. La primera ceremonia se celebró en 1790 en presencia de Luis XVI. A finales del siglo XIX se organizaron aquí exposiciones como la Exposición Universal de 1889, para la cual se erigió la Torre Eiffel. En un extremo se levanta *El muro de la paz,* de Clara Halter y Jean-Michel Wilmotte.

El parque es, hoy en día, muy popular entre turistas y familias para descansar y pasear (Champs-de-Mars es uno de los pocos parques de París donde se permite entrar con un perro), con muchas activi- dades para niños, entre ellas paseos en ponis, teatros de títeres y un tiovivo. También hay un café al aire libre.

> **En verano, las Berges de Seine se convierten en una de las zonas más frecuentadas y animadas de la orilla izquierda.**

en el entusiasmo de mediados del siglo XIX por la Edad Media que pusieron de moda escritores como Victor Hugo. Se caracteriza por sus imponentes torres gemelas, que se contemplan desde el Sena. En el interior destacan las esculturas de las estaciones del viacrucis de James Pradier y las vidrieras. El compositor César Franck fue su organista.

Champ-de-Mars

📍 C7   🏠 75007
Ⓜ **École Militaire**
🚆 **Champ de Mars-Tour Eiffel**

Los jardines que se extienden desde la Torre Eiffel hasta la École Militaire *(p. 208)* fueron en su origen un recinto para que desfilaran los cadetes de

CHAMPS-ÉLYSÉES Y CHAILLOT

Esta zona, que antiguamente eran prados a las afueras de la ciudad, hoy en día da una imagen de poderío y riqueza. En 1616 María de Médici, esposa de Enrique IV de Francia, ordenó construir una arbolada calzada de acceso hacia el palacio de las Tullerías que fue más tarde, en el siglo XVII, ampliada por el paisajista de la corte de Luis XIV, André Le Nôtre. En el siglo XVIII esta avenida fue bautizada con el nombre de Champs-Élysées y convertida en el lugar en el que la nobleza empezó a construir sus hogares palaciegos.

Sin embargo, el adyacente barrio de Chaillot siguió siendo un pueblo hasta su paulatina inclusión en la ciudad de París durante el siglo XIX. El lugar fue posteriormente urbanizado por ricos parisinos y hoy en día es uno de los barrios más elegantes de la ciudad. El encanto del lugar no se ha marchitado durante los años y actualmente alberga numerosas embajadas y casas de alto standing, además de prestigiosos hoteles y elegantes restaurantes.

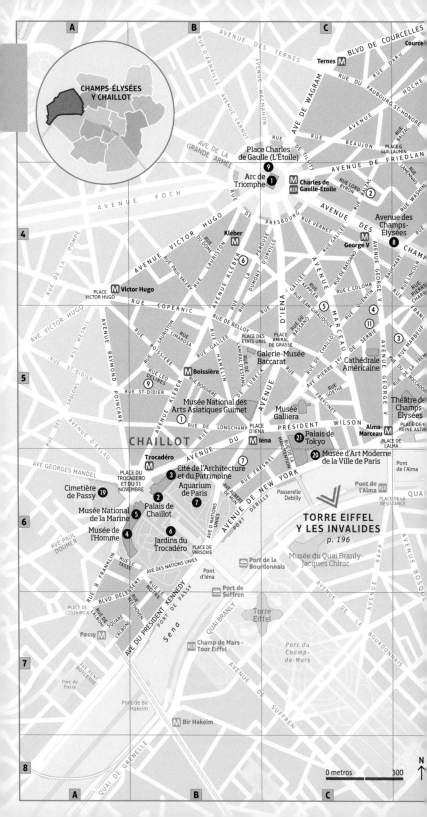

CHAMPS-ÉLYSÉES Y CHAILLOT

A **B** **C**

AVENUE DES TERNES

BLVD DE COURCELLES

Cource

Ternes Ⓜ

RUE DU FAUBOURG ST-HONORÉ

HOCHE

AVE DE WAGRAM

AVENUE DE FRIEDLAN

Place Charles
de Gaulle (L'Étoile) **9**

Arc de **1**
Triomphe

Ⓜ Charles de **2**
RER Gaulle-Étoile

Avenue des
Champs-
Élysées **8**

AVENUE DES

Kléber **6**
Ⓜ

George V
Ⓜ

Victor Hugo Ⓜ

PLACE
VICTOR HUGO

RUE COPERNIC

5

4

11

Galerie-Musée
Baccarat

Cathédrale
Américaine

3

Boissière Ⓜ **9**

Musée National des
Arts Asiatiques Guimet **1**

Musée
Galliera

Théâtre des
Champs-
Élysées

Alma- **PLACE DE LA**
Marceau REINE ASTR

CHAILLOT

Ⓜ Iéna **21** Palais de
Tokyo

Trocadéro Ⓜ

Cité de l'Architecture **7**
et du Patrimoine **3**

20 Musée d'Art Moderne
de la Ville de Paris

Cimetière
de Passy **19**

Aquarium
de Paris **7**

Pont de
l'Alma

Musée National
de la Marine **5**

Palais de
Chaillot

Pont de
l'Alma RER

PLACE DE LA
RESISTANCE

Musée de
l'Homme **4**

6 Jardins du
Trocadéro

**TORRE EIFFEL
Y LES INVALIDES**
p. 196

Musée du Quai Branly-
Jacques Chirac

Passy Ⓜ

Port de
Suffren

Torre
Eiffel

Parc du
Champ-
de-Mars

Champ de Mars -
Tour Eiffel RER

Parc de
Passy

Bir Hakeim Ⓜ

N

0 metros   300

A **B** **C**

CHAMPS-ÉLYSÉES Y CHAILLOT

Esencial

1 Arc de Triomphe
2 Palais de Chaillot

Lugares de interés

3 Cité de l'Architecture et du Patrimoine
4 Musée de l'Homme
5 Musée National de la Marine
6 Jardins du Trocadéro
7 Aquarium de Paris
8 Avenue des Champs-Élysées
9 Place Charles de Gaulle (L'Étoile)
10 Place de la Concorde
11 Grand Palais
12 Petit Palais
13 Pont Alexandre III
14 Palais de la Découverte
15 Avenue Montaigne
16 Parc Monceau
17 Musée Jacquemart-André
18 Palais de l'Élysée
19 Cimetière de Passy
20 Musée d'Art Moderne de la Ville de Paris
21 Palais de Tokyo

Dónde comer

1 Astrance
2 Pierre Gagnaire
3 Relais de l'Entrecôte

Dónde beber

4 Le Bar at the Four Seasons Hotel George V
5 Le Bar de l'Hôtel Belmont
6 Bar Kléber at the Peninsula
7 Le Bar Botaniste at the Shangri-La
8 Le Bar du Bristol

Dónde dormir

9 Hôtel Garden Élysées
10 Le Pavillon des Lettres
11 Hotel de Sers

30

En estos 30 escudos figuran
los nombres de las batallas
victoriosas de Napoleón.

Los tonos dorados del
Arc de Triomphe realzados por ↑
la luz del atardecer

① 🏃 🏛 🛍

ARC DE TRIOMPHE

📍 C4 🚇 Pl Charles de Gaulle Ⓜ / 🚆 Charles de Gaulle-Étoile 🚌 22, 30, 31, 52, 73, 92 a
Pl Charles de Gaulle ⏰ 10.00–22.30 diario (hasta 23.00 abr-sep) ⏳ solo mañanas 8 may,
14 jul, 11 nov; todo el día 1 ene, 1 may, 25 dic 🌐 paris-arc-de-triomphe.fr

Situado en el centro de la Place Charles de Gaulle, sobre la avenida de Champs-Élysées, el Arco de Triunfo fue construido por orden de Napoleón para celebrar el poder militar de Francia. Su exterior está decorado con esculturas que representan varias famosas batallas y el mirador, en la parte alta, ofrece una de las mejores vistas de París.

Después de su mayor victoria, la batalla de Austerlitz en 1805, Napoleón prometió a sus tropas que "llegarían a casa bajo arcos triunfales". Al año siguiente se colocó la primera piedra del que ha llegado a convertirse en el arco triunfal más famoso del mundo. Sin embargo, las modificaciones sobre los planos del arquitecto Jean Chalgrin y el fin del poder napoleónico retrasaron la finalización de esta estructura monumental hasta 1836. El arco, que se alza a 50 metros de altura, constituye tradicionalmente el punto de partida de celebraciones de victorias y desfiles.

← Las 12 avenidas que salen de la Place Charles de Gaulle

→ La simbólica antorcha sobre la tumba del soldado desconocido

CORTEJO NUPCIAL

Napoleón se divorció de Josefina en 1809 porque esta no podía concebir hijos y en 1810 se acordó un enlace diplomático con María Luisa, hija del emperador de Austria. Napoleón tenía la intención de impresionar a la novia atravesando el arco de camino al banquete, pero las obras apenas habían comenzado, por lo que Chalgrin construyó una reproducción a escala real en el emplazamiento para que pasase el cortejo nupcial.

Cronología

1806
▽ Napoleón encarga la construcción del Arco de Triunfo a Chalgrin tras la victoriosa batalla de Austerlitz, el año anterior

1815
Napoleón abdica tras la derrota en Waterloo y los trabajos en el arco se detienen

1919
Desfile de la victoria del ejército de los Aliados bajo el arco para celebrar el fin de la Primera Guerra Mundial

1836
El rey Luis Felipe completa el arco durante la Restauración borbónica en Francia

1944
▲ Liberación de París. De Gaulle lidera a la multitud desde el arco

2 🖥️ 🏛️

PALAIS DE CHAILLOT

📍 B6 🏠 Pl du Trocadéro 75016 Ⓜ Trocadéro

Este palacio de estilo neoclásico, con dos enormes tramos curvilíneos de columnas, cada uno de los cuales culmina en un inmenso pabellón, fue diseñado por Léon Azéma, Louis-Hippolyte Boileau y Jacques Carlu para la Exposición Universal de 1937. Actualmente alberga tres importantes museos: la Cité de l'Arquitecture et du Patrimoine, el Musée de l'Homme y el Musée National de la Marine.

El Palais actual sustituyó al palacio de Trocadéro, construido para la Exposición Universal de 1878. Está adornado con esculturas y bajorrelieves y en los muros de los pabellones figuran inscripciones en oro del poeta y ensayista Paul Valéry. La *parvis* o plaza, situada entre los dos pabellones, está decorada con esculturas de bronce y estanques. En la terraza de enfrente se erigen dos figuras de bronce, *Apolo,* de Henri Bouchard, y *Hércules,* de Albert Pommier. Las escaleras conducen al Théâtre National de Chaillot, que adquirió gran éxito desde la Segunda Guerra Mundial por sus producciones vanguardistas.

↑ Una de las galerías de la Cité de l'Arquitecture et du Patrimoine *(p. 220)*

Esencial ☆

← Palais de Chaillot visto desde la Torre Eiffel

THÉÂTRE NATIONAL DE CHAILLOT

Además de ser uno de los escenarios más prestigiosos, el Teatro Nacional de Chaillot tuvo un papel importante en la historia mundial. Fue precisamente aquí donde se firmó la Declaración Universal de los Derechos Humanos en 1948.

Objetos de la colección de antropología y etnología del Musée de l'Homme *(p. 220)* ↑

← La estatua de bronce de *Hércules* en la terraza

🄾 LA MEJOR FOTO
Torre Eiffel

La terraza del palacio ofrece unas impresionantes vistas de la Torre Eiffel. Es un lugar perfecto para hacer una foto panorámica de la Dama de Acero.

LUGARES DE INTERÉS

EXPLORA Champs-Élysées y Chaillot

3

Cité de l'Architecture et du Patrimoine

📍 B6 🏛 Palais de Chaillot, Pl du Trocadéro 75016 Ⓜ Trocadéro 🕐 11.00-19.00 mi-lu (hasta 21.00 ju) 🚫 1 ene, 1 may, 14 jul, 25 dic 🌐 citedelarchitecture.fr

En el ala este del Palais de Chaillot, este museo muestra el desarrollo de la arquitectura francesa a lo largo de los siglos. Destaca la Galerie des Moulages, que abarca desde la Edad Media hasta el Renacimiento. Se pueden contemplar maquetas en tres dimensiones de catedrales como la de Chartres. También merece una especial atención la Galerie d'Architecture Moderne et Contemporaine, con la reconstrucción de un apartamento diseñado por el arquitecto Le Corbusier.

4

Musée de l'Homme

📍 A6 🏛 Palais de Chaillot, Pl du Trocadéro 75016 Ⓜ Trocadéro 🕐 11.00-19.00 mi-lu 🚫 1 ene, 1 may, 14 jul, 25 dic 🌐 museedelhomme.fr

Situado en el ala oeste del palacio de Chaillot, este museo documenta el proceso de la evolución humana desde la prehistoria hasta el presente a través de una serie de muestras antropológicas de sociedades de todo el mundo. El museo alberga una gran exposición dedicada a la prehistoria que se cuenta entre las mejores del mundo. Las exposiciones muestran la adaptación del ser humano a su entorno, con un enfoque especial hacia el lenguaje y la cultura.

5

Musée National de la Marine

📍 B6 🏛 Palais de Chaillot, Pl du Trocadéro 75016 Ⓜ Trocadéro 🚫 Por reforma hasta nov 2023 🌐 musee-marine.fr

Este museo relata la historia naval francesa, desde los tiempos de los buques de guerra reales de madera hasta los portaaviones y submarinos nucleares de la actualidad, por medio de maquetas de una precisión sorprendente (la mayoría con dos siglos de antigüedad), recuerdos de héroes navales, pinturas e instrumentos de navegación. Carlos X fundó el museo en 1827 y en 1943 se trasladó al palacio de Chaillot. Se está llevando a cabo una amplia reforma para modernizar el museo y crear nuevos espacios de temática marítima histórica y contemporánea.

↑ La estatua de *Apolo* de Henri Bouchard delante del Musée de l'Homme

6

Jardins du Trocadéro

📍 B6 🏛 75016 Ⓜ Trocadéro

Estos hermosos jardines fueron creados para la Exposición Universal de 1937, al mismo tiempo que el Palais de Chaillot *(p. 218)*. Su elemento central es un estanque rectangular y alargado rodeado de estatuas de bronce doradas, espectaculares con la iluminación nocturna de las fuentes. Entre las esculturas destaca *Hombre*, de Pierre Traverse; *Mujer*, de Daniel Bacqué; *Toro*, de Paul Jouve, y *Caballo*, de Georges Guyot. Las laderas de la colina de Chaillot descienden suavemente hasta el Sena y el Pont d'Iéna. Hay un acuario en el extremo noreste de los jardines, cuyas 10 ha están repletas de árboles, paseos, arroyos y puentes, idóneos para un

EXPOSITION UNIVERSELLE

La Exposición Universal de 1889 vio nacer la Torre Eiffel *(p. 200)*. Con su edición de 1937 comenzaron las obras del Palais de Chaillot *(p. 218)* que sustituyó al Palais du Trocadéro, construido para la edición de 1878. Aparte de las obras mencionadas, otras estructuras temporales ocuparon el lugar del Champ de Mars, pero hoy en día solo permanece la Torre Eiffel que, si no fuera por su utilidad como repetidor, también se hubiera desmontado.

LA MEJOR FOTO
Torre Eiffel

Para visitar la Torre Eiffel hay que coger la línea de metro 6 o 9 hasta la estación Trocadéro. Se pueden hacer unas fotos de postal desde la terraza del Palais de Chaillot a través del Sena, con el emblema de París de fondo.

romántico paseo. Hay un acuario en el extremo noreste de los jardines, y en invierno se coloca una pista para patinar sobre hielo.

7

Aquarium de Paris

B6 ⬛ 5 Ave Albert de Mun 75016 Ⓜ Trocadéro, Iéna ⬛ 10.00-18.00 diario (hasta 20.00 sá), es necesario reservar ⬛ 14 jul ⬜ aquariumdeparis.com

Construido en 1878 para la Exposición Universal, en la actualidad este acuario cuenta con los últimos avances tecnológicos. Alberga más de 500 especies marinas de todo el mundo, como peces payaso, y algunos tiburones y rayas espectaculares, además del Médusarium, con más de 50 especies de medusas.

El edificio, situado en una antigua cantera, ha sido diseñado para armonizar con el entorno. Las pantallas de cine, que proyectan dibujos animados y documentales de animales, se intercalan con los acuarios. También hay exposiciones de arte y espectáculos para niños en el teatro.

→

La Torre Eiffel vista desde los Jardins de Trocadéro

Una de las fuentes
decorativas de la inmensa ↑
Place de la Concorde

Avenue des Champs-Élysées

📍 D4 🏛 75008
Ⓜ Franklin D. Roosevelt, George V

El origen de la arteria más famosa y transitada de París se remonta aproximadamente a 1667, cuando el arquitecto paisajista André Le Nôtre amplió las vistas de la realeza de las Tuileries creando una avenida alineada de árboles que finalmente se denominó Champs-Élysées (Campos Elíseos). Ha sido el camino triunfal nacional desde que se trajeron aquí los restos de Napoleón de la isla de Santa Elena en 1840. Con la incorporación de cafés y restaurantes en la segunda mitad del siglo XIX, los Campos Elíseos se convirtieron en el lugar perfecto para ver y dejarse ver. El Rond-Point des Champs-Élysées es la zona más bonita, con sus castaños y sus flores. Algunas tiendas de marcas importantes como Zara o Lancôme tienen aquí su tienda principal, mientras que los cafés de comida rápida compiten por el espacio con otros establecimientos más sofisticados, como la *brasserie* Fouquet's. En el mes de julio, la avenida es escenario de la llegada anual al *sprint* del Tour de France.

Esta histórica plaza, la Place de la Concorde, es de las más grandiosas de Europa y ocupa más de 8 hectáreas en pleno centro de París.

⑨
Place Charles de Gaulle (l'Étoile)

📍 C4 🏛 75008 Ⓜ Charles de Gaulle-Étoile

Conocida como Place de l'Étoile hasta la muerte de Charles de Gaulle en 1969, actualmente se denomina simplemente l'Étoile (la estrella). La plaza actual fue diseñada en 1854 según los planes del Barón Haussmann (*p. 55*). Para los motoristas es todo un reto.

⑩
Place de la Concorde

📍 F5 🏛 75008
Ⓜ Concorde

Esta histórica plaza, la Place de la Concorde, es de las más grandiosas de Europa y ocupa más de 8 hectáreas en pleno centro de París. Originalmente denominada Place Louis XV por la estatua del rey, fue construida a mediados del siglo XVIII por el arquitecto Jacques-Ange Gabriel, que decidió trazar un octágono abierto y erigir mansiones exclusivamente en su flanco norte. Después fue conocida como Place de la Révolution y la guillotina reemplazó a la estatua. En dos años y medio, la cifra de ejecuciones ascendió a 1.119, y entre las víctimas se encontraron Luis XVI, María Antonieta (que murió ante el apartamento secreto que tenía en el nº 2 de la Rue Royale) y los líderes revolucionarios Danton y Robespierre.

Redenominada Concorde (por los revolucionarios) con espíritu conciliador, en el siglo XIX se realzó su esplendor con el obelisco de Luxor, de 3.200 años de antigüedad −un regalo de Egipto de 23 m de altura cubierto de jeroglíficos− así como con dos fuentes y ocho estatuas que representan ciudades francesas. Es el punto culminante de los desfiles triunfales que recorren los Campos Elíseos cada 14 de julio, y especialmente memorable fue el Día de la Bastilla de 1989, cuando un millón de personas y numerosos líderes extranjeros celebraron el bicentenario de la Revolución.

⑪ 🚲 Ⓜ 🖥 🛍

Grand Palais

📍 E5 🚪 Porte A, Ave du Général Eisenhower 75008 Ⓜ Champs-Élysées-Clemenceau 🕐 hasta 2024 🌐 grandpalais.fr

El exterior de este colosal palacio, construido al mismo tiempo que el Petit Palais y el Pont Alexandre III, combina una imponente fachada clásica con profusión de detalles *art nouveau*. La gran cubierta de cristal (15.000 m²) cuenta en sus cuatro esquinas con enormes estatuas de bronce de caballos alados y carros realizados por Récipon. La estructura de metal soporta 8.500 toneladas de cristal, 500 toneladas más que la Torre Eiffel. Actualmente, el Grand Palais acoge exposiciones de arte contemporáneo y otros eventos. En invierno, la nave se convierte en la pista de hielo más grande del mundo. Las exposiciones temporales e itinerantes más destacadas tienen lugar en las Galeries Nationales, en el mismo edificio; suelen ser muy populares y conviene reservar. El Grand Palais estará cerrado al público hasta los Juegos Olímpicos de 2024.

⑫ Ⓜ 🖥 🛍

Petit Palais

📍 E5 🚪 Ave Winston Churchill 75008 Ⓜ Champs-Élysées-Clemenceau 🕐 10.00-18.00 ma-do (hasta 19.00 vi para exposiciones temporales) 🗓 festivos 🌐 petitpalais.paris.fr

Construido con motivo de la Exposición Universal de 1900, esta joya arquitectónica alberga actualmente el Musée des Beaux-Arts de la Ville de Paris. Dispuesto en torno a un bonito patio, es similar al Grand Palais y presenta columnas jónicas, un gran porche y una bóveda. El ala más próxima al río se usa para exposiciones temporales, mientras que la zona de los Champs-Élysées alberga la exposición permanente: objetos de Grecia y Roma, mármoles y esculturas de la Edad Media y el Renacimiento, relojes y joyería del Renacimiento, y arte y mobiliario de los siglos XVII, XVIII y XIX. También hay muchas obras impresionistas.

La entrada neoclásica del
↓ Petit-Palais

Astrance

Un lugar para darse un capricho. Un restaurante con tres estrellas Michelin y menús degustación épicos.

📍 B5 🚪 32 Rue de Longchamp 75016 🌐 astrance paris.fr

€€€

Pierre Gagnaire

Uno de los mejores chefs de París sorprende a los comensales con una propuesta gastronómica moderna.

📍 C4 🚪 6 Rue Balzac 75008 🌐 pierre-gagnaire. com

€€€

Relais de l'Entrecôte

Carne, patatas fritas y nada más. El lugar predilecto de las familias; suele haber cola aunque no cuesta mucho conseguir mesa.

📍 D5 🚪 15 Rue Marbeuf 75008 🌐 relaisentrecote.fr

€€€

↑ Un techo pintado por Maurice Denis en el interior del Petit Palais

La Avenue des Champs-Élysées, mirando hacia el Arc de Triomphe y La Défense

⑬ Pont Alexandre III

📍 E5 🏠 75008
Ⓜ Champs-Élysées-Clemenceau

Este puente es el más bonito de París, con su profusa decoración *art nouveau* de farolas, querubines, ninfas y caballos alados en ambos extremos. Se construyó entre 1896 y 1900, a tiempo para la Exposición Universal, y recibe el nombre del zar Alejandro III de Rusia, cuyo hijo, Nicolás II, colocó la primera piedra en octubre de 1896.

El estilo del puente refleja el del Grand Palais y brinda acceso a este por la orilla oriental. Su estructura es un logro de la ingeniería decimonónica, pues consta de un arco de acero de 6 metros de altura de un solo tramo que atraviesa el Sena. El diseño se sometió a rigurosos controles para evitar que obstaculizara la vista de los Champs-Élysées *(p. 222)* o el Dôme des Invalides *(p. 206)* y, gracias a ello, se contempla un magnífico panorama.

⑭ Palais de la Découverte

📍 E5 🏠 Ave Franklin D Roosevelt 75008 Ⓜ Franklin D. Roosevelt 🕐 Hasta 2025 🌐 palais-decouverte.fr

Inaugurado en un ala del Grand Palais *(p. 223)* para la Exposición Universal de 1937, este museo de ciencia es una institución en París. Las demostraciones y muestras, incluido un planetario, cubren muchas materias y explican fenómenos como el electromagnetismo. El Palais de la Découverte permanecerá cerrado al público hasta 2025.

⑮ Avenue Montaigne

📍 D5 🏠 75008
Ⓜ Franklin D. Roosevelt

En el siglo XIX, esta avenida era famosa por sus salones de baile y su jardín de invierno, donde se concentraban los parisinos para escuchar las melodías del recién inventado saxofón de Adolphe Sax. En la actualidad sigue siendo una avenida de moda y está repleta de restaurantes, hoteles y *boutiques* exclusivas. En un extremo está situado el Théâtre de Champs-Élysées de estilo *art déco*, construido en 1913.

⑯ Parc Monceau

📍 D3 🏠 35 Blvd de Courcelles 75017 Ⓜ Monceau, Courcelles 🕐 7.00-20.00 diario (hasta 22.00 verano)

Este frondoso oasis data del año 1778, cuando el duque de Chartres (más tarde duque de Orleans) encargó a Louis Carmontelle, pintor, escritor y arquitecto paisajista en ciernes, la creación de un magnífico jardín. Carmontelle, también diseñador de teatros, concibió un jardín de ensueño, un paisaje exótico repleto de extravagancias arquitectónicas en consonancia con la moda inglesa y alemana imperantes en esa época. En 1873, el paisajista Thomas Blaikie trazó una sección del jardín en estilo inglés. El parque acogió el primer aterrizaje documentado en paracaídas, llevado a cabo por

El estanque decorativo del encantador Parc Monceau ↑

André-Jacques Garnerin el 22 de octubre de 1797. A lo largo de los años ha cambiado de propietarios y en 1852 fue adquirido por el Estado, que vendió la mitad del terreno para construir una urbanización. El terreno restante se convirtió en jardín público. Adolphe Alphand, arquitecto del Bois de Boulogne *(p. 292)* y del Bois de Vincennes *(p. 294),* lo arregló y erigió nuevos edificios.

El parque es uno de los más elegantes de París a pesar de haber perdido muchos de sus elementos originales. Junto al estanque se conserva la naumaquia, flanqueada de columnas corintias, una versión ornamental de los lagos romanos utilizados para simular batallas navales. Otros de los elementos que quedan son una arcada renacentista, pirámides, un arroyo y el Pavillon de Chartres, una preciosa glorieta diseñada por Nicolas Redoux donde se ubicó en el pasado la casa de portazgo. Al sur queda una enorme pagoda roja que alberga una galería dedicada al arte asiático.

17

Musée Jacquemart-André

📍E3 🏠158 Blvd Haussmann 75008 Ⓜ Miromesnil, St-Philippe-du-Roule ⏰10.00-18.00 diario (hasta 20.30 lu) 🖥 museejacquemart-andre.com

Este museo es conocido por su colección de obras de arte renacentistas italianas y francesas del siglo XVIII y por los interesantes frescos de Tiépolo. Destacan los trabajos de Mantegna, la obra maestra de Uccello, *San Jorge y el dragón* (c. 1435), magníficas pinturas de Boucher y Fragonard y tapices del siglo XVIII.

 ←

El Pont Alexandre III, con su ostentosa decoración *art nouveau*

Hôtel Garden Élysée
Modesto y encantador, es una opción cómoda y elegante.

📍B5 🏠12 Rue Saint Didier 75116 🖥 parishotel-gardenelysee.com

€€€

Le Pavillon des Lettres
Sus habitaciones temáticas en torno a famosos escritores como Proust y Hugo ofrecen un retiro moderno e íntimo en París.

📍F4 🏠12 Rue des Saussaies 75008 🖥 pavillondes lettres.com

€€€

Hotel de Sers
Este hotel destaca por sus modernas prestaciones, junto con su ubicación y sus espaciosas habitaciones.

📍C5 🏠41 Ave Pierre 1er du Serbie 75008 🖥 hoteldesers-paris.fr

€€€

18 Palais de l'Élysée

☉ E4 🏠 55 Rue du Faubourg-St-Honoré 75008 Ⓜ St-Philippe-du-Roule 🔒 al público

Construido para el conde de Evreux en 1718, es la residencia oficial del presidente de la República desde 1873. De 1805 a 1808 residió aquí Carolina, la hermana de Napoleón, y Murat, su esposo. De este periodo se conservan dos salas: el salón Murat y el salón de Plata. El general De Gaulle solía dar ruedas de prensa en el Salón de los Espejos. Las dependencias del presidente, totalmente modernizadas, están en la primera planta del ala este, frente a la Rue de l'Élysée. Solo se abre al público durante las Journées du Patrimoine, en septiembre.

El imponente Palais de Tokyo, de estilo *art déco*, que alberga dos galerías de arte moderno ↑

← La lápida de la sepultura de Edouard Manet, en el Cimetière de Passy

19 Cimetière de Passy

☉ A6 🏠 2 Rue du Commandant-Shloesing 75016 Ⓜ Trocadéro ⏱ 8.00-17.30 lu- vi, 8.30- 17.30 sá, 9.00-17.30 do (hasta 18.00 16 mar-5 nov) 🌐 cimetiere-de-passy.com

En este pequeño cementerio, abierto en 1820, descansan algunos parisinos eminentes como los compositores de música Claude Debussy, Gabriel Fauré y Jacques Ibert y el famoso pintor Edouard Manet y numerosos políticos y aristócratas como Ghislaine Dommanget, princesa de Mónaco, y Leila Pahlavi, hija del sah de Irán.

20 Musée d'Art Moderne de la Ville de Paris

☉ C6 🏠 11 Ave du Président-Wilson 75116 Ⓜ Iéna, Alma Marceau ⏱ 10.00-18.00 ma-do (hasta 21.30 ju) 🔒 festivos 🌐 mam.paris.fr

Este extenso y animado museo alberga la famosa colección de arte moderno de la ciudad de París con cerca de 10.000 obras, que cubre los principales movimientos y artistas de los siglos XX y XXI. Fundado en el año 1961, el museo es uno de los dos que hay en el Palais Tokyo, construido para la Exposición Universal de 1937.

Una de las obras centrales es el gigantesco mural *La electricidad*, de Raoul Dufy, que recorre la historia de la electricidad a lo largo de los años. Fue diseñado para el Pabellón de la Electricidad de la exposición de 1937. Con sus 600 m², este mural, una de las obras más grandes del mundo,

ocupa una sala entera del museo. También son notables los cubistas, Amedeo Modigliani, Georges Rouault, Duchamp, Klein y los fauvistas. Este grupo de artistas de vanguardias, entre los que se encuentran Dufy y Derain, estuvo dominado por Henri Matisse, cuyo famoso mural *La danza* se muestra aquí; se pueden contemplar tanto la primera versión, incompleta, como la acabada. La entrada a la exposición permanente es gratuita, mientras que para las frecuentes exposiciones temporales hay que sacar entrada.

¿Lo sabías?

Durante la Segunda Guerra Mundial, los nazis almacenaron en el Palais de Tokyo cientos de pianos saqueados.

Palais de Tokyo

📍 C5 🏛 13 Ave du Président-Wilson 75116 Ⓜ Iéna, Alma Marceau 🕐 12.00–24.00 mi-lu 🗓 1 ene, 1 may, 25 dic 🌐 palaisdetokyo.com

Este museo de arte moderno se encuentra en un ala del Musée d'Art Moderne de la Ville de Paris, dentro del impresionante edificio del Palais de Tokyo, de 1937. Presenta un innovador y versátil programa de arte contemporáneo, pasarelas de moda y *performances* de vanguardia. Las obras de artistas como Pierre Joseph, Wang Du y Frank Scurti le han granjeado al Palais de Tokyo fama como uno de los espacios artísticos más vanguardistas de Europa. También tiene una buena librería y dos restaurantes, y un espacio en el sótano, Le Yoyo, que a veces funciona como sala de fiestas y conciertos.

Cinco de los mejores bares de hoteles para tomar algo cerca de los Champs Élysées.

Le Bar en Four Seasons Hotel George V
📍 C5 🏛 31 Ave George V 75008
🌐 fourseasons.com

Bar de l'Hôtel Belmont
📍 C5 🏛 30 Rue de Bassano, 75116
🌐 belmont-paris-hotel.com

Le Bar Kléber en Peninsula
📍 B4 🏛 19 Ave Kléber 75116
🌐 peninsula.com

Le Bar Botaniste en Shangri-La
📍 B6 🏛 10 Ave d'Iéna 75116 🌐 shangri-la.com

Le Bar du Bristol
📍 E4 🏛 112 Rue du Faubourg-St-Honoré 75008
🌐 oetkercollection.com

UN PASEO
CHAMPS-ÉLYSÉES

Distancia 2 km **Metro** Invalides
Tiempo 20 minutos

Los jardines formales que flanquean los Campos Elíseos desde la Place de la Concorde hasta el Rond-Point apenas han cambiado desde que fueron concebidos por el arquitecto Jacques Hittorff en 1838. El Grand Palais y el Petit Palais, que se crearon como símbolos de la III República para la Exposición Universal de 1900, se ubican uno frente al otro en un impresionante marco desde el que se contempla la Place Clémenceau, pasando por la elegante curva del Pont Alexandre III, hasta Les Invalides.

En la puerta trasera del Théâtre du Rond-Point, varias placas representan las campañas napoleónicas.

Metro Franklin D. Roosevelt

En la muy chic Avenue Montaigne se ubican Christian Dior y otras casas de alta costura.

Diseñado por Charles Girault, el Grand Palais, del siglo XIX, se está reformando para los Juegos Olímpicos de 2024 (p. 223).

El restaurante Lasserre está decorado al estilo de los lujosos cruceros transoceánicos de la década de 1930.

En la entrada del Palais de la Découverte hay un par de estatuas ecuestres (p. 226).

← Exterior y entrada del Grand Palais, del siglo XIX

La Avenue des Champs-Élysées acogió los desfiles de la victoria tras las dos guerras mundiales y el desfile del bicentenario en 1989 (p. 222).

Metro Champs-Élysées-Clemenceau

CHAMPS-ÉLYSÉES
Y CHAILLOT

Champs-Élysées

Plano de situación
Para más detalles ver p. 214

AVE GABRIEL

AVE DE MARIGNY

Los Jardins des Champs-Élysées, con fuentes, arriates, caminos y pabellones, adquirieron gran popularidad hacia finales del siglo XIX. Los parisinos de moda, entre ellos Marcel Proust, solían frecuentarlos.

…LYSÉES

M

AVE DES CHAMPS ELYSÉES

LLEGADA

PL CLÉMENCEAU

AVE WINSTON CHURCHILL

↑ Paseando por los jardines arbolados de los Champs-Élysées

NE

PONT ALEXANDRE III

INICIO

Iluminado con luz natural, el Petit Palais es tan obra de arte como las variadas colecciones que alberga, que van desde la Antigüedad hasta la Belle Époque (p. 223).

Las cuatro columnas del Pont Alexandre III contribuyen a sustentar los muelles que soportan las enormes dimensiones de esta gran estructura de un solo tramo (p. 226).

0 metros   100

N ↑

UN RECORRIDO LARGO
PARC MONCEAU

Distancia 3 km **Tiempo** 45 minutos **Metro** Monceau

Este agradable paseo transcurre por el Parc Monceau (p. 226), el corazón del elegante distrito Segundo Imperio. El parque es el espacio verde más de moda de París y lo frecuentan los adinerados residentes de las mansiones cercanas. Un recorrido por las calles que lo rodean ofrece una visión del París en todo su esplendor.

*El segundo camino a la izquierda pasa por el **monumento a Guy de Maupassant** (1897), uno de los seis escritores y músicos franceses con monumentos en el parque.*

*El paseo comienza en la **parada de metro de Monceau,** en el Boulevard de Courcelles.*

*El acceso al parque se hace por la **rotonda** construida en el siglo XVIII por Nicolas Ledoux. A ambos lados hay suntuosas puertas doradas de hierro forjado.*

*En el **nº 5 de la Avenue Van Dyck** se levanta una impresionante mansión neobarroca construida por el fabricante de chocolate Emile-Justin Menier.*

*Justo detrás del **monumento al músico Ambroise Thomas** (1902) hay una bonita montaña artificial con una cascada.*

*En la esquina de la Rue Rembrandt con la Rue de Courcelles se levanta una **pagoda china.***

*La principal extravagancia que sigue existiendo en el parque es una **columnata corintia** cubierta de musgo que bordea un pequeño estanque con una isla en el centro.*

INICIO ⓂMonceau
Rotonda
Monumento a Guy de Maupassant
Monumento a Ambroise Thomas
Parc Monceau
Mansión Emile Menier
Ⓜ Courcelles
BLVD DE COURCELLES
RUE FORTUNY
RUE MEDERIC
RUE DE PRONY
RUE DE CHAZELLES
RUE DE PHALSBOURG
PLACE GENER CATRO
RUE G. BERGES
PLACE GEN BROCARD
RUE MURILLO
AVENUE HOCHE
Pagoda Paris
RUE DE MONCEAU
RUE DE COURCELLES

← La columnata corintia al borde del pequeño estanque en el Parc Monceau

Parc
Monceau
CHAMPS-ÉLYSÉES
Y CHAILLOT

Plano de situación
Para más detalles ver p. 214

→ El impresionante interior de la Église St-Augustin

A la izquierda, cerca del Boulevard Haussmann, se erige la **Église St-Augustin,** *construida en el siglo XIX por Victor-Louis Baltard.*

Al final del paseo, en la **Place St-Augustin,** *se levanta una estatua de bronce de Juana de Arco.*

El largo **Boulevard Malesherbes,** *con sus edificios de apartamentos de seis plantas, es típico de las grandes avenidas parisinas trazadas por el Barón Haussmann.*

0 metros — 300 N ↑

ST-GERMAIN-DES-PRÉS

Así llamado por la abadía benedictina fundada aquí en el siglo VI, St-Germain-des-Prés adquirió relevancia en la década de 1950 como núcleo de la vida intelectual de la ciudad. Este barrio, en buena medida de clase obrera, atrajo a múltiples escritores y filósofos con su ambiente inconformista y su profusión de librerías y editoriales. Figuras destacadas como Jean-Paul Sartre o Simone de Beauvoir fueron objeto de atención en los famosos cafés del distrito, sobre todo el Café de Flore, Les Deux Magots o Le Procope. Hace tiempo se marcharon, pero la zona sigue conservando su ambiente estudiantil y su tradición literaria. Desde la década de 1970, el barrio ha ido sofisticándose poco a poco y han aparecido numerosas tiendas de moda. La Rue de Seine está flanqueada de encantadores restaurantes y lujosas galerías, en las que gente sofisticada compra arte.

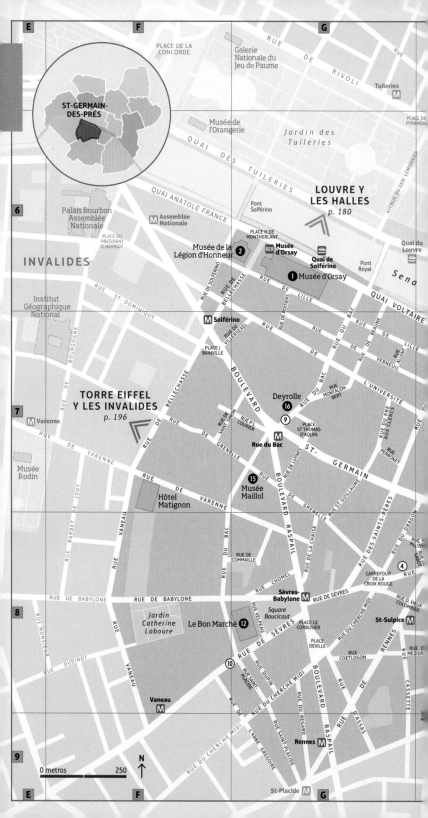

E F G

PLACE DE LA
CONCORDE

RUE DE RIVOLI

Galerie
Nationale du
Jeu de Paume

Tuileries Ⓜ

ST-GERMAIN-
DES-PRÉS

Musée de
l'Orangerie

Jardin des
Tuileries

PLACE DE
PYRAMIDE

QUAI DES TUILERIES

QUAI ANATOLE FRANCE

6

Palais Bourbon
Assemblée
Nationale

PLACE DU
PRESIDENT
E HERRIOT

Ⓜ Assemblée
Nationale

Pont
Solférino

PLACE H DE
MONTHERLANT

LOUVRE Y
LES HALLES
p. 180

Quai du
Louvre

INVALIDES

Musée de la
Légion d'Honneur Ⓜ❷

RER Musée
d'Orsay

Quai de
Solférino Ⓜ

❶ Musée d'Orsay

Pont
Royal

Sena

RUE ST. DOMINIQUE

RUE DE SOLFÉRINO

RUE DE BELLECHASSE

RUE DE LILLE

QUAI VOLTAIRE

Institut
Géographique
National

Ⓜ Solférino

RUE DE POITIERS

RUE DE VILLERSEXEL

RUE DU BAC

RUE DE BEAUNE

RUE DE LILLE

DE

PLACE J
BAINVILLE

L'UNIVERSITÉ

RUE DE VERNEUIL

RUE ALLENT

BOULEVARD

RUE DE BELLECHASSE

Deyrolle
❶❻

RUE DU BAC

RUE MONTALEM-
BERT

RUE DU PRE
AUX CLERCS

7

TORRE EIFFEL
Y LES INVALIDES
p. 196

Ⓜ Varenne

RUE DE BOURGOGNE

RUE DE SAINT SIMON

RUE P.L
COURIER

❾

PLACE
ST THOMAS
D'AQUIN

Ⓜ
Rue du Bac

ST-

RUE PERRONET

RUE DE VARENNE

RUE DE GRENELLE

GERMAIN

Musée
Rodin

RUE DE
VARENNE

Hôtel
Matignon

❶❺
Musée
Maillol

BOULEVARD

RUE DE LUYNES

RUE DE GRENELLE

RUE ST-GUILLAUME

RASPAIL

RUE DES SAINTS-PERES

RUE DU DRAGON

RUE B
PALISSIE

RUE DU BAC

RUE DE
COMMAILLE

RUE DE LA CHAISE

RUE DU
SABOT

❹

RUE

CARREFOUR
DE LA
CROIX ROUGE

RUE CHOMEL

Sèvres-
Babylone Ⓜ

RUE DE SÈVRES

RUE D. VIEUX
COLOMBIER

8

RUE DE BABYLONE

RUE DE BABYLONE

Jardin
Catherine
Labouré

Le Bon Marché ❶❷

*Square
Boucicaut*

PLACE LE
CORBUSIER

St-Sulpice Ⓜ

RUE DU CHERCHE MIDI

RENNES

RUE DE
MEZIER

RUE DE SÈVRES

RUE VEL PEAU

PLACE
DEVILLE

RUE
COETLOGON

RUE MONSIEUR

RUE OUDINOT

RUE BARBET DE JOUY

RUE VANEAU

RUE VANEAU

❶⓿

RUE SAINT-
PLACIDE

RUE DUPIN

BOULEVARD

RASPAIL

RUE D'ASSAS

CASSETTE

Vaneau
Ⓜ

RUE DE
L'ABBÉ GREGOIRE

RUE DU CHERCHE MIDI

RUE DU REGARD

RUE SAINT PLACIDE

Rennes Ⓜ

RUE DE

9

0 metros   250

N
↑

St-Placide Ⓜ

E F G

ST-GERMAIN-DES-PRÉS

Esencial
1 Musée d'Orsay

Lugares de interés
2 Musée de la Légion d'Honneur
3 Académie Française
4 École Nationale Supérieure des Beaux Arts
5 Musée Eugène Delacroix
6 St-Germain-des-Prés
7 Monnaie de Paris
8 Rue St-André-des-Arts
9 Cour du Commerce St-André
10 Le Procope
11 St-Sulpice
12 Le Bon Marché
13 Café de Flore
14 Les Deux Magots
15 Musée Maillol

16 Deyrolle
17 Pont des Arts

Dónde comer
1 Semilla
2 Le Comptoir du Relais
3 Ze Kitchen Galerie

Dónde dormir
4 Hôtel de Saint Germain
5 Relais Christine
6 Hôtel Récamier

Dónde comprar
7 Rue Lobineau
8 Rue Bonaparte
9 Rue du Bac
10 Rue de Sèvres
11 Rue de Buci

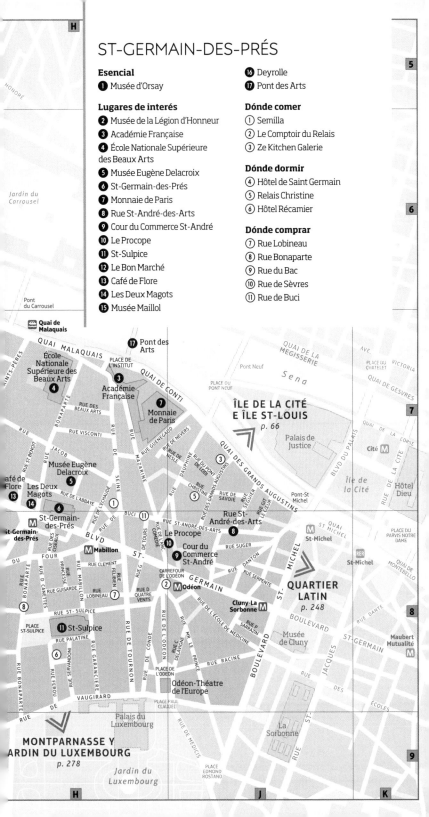

ÎLE DE LA CITÉ E ÎLE ST-LOUIS
p. 66

QUARTIER LATIN
p. 248

MONTPARNASSE Y JARDIN DEL LUXEMBOURG
p. 278

❶ 🏛 🚶 🍴 🖥 🛍

MUSÉE D'ORSAY

📍 G6 🏠 1 Rue de la Légion d'Honneur Ⓜ Solférino 🚌 68, 69, 87 hasta Quai A France; 73 a Rue Solférino; 63, 83, 84, 94 a Blvd St-Germain 🚆 Musée d'Orsay
🕐 9.30–18.00 ma-do (hasta 21.45 ju) 🚫 1 may, 25 dic 🌐 musee-orsay.fr

El Musée d'Orsay continúa donde termina el Louvre, con obras desde 1848 hasta 1914. Su reclamo principal es la colección de arte impresionista, que incluye famosos trabajos de Monet, Renoir, Manet y Degas, así como obras de Georges Seurat, Gauguin y Van Gogh.

En 1986, 47 años después de su clausura como estación central de ferrocarril, el soberbio edificio decimonónico de Victor Laloux abrió sus puertas como Musée d'Orsay. Encargado originalmente por la compañía férrea Orléans para ser su terminal parisina, en los años setenta se evitó su demolición después de ser calificado como edificio histórico. Durante su conversión en museo se conservó gran parte de la arquitectura original. Esta colección se creó para presentar los estilos artísticos del periodo de 1848 a 1914 en el contexto de la sociedad moderna y de las modalidades de expresión creativa entonces imperantes. Las exposiciones cambian de continuo, y en 2016 y 2019 hubo grandes donaciones de coleccionistas estadounidenses.

↑ El luminoso y amplio vestíbulo de entrada, con su techo de vidrio curvado

Hay que subir por la escalera mecánica trasera y dirigirse a la pequeña azotea para contemplar toda la ciudad.

⁅1⁆ La esfera del reloj de la quinta planta ofrece vistas del Sena hasta el Jardin des Tuileries.

⁅2⁆ *Desayuno en la hierba* (1863), de Manet, escandalizó la primera vez que se expuso.

⁅3⁆ La obra de Monet, *Desayuno en la hierba* (1865-1866), rendía homenaje a la obra de Manet con el mismo nombre.

GUÍA DEL MUSEO

La colección ocupa tres plantas y un pabellón aledaño con artes decorativas. La planta baja, con esculturas repartidas por el pasillo central, alberga obras académicas, realistas y simbolistas. Las exposiciones temporales se hacen en la planta intermedia, junto con exposiciones de obras *art nouveau* y naturalistas. La planta superior está dedicada a una notable selección de arte impresionista y posimpresionista.

←

La antigua estación de ferrocarril, diseñada por Victor Laloux para la Exposición Universal de 1900

LUGARES DE INTERÉS

2

Musée de la Légion d'Honneur

📍 G6 🏠 2 Rue de la Légion d'Honneur (Parvis du Musée d'Orsay) 75007 Ⓜ Solférino
🚆 Musée d'Orsay ⏰ 13.00–18.00 mi-do 🚫 1 ene, 1 may, 15 ago, 1 nov, 24 y 25 dic
🌐 legiondhonneur.fr

El colosal Hôtel de Salm se halla muy cerca del Musée d'Orsay. Se trata de una de las últimas grandes mansiones construidas en este barrio (1782). Su primer propietario fue el príncipe de Salm-Kyrbourg, un conde alemán guillotinado en 1794.

Actualmente el edificio alberga un museo dedicado exclusivamente a la Legión de Honor, condecoración francesa instituida por Napoleón. A los galardonados

con este mérito se les coloca una medalla roja en el ojal. La extraordinaria colección de medallas e insignias se completa con pinturas y en una de las salas se exhibe la Legión de Honor de Napoleón con su espada y peto.

El museo expone condecoraciones de casi todo el mundo, entre ellas la Cruz de la Victoria británica y el Corazón Púrpura estadounidense.

3

Académie Française

📍 H7 🏠 23 Quai de Conti 75006 Ⓜ Pont Neuf, St-Germain-des-Prés
🌐 academie-francaise.fr

Este edificio barroco de 1688 se construyó como una escuela para jóvenes

💬 CONSEJO DK
Mega- *macaron*

Merece la pena probar los *macarons*, como los de jazmín y fresa salvaje, en la tienda de Pierre Hermé, en Rue Bonaparte, cerca de St-Germain-des-Prés.

aristócratas y se cedió al Instituto de Francia en 1805. Su arquitecto, Louis Le Vau, diseñó la característica cúpula para que no desentonara con la del Palais du Louvre.

La Academia Francesa es la más antigua de las cinco que componen el Instituto. La fundó en 1635 el cardenal Richelieu, y su cometido es la regulación del idioma francés, la toma de decisiones sobre el vocabulario y la gramática aceptadas y la

compilación de un diccionario oficial de francés. Desde su origen se restringió a 40 el número de miembros cuyo compromiso vitalicio es trabajar en el diccionario. El edificio solo está abierto al público durante las Journées du Patrimoine (Días del Patrimonio), el tercer fin de semana de septiembre.

École Nationale Supérieure des Beaux-Arts

◉ H7 ◓ 13 Quai Malaquais y 14 Rue Bonaparte 75006
Ⓜ St-Germain-des-Prés
Ⓦ beauxartsparis.com

La Escuela Nacional Superior de Bellas Artes goza de una ubicación privilegiada en la esquina de la Rue Bonaparte y el Quai Malaquais. Cuenta con varios edificios, entre los cuales destaca el Palais des Études, del siglo XIX.

Innumerables pintores y arquitectos en ciernes, franceses y extranjeros, han estudiado en esta escuela. A lo largo del pasado siglo se matricularon sobre todo jóvenes arquitectos estadounidenses. Se pueden ver obras de su colección en exposiciones regulares; ver página web.

Musée Eugène Delacroix

◉ H7 ◓ 6 Rue de Fürstemberg 75006
Ⓜ St-Germain-des-Prés, Mabillon ◷ 9.30-17.30 mi-lu, conviene reservar
◷ 1 ene, 1 may, 25 dic
Ⓦ musee-delacroix.fr

El destacado pintor romántico e inconformista Eugène Delacroix, conocido por sus lienzos coloridos y apasionados, residió y trabajó aquí desde 1857 hasta su muerte, en 1863. Aquí pintó *El entierro de Cristo* y *El camino de la Cruz,* que hoy se exhiben en el museo. También creó soberbios murales para la capilla de los Ángeles Santos, en la cercana iglesia de St-Sulpice *(p. 243),* uno de los motivos por los que se instaló en esta zona. Los aposentos y el estudio de la primera planta y el jardín integran actualmente este museo, que organiza regularmente exposiciones con obras de Delacroix. Hay retratos, autorretratos, bocetos de futuros trabajos y distintos recuerdos del artista.

El encanto del jardín se refleja en la diminuta plaza Fürstemberg, que con sus paulonias de flores púrpuras y sus antiguas farolas constituye uno de los rincones más románticos de la ciudad de París.

La Académie Française, juez último de la lengua y la gramática francesas

St-Germain-des-Prés

◉ H7 ◓ 3 Pl St-Germain-des-Prés 75006
Ⓜ St-Germain-des-Prés
◷ 9.30-20.00 do y lu, 8.30-20.00 ma-sá Ⓦ eglise-saintgermaindespres.fr

Los orígenes de esta iglesia, la más antigua de París, se remontan al año 542, cuando el rey Childeberto construyó una basílica para albergar reliquias sagradas. Más tarde se convirtió en una poderosa abadía benedictina, que fue clausurada en la Revolución francesa, durante la cual muchos edificios quedaron asolados por las llamas. La iglesia actual data del siglo XI y fue restaurada en el siglo XIX. El interior combina diferentes estilos arquitectónicos, con columnas de mármol del siglo VI, bóvedas góticas y arcos románicos. Entre las tumbas ilustres figuran la de René Descartes.

TOP 5 CALLES COMERCIALES

Rue Lobineau
◉ H8
Alberga el mercado de alimentos de St-Germain.

Rue Bonaparte
◉ H8
Llena de tiendas estilosas, incluida Pierre Hermé.

Rue du Bac
◉ G7
Infinidad de pastelerías y tiendas de chucherías.

Rue de Sèvres
◉ G8
Ubicación de Le Bon Marché *(p. 243),* los primeros grandes almacenes de París.

Rue de Buci
◉ H8
Una antigua calle comercial con cafeterías y tiendas atractivas.

7

Monnaie de Paris

◉ H7 ⌂ 11 Quai de Conti 75006 Ⓜ Pont Neuf, Odéon ◷ 11.00–18.00 ma-do (hasta 21.00 mi) ⊘ 1 ene, 1 may, 25 dic ⊞ monnaiedeparis.fr

Cuando Luis XVI decidió reubicar la casa de la moneda a finales del siglo XVIII, se le ocurrió la idea de organizar un concurso de diseño para el nuevo edificio; el resultado fue el actual Hôtel des Monnaies. Se completó en 1775 y y su arquitecto fue Jacques Antoine.

En la mansión se acuñaron monedas hasta 1973, fecha en la que se trasladó el proceso a Pesac, en la Gironde. Se puede visitar todo el complejo, incluidos los patios interiores, el jardín y su museo, el Musée du 11 Conti.

En torno a un espacio público tranquilo y rodeado de talleres de artistas, la galería se centra en la historia de las monedas. También se celebran habitualmente exposiciones de arte contemporáneo, así como talleres para familias o para adultos, en los que se hacen monedas de chocolate. Hay tiendas, en las que se venden trabajos artesanos, un restaurante gastronómico dirigido por el chef Guy Savoy y una cafetería más informal.

Una prensa para acuñar moneda en el Musée du 11 Conti

¿Lo sabías?

Se pueden encontrar restos de la vieja muralla de París en la tienda de chocolate del Cour du Commerce St-André.

8

Rue St-André-des-Arts

◉ J8 ⌂ 75006 Ⓜ St-Michel, Odéon

Desde la Place St-André-des-Arts, donde estaba la iglesia que daba nombre a la plaza, esta callecita presume de tener infinidad de monumentos históricos. En 1179 llevaba a la puerta de la ciudad de la antigua muralla Philippe Auguste. En el siglo XVII, la mansión del nº 27 fue propiedad del geógrafo de Luis XIII, mientras que en el nº 49 vivieron en el siglo XIX el gramático y enciclopedista Pierre Larousse. Apartándose hacia el sur de la Rue St-André-des-Arts está el adoquinado Cour du Commerce.

9

Cour du Commerce St-André

◉ J8 ⌂ 75006 Ⓜ Odéon

El nº 9 está marcado por un tétrico pasado, dado que fue aquí donde, al parecer, el doctor Guillotin perfeccionó su "máquina de decapitación filantrópica". En realidad, aunque Guillotin la ideó, el responsable de poner en funcionamiento

Los pintorescos encantos ↑ del Cour du Commerce St-André, al anochecer

el invento fue el doctor Antoine Louis, un cirujano parisino. Es por ello que cuando se utilizó por primera vez la guillotina en 1792 se la denominó *louisette*.

10

Le Procope

◉ J8 ⌂ 13 Rue de l'Ancienne-Comédie 75006 Ⓜ Odéon ◷ 12.00–24.00 diario (hasta 1.00 ju-sá) ⊞ procope.com

Fundado en 1686 por el siciliano Francesco Procopio dei Coltelli, este café reivindica ser el más antiguo del mundo. Enseguida se hizo muy popular entre la élite política y cultural.

Entre sus ilustres clientes figuraba el filósofo Voltaire, que, según se cuenta, se bebía 40 tazas de su mezcla favorita de café y chocolate a diario. El joven Napoleón solía dejar como fianza su sombrero mientras iba a buscar dinero para pagar la cuenta. Le Procope es ahora un restaurante de estilo siglo XVIII que sirve *coq au vin* y otros platos de *brasserie*.

13

Café de Flore

 H7 ⌂ 172 Blvd St-Germain 75006 Ⓜ St-Germain-des-Prés ⏰ 7.30-1.30 diario Ⓦ cafedeflore.fr

Su clásico interior *art déco* ha cambiado poco desde la Segunda Guerra Mundial. Igual que su rival, Les Deux Magots *(p. 244)*, lo frecuentaron la mayoría de los intelectuales franceses durante los años de posguerra.

Semilla
La carta ofrece platos para compartir y cocina fresca e innovadora con ingredientes locales.

 H7 ⌂ 54 Rue de Seine 75006 Ⓦ semillaparis.com

€€€

Le Comptoir du Relais
Un *bistro* fundamental en la zona por su imaginativa cocina francesa, tanto a la hora de la comida como en las cenas.

 H8 ⌂ 9 Carrefour de l'Odéon 75006 Ⓦ hotel-paris-relais-saint-germain.com

€€€

Ze Kitchen Galerie
Cocina francesa con toques de inspiración internacional en este restaurante tranquilo con una estrella Michelin.

 J7 ⌂ 4 Rue des Grands Augustins 75006 ⏰ sá, do Ⓦ zekitchengalerie.fr

€€€

11

St-Sulpice

 H8 ⌂ 2 Rue Palatine, Pl St-Sulpice 75006 Ⓜ St-Sulpice ⏰ 8.00-19.45 diario Ⓦ paroissesaint sulpice.paris

Desde 1646 se tardó más de un siglo en construir esta imponente iglesia. El resultado es una sencilla fachada de planta doble con dos hileras de columnas que mira al oeste. Solo las torres rompen con la armonía del conjunto.

Las ventanas arqueadas llenan de luz el interior. Junto a la entrada principal hay dos caracolas, que la República de Venecia regaló a Francisco I, que descansan sobre bases realizadas por el escultor Jean-Baptiste Pigalle.

La capilla lateral luce tres magníficos murales de Eugène Delacroix: *Jacob luchando con el ángel*, *Heliodoro expulsado del templo* y *San Miguel y el dragón*. En ocasiones se organizan recitales de órgano. Hay visitas guiadas habituales a la iglesia y la capilla; consultar la página web.

12

Le Bon Marché

H7 ⌂ 24 Rue de Sèvres 75007 Ⓜ Sèvres-Babylone ⏰ 10.00-19.45 lu-sá, 11.00-20.00 do Ⓦ lebonmarche.com

Con hasta 15.000 clientes al día, "El Buen Mercado"(o "La Ganga") es el gran almacén más sofisticado de París con su oferta de artículos de lujo y alimentos *gourmet* en su anexo, La Grande Épicerie, en el nº 38 de Rue de Sèvres. La sección de ropa de diseño está bien surtida, los complementos de lujo son excelentes y la ropa de hogar de marca propia ofrece una buena relación calidad-precio.

Le Bon Marché es el gran almacén más antiguo del mundo. Fundado en 1852 por Aristide Boucicaut y su esposa, los Boucicaut utilizaron su agudo talento para el negocio e introdujeron varias prácticas innovadoras para aquella época como precios fijos, rebajas, reparto a domicilio, publicidad y garantías –desde entonces consideradas estándar–. Diseñado por Louis-Charles Boileau y Gustave Eiffel, Le Bon Marché es un interesante referente arquitectónico.

Les Deux Magots

◖H7 **⌂6 Pl St-Germain-des-Prés 75006**
Ⓜ St-Germain-des-Prés
◷7.30am-1.00 diario
⌕una semana en enero
Ⓦlesdeuxmagots.com

Fundado en 1914, a este café aún lo avala su reputación como lugar de reunión de la élite literaria e intelectual de la ciudad: artistas y escritores surrealistas, entre ellos Ernest Hemingway, en los años veinte y treinta, y filósofos y autores existencialistas en los años cincuenta.

Entre su clientela actual figuran más turistas y curiosos que nuevos talentos. El nombre del café procede de las dos figuras de madera de mercaderes chinos (*magots*) que adornan uno de los pilares. Es un excelente lugar para saborear un tradicional chocolate caliente o una tortilla francesa y observar el ambiente desde la terraza.

Musée Maillol

◖G7 **⌂59/61 Rue de Grenelle 75007** **Ⓜ Sèvres-Babylone, Rue du Bac**
◷10.30-18.30 diario (hasta 22.00 mi) **⌕1 ene, 25 dic**
Ⓦmuseemaillol.com

La artífice de este museo, antigua residencia del novelista Alfred de Musset, fue Dina Vierny, ex modelo de Aristide Maillol, en un edificio del siglo XVIII que antes era un convento. Aquí se exponen ejemplos de la variada obra del artista: dibujos, grabados, pinturas, esculturas y objetos de decoración. Se exhibe también la colección personal de Vierny, donde se mezclan

Hôtel de Saint Germain
La ubicación es lo mejor de este hotel sencillo, sin florituras, pero bien diseñado.

◖G8 **⌂50 Rue du Four 75006** **Ⓦhotel-de-saint-germain.fr**

€€€

Relais Christine
Un edificio de lujo con *spa* para los huéspedes que buscan algún tratamiento de belleza.

◖J7 **⌂3 Rue Christine 75006**
Ⓦrelais-christine.com

€€€

Hôtel Récamier
Elegancia y confort a medida en este pequeño establecimiento encajado tras St-Sulpice.

◖H8 **⌂3B Place St-Sulpice 75006**
Ⓦhotelrecamier.com

€€€

Por la noche, iluminado de vez en cuando por los *Bateaux Mouches* que pasan por debajo, el Pont des Arts es un lugar especialmente romántico para pasear o hacer un pícnic en los meses más cálidos.

obras naifs y trabajos de Matisse, Picasso y Rodin. El museo programa exposiciones de arte temporales con regularidad, normalmente sobre temas y artistas vinculados con Maillol.

La fuente de Bouchardon, La Fontaine des Quatre Saisons, construida en 1739-1745, delante de la casa, está decorada con figuras alegóricas de París y las cuatro estaciones.

16
Deyrolle

📍 G7 🏠 46 Rue du Bac 75005
Ⓜ Rue du Bac
🕐 10.00-19.00 lu-sá
🌐 deyrolle.com

Este lugar, una institución parisina desde 1831, era muy valorado por artistas como Dalí y es una especie de galería de curiosidades que aún deleita a todo aquel que cruza su puerta. Al principio era una taxidermia, pero con el paso de los años evolucionó y parte de su cometido es ahora concienciar sobre la conservación de la vida salvaje. Sin embargo, el visitante

El Pont des Arts, con sus fabulosas vistas del Institut de France

ocasional puede disfrutar sin más de la colección de animales disecados, desde gigantescos elefantes o rinocerontes hasta las aves y los crustáceos más delicados. Hay un amplio abanico de insectos en expositores. Escarabajos iridiscentes y coloridas mariposas junto a aterradoras tarántulas y escorpiones. Todo está a la venta, la mayoría a un precio muy decente teniendo en cuenta la calidad.

17
Pont des Arts

📍 H7 🏠 75006
Ⓜ Louvre-Rivoli

Llamada a veces Passerelle des Arts, este pintoresco puente de hierro, parte de la ribera parisi-na nominada por la Unesco, ha sido llamado casi siempre en los últimos años "El Puente de los Candados". Su apodo alude a la costumbre ya prohibida de las parejas de colocar candados aquí para dejar testimonio de su amor; hubo que prohibir esta práctica porque los candados pesaban mucho y empezaron a deteriorar la estructura. Recuperado y restaurado ya tras la retirada de casi un millón de candados que pesaban 45 toneladas, se ha devuelto a este puente peatonal construido en época de Napoleón entre 1801 y 1804 su esplendor decimonónico. Fue el primer puente de hierro de París y conecta el Institut de France con el Louvre y ofrece vistas espléndidas de la Île de la Cité desde el río. Por la noche, iluminado de vez en cuando por los *Bateaux Mouches* que pasan por debajo, el Pont des Arts es un lugar especialmente romántico para pasear o hacer un pícnic en los meses más cálidos.

LOS FAMOSOS CAFÉS DE PARÍS

Una de las imágenes típicas de París son sus característicos cafés. Para los visitantes impera la romántica visión de los grandes artistas, escritores e intelectuales reunidos en cualquiera de los famosos cafés de la orilla izquierda. Para los parisinos los cafés son un elemento más en su vida cotidiana, un lugar donde citarse, tomar algo y reunirse con los amigos, realizar gestiones, leer o simplemente observar a la gente.

Los cafés más famosos se encuentran en la orilla izquierda, en St-Germain y Montparnasse. Sartre y sus colegas intelectuales, entre ellos los escritores Simone de Beauvoir o Albert Camus, se reunían para trabajar y discutir en Les Deux Magos y en el Café de Flore.

↑ Les Deux Magots, donde solía reunirse la élite literaria e intelectual

UN PASEO
ST-GERMAIN-DES-PRÉS

Distancia 1,5 km **Metro** St-Germain-des-Prés
Tiempo 15 minutos

Un paseo por esta zona supone seguir los pasos de algunos de los habitantes más emblemáticos de París. Después de la Segunda Guerra Mundial, St-Germain-des-Prés, con sus bares y cafés, se convirtió en el centro de la escena intelectual. Filósofos, escritores, actores y músicos se mezclaban en locales nocturnos y cervecerías, donde la filosofía existencialista coexistía con el jazz estadounidense. Hoy, el barrio es más elegante que durante el apogeo de Jean-Paul Sartre y Simone de Beauvoir, pero los escritores aún frecuentan el barrio y disfrutan del placer de la vida en los cafés.

St-Germain-des-Prés, Descartes y el rey Casimiro de Polonia, son dos de las figuras enterradas en esta iglesia, la más antigua de París (p. 241).

En la década de 1950, los intelectuales franceses discutían sobre nuevas doctrinas filosóficas en este café art déco, el Café de Flore (p. 243).

Les Deux Magots es famoso por clientes célebres como Ernest Hemingway (p. 244).

Una colorida cerámica decora la famosa Brasserrie Lipp, frecuentada antes por políticos.

0 metros   100

N ↑

BLVD ST - GERMAIN

RUE DU DRAGON

RUE DU SABOT

RUE DE RENNES

RUE BONAPARTE

RUE DU FOUR

Cafés con terraza, boutiques, cines, restaurantes y librerías caracterizan el tramo central de la calle principal de la orilla izquierda, el Boulevard St-Germain.

 ←

Les Deux Magots, en el agradable Boulevard St-Germain

Admirando las obras del pintor romántico en el Musée Eugène Delacroix

ST-GERMAIN-DES-PRÉS

Plano de situación
Para más detalles ver p. 236

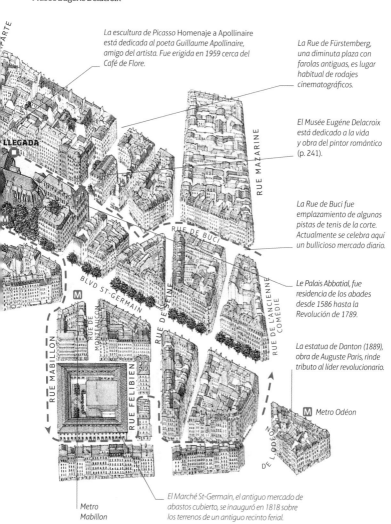

La escultura de Picasso Homenaje a Apollinaire *está dedicada al poeta Guillaume Apollinaire, amigo del artista. Fue erigida en 1959 cerca del Café de Flore.*

La Rue de Fürstemberg, una diminuta plaza con farolas antiguas, es lugar habitual de rodajes cinematográficos.

El Musée Eugène Delacroix está dedicado a la vida y obra del pintor romántico (p. 241).

La Rue de Buci fue emplazamiento de algunas pistas de tenis de la corte. Actualmente se celebra aquí un bullicioso mercado diario.

Le Palais Abbatial, fue residencia de los abades desde 1586 hasta la Revolución de 1789.

La estatua de Danton (1889), obra de Auguste Paris, rinde tributo al líder revolucionario.

LLEGADA

RUE MAZARINE

RUE DE BUCI

BLVD ST-GERMAIN

RUE DE MONTFAUCON

RUE DE SEINE

RUE DE L'ANCIENNE COMEDIE

RUE MABILLON

RUE FELIBIEN

DE L'ODÉON

Metro Odéon

Metro Mabillon

El Marché St-Germain, el antiguo mercado de abastos cubierto, se inauguró en 1818 sobre los terrenos de un antiguo recinto ferial.

QUARTIER LATIN

Situado en la *Rive gauche*, el barrio latino abarca
el 5º y parte del 6º *arrondissement* y es una de
las zonas más antiguas y célebres de París
(de hecho, la Rue St-Jacques fue la primera calle
de la ciudad). Este animado barrio con encanto
bohemio surgió en la Edad Media como un barrio de
estudiantes, gracias a la universidad de La Sorbona,
que atraía estudiosos de toda Europa. Buena parte
de la personalidad de esta zona se consolidó en esa
época, cuando se convirtió en un laberinto de
callejuelas adoquinadas que llevaban a jardines
e iglesias. El barrio latino fue el centro de los
disturbios que estallaron en protestas estudiantiles
y huelgas obreras en mayo de 1968, pero desde
entonces, el Boulevard St-Michel, la espina dorsal
de la zona, se ha volcado cada vez más en el
comercio y no en las manifestaciones. Hoy hay
tiendas baratas y establecimientos de comida
rápida y las calles adoquinadas son peatonales y
están repletas de pequeños cafés, tiendas de todo
el mundo y librerías de segunda mano.

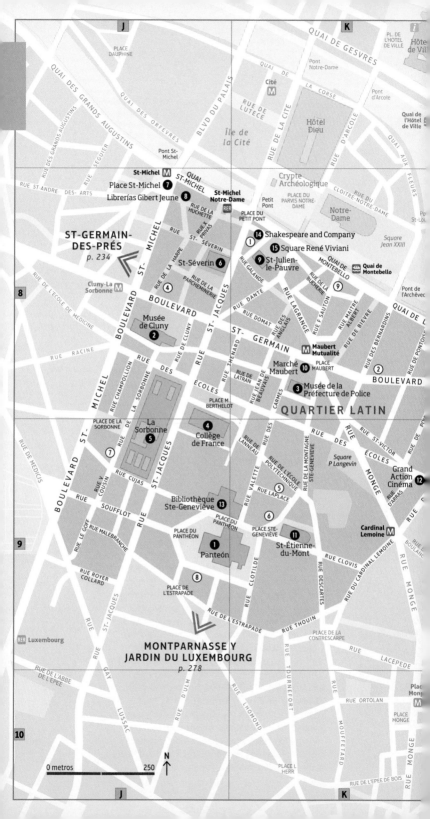

J

PLACE DAUPHINE

QUAI DES GRANDS AUGUSTINS

QUAI DES ORFEVRES

BLVD DU PALAIS

Pont St-Michel

RUE ST ANDRE DES- ARTS

RUE DES GRANDS AUGUSTINS

RUE SEGUIER

RUE ST ANDRE

St-Michel M

Place St-Michel **7**

Librerías Gibert Jeune **8**

QUAI ST-MICHEL

St-Michel Notre-Dame RER

RUE DE LA HUCHETTE

RUE X PRIVAS

RUE ST- SEVERIN

ST-GERMAIN-DES-PRÉS
p. 234

RUE DE LA HARPE

RUE

St-Séverin **6**

RUE DE LA PARCHEMINERIE

Cluny-La Sorbonne M

BOULEVARD

RUE ST- MICHEL

4

RUE DE L'ECOLE DE MEDICINE

8

Musée de Cluny **2**

BOULEVARD

RUE DE CLUNY

ST- JACQUES

RUE RACINE

RUE

DES

ÉCOLES

ST- GERMAIN

RUE THENARD

RUE DE LATRAN

RUE JEAN DE BEAUVAIS

RUE DES CARMES

PLACE M BERTHELOT

K

QUAI DE GESVRES

PL. DE L'HOTEL DE VILLE

Hôtel de Vil·

Pont Notre-Dame

QUAI DE

LA CORSE

Pont d'Arcole

Cité M

RUE DE LUTECE

RUE DE LA CITÉ

Hôtel Dieu

QUAI D'ARCOLE

Quai de l'Hôtel &
de Ville

Île de la Cité

Crypte Archéologique

PLACE DU PARVIS NOTRE-DAME

Notre-Dame

CLOITRE-NOTRE-DAME

RUE DU

Petit Pont

PLACE DU PETIT PONT

14 Shakespeare and Company

1

15 Square René Viviani

9 St-Julien-le-Pauvre

RUE GALANDE

QUAI DE MONTEBELLO

Quai de Montebello

Square Jean XXIII

Po St-Lo

RUE DE LA BUCHERIE

9

RUE LAGRANGE

RUE DANTE

RUE DOMAT

RUE DES ANGLAIS

RUE F SAUTON

RUE MAITRE ALBERT

RUE DE BIEVRE

Pont de l'Archêvec

QUAI DE MONTEBELLO

RUE DES BERNARDINS

QUAI DE L

RUE DE PONTOISE

M **Maubert Mutualité**

Marché Maubert **10**

PLACE MAUBERT

2

BOULEVARD

Musée de la **3** Préfecture de Police

QUARTIER LATIN

PLACE DE LA SORBONNE

La Sorbonne **5**

7

RUE CHAMPOLLION

RUE DE LA SORBONNE

RUE CUJAS

ST- JACQUES

Collège de France **4**

RUE DE LANNEAU

RUE DES

RUE VALETTE

RUE DE L'ECOLE POLYTECHNIQUE

RUE DE LA MONTAGNE STE-GENEVIEVE

RUE DES ÉCOLES

RUE ST-VICTOR

RUE

Square P Langevin

Grand Action Cinéma **12**

RUE D'ARRAS

RUE DE

RUE MONGE

BOULEVARD

RUE

RUE MEDICIS

RUE V COUSIN

SOUFFLOT

RUE

ST- JACQUES

RUE LAPLACE

5

6

Bibliothèque Ste-Geneviève **13**

PLACE DU PANTHÉON

PLACE DU PANTHÉON

Panteón **1**

PLACE STE-GENEVIEVE

St-Étienne-du-Mont

11

RUE CLOVIS

Cardinal Lemoine M

RUE DU CARDINAL LEMOINE

RUE DE BOULAN

RUE MONGE

RUE LE GOFF

RUE MALEBRANCHE

RUE ROYER COLLARD

RER Luxembourg

RUE CLOTILDE

8

PLACE DE L'ESTRAPADE

RUE DE L'ESTRAPADE

RUE DESCARTES

RUE THOUIN

PLACE DE LA CONTRESCARPE

RUE

LACEPEDE

MONTPARNASSE Y JARDIN DU LUXEMBOURG
p. 278

RUE ST-JACQUES

RUE GAY

LUSSAC

RUE DE L'ABBE DE L'EPEE

RUE D'ULM

RUE L'HOMOND

RUE TOURNEFORT

RUE

RUE MOUFFETARD

RUE ORTOLAN

Plac Mong M

PLACE MONGE

PLACE L HERR

RUE DE L'EPEE DE BOIS

N↑

0 metros   250

J

K

QUARTIER LATIN

Esencial
1 Panteón

Lugares de interés
2 Musée de Cluny
3 Musée de la Préfecture de Police
4 Collège de France
5 La Sorbonne
6 St-Séverin
7 Place St-Michel
8 Librerías Gibert Jeune
9 St-Julien-le-Pauvre
10 Marché Maubert
11 St-Étienne-du-Mont
12 Grand Action Cinéma
13 Bibliothèque Ste-Geneviève
14 Shakespeare and Company
15 Square René Viviani

Dónde comer
1 Shakespeare and Co Café
2 Chez Gladines
3 La Tour d'Argent

Dónde beber
4 Monk Le Taverne de Cluny
5 Le Piano Vache
6 Le Bombardier

Dónde dormir
7 Hôtel Design Sorbonne
8 Hôtel des Grands Hommes
9 Les Degrés de Notre-Dame

1 🔁 Ⓜ

PANTEÓN

📍 J9 🏛 Pl du Panthéon Ⓜ Cardinal Lemoine, Maubert-Mutualité
🚌 84 a Panthéon; 21, 27, 38, 82, 85, 89 a Gare du Luxembourg
🚆 Luxembourg 🕐 10.00-18.30 diario (oct-mar: hasta 18.00); Cúpula: abr-oct
📅 1 ene, 1 may, 1 y 11 nov, 25 dic 🌐 paris-pantheon.fr

El Panteón de París, inspirado en el de Roma, se construyó originalmente para ser una iglesia. Hoy, este edificio público ofrece un lugar de descanso eterno adecuado para las grandes figuras de la nación.

Cuando Luis XV se recuperó de una grave enfermedad en 1744, estaba tan agradecido por seguir vivo que concibió una magnífica iglesia en honor de santa Genoveva. Confió el proyecto al arquitecto francés Jacques-Germain Soufflot, que diseñó una iglesia de estilo neoclásico. Las obras se iniciaron en 1757 y se completaron en 1790, 10 años después de la muerte de Soufflot, bajo la supervisión de Guillaume Rondelet. Pero, con la Revolución a las puertas, la iglesia no tardó en convertirse en un panteón, un lugar para las tumbas de las ilustres figuras de Francia. Napoleón lo devolvió a la Iglesia en 1806, posteriormente fue secularizado y nuevamente consagrado hasta que, finalmente, en 1885, se convirtió en un edificio cívico.

← Las columnas que rodean la bóveda son decorativas y a la vez forman parte de un ingenioso sistema de sustentación

ILUSTRES EN EL PANTEÓN

El orador Honoré Mirabeau fue la primera figura francesa enterrada aquí (más tarde, durante el mandato revolucionario de Robespierre, su gloria se esfumó y sus restos se retiraron). Le siguió Voltaire y después Jean-Jacques Rousseau, Victor Hugo o Émile Zola. En la década de 1970 se trasladaron aquí los restos de Jean Moulin, líder de la Resistencia durante la guerra, en 1995 los restos de Pierre y Marie Curie, y en 2002 los de Alejandro Dumas. En 2015 ocuparon su lugar en el Panteón otros cuatro luchadores de la Resistencia, dos de ellos mujeres.

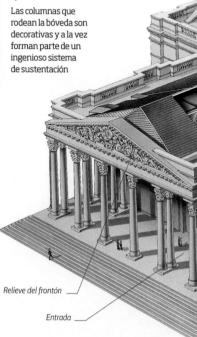

Relieve del frontón

Entrada

EXPLORA Quartier Latin

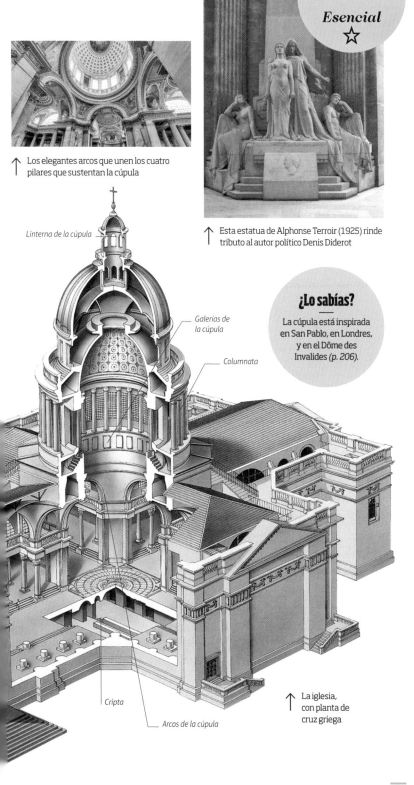

Los elegantes arcos que unen los cuatro pilares que sustentan la cúpula

Esta estatua de Alphonse Terroir (1925) rinde tributo al autor político Denis Diderot

Linterna de la cúpula

¿Lo sabías?

La cúpula está inspirada en San Pablo, en Londres, y en el Dôme des Invalides *(p. 206)*.

Galerías de la cúpula

Columnata

Cripta

Arcos de la cúpula

La iglesia, con planta de cruz griega

←
Colección de escudos y armaduras exquisitamente decoradas en el Musée de Cluny

de personajes como el famoso revolucionario Danton, y una muestra un tanto sobria de armas y herramientas utilizadas por famosos criminales. Hay también una sección dedicada al papel que desempeñó la policía en la Resistencia y posterior liberación de París.

LUGARES DE INTERÉS

Musée de Cluny

📍 J8 🏠 28 Rue du Sommerard 75005 Ⓜ Cluny-La Sorbonne, Odéon, St-Michel 🕐 9.30-18.15 ma-do 🌐 musee-moyenage.fr

El Museo Nacional de la Edad Media está emplazado en la antigua casa de los abades de Cluny, l'Hotel de Cluny. Rodeado de jardines medievales recreados de acuerdo con la época, este museo constituye una combinación única de restos galorromanos

Estatua de Guillaume Budé en Collège de France

incorporados a una mansión medieval, con asombrosos toques arquitectónicos modernos, y atesora una de las colecciones de arte medieval más espléndidas. Entre lo más destacable figura por ejemplo *La dama y el unicornio*, una serie de seis hermosos tapices o la Galería de los reyes, que contiene 22 de las 27 cabezas de piedra originales de los Reyes de Judá (esculpidas hacia 1220 y trasladadas desde Notre-Dame en el siglo XVIII).

Musée de la Préfecture de Police

📍 K8 🏠 4 Rue de la Montagne Ste-Geneviève 75005 📞 01 44 41 52 50 Ⓜ Maubert-Mutualité 🕐 9.30-17.00 lu-vi, 10.30-17.00 3er sá del mes 🔒 do y festivos

En este pequeño museo se ilustra la cara oscura de la historia de París. Fundado en 1909, documenta la evolución de la policía parisina desde la Edad Media hasta el siglo XX. Entre las curiosidades expuestas figuran órdenes de arresto

←

Collège de France

📍 J9 🏠 11 Pl Marcelin-Berthelot 75005 Ⓜ Maubert-Mutualité 🕐 sep-jun: 9.00-18.00 lu-vi 🔒 vacaciones escolares 🌐 college-de-france.fr

El Colegio de Francia, una de las grandes instituciones de investigación y enseñanza de París, fue fundado por Francisco I en 1530. Bajo las directrices del humanista Guillaume Budé, el rey pretendía contrarrestar la rigidez y el tradicionalismo de la Sorbona. En el patio oeste se erige una estatua de Budé, y en la inscripción de la antigua entrada del colegio pone: *docet omnia* (enseña todas las cosas). Las conferencias son gratuitas y se permite la entrada al público; consultar la web para más información.

🔍 CURIOSIDADES
Las termas de Cluny

Estos baños romanos fueron construidos a finales del siglo I. En el siglo XIV los monjes de Cluny construyeron una abadía sobre sus ruinas y hoy en día se pueden ver como parte de la visita al Musée de Cluny.

5
La Sorbonne

📍 J9 🏠 1 Rue Victor Cousin 75005 Ⓜ Cluny-La Sorbonne, Odéon 🌐 sorbonne-universite.fr

La Sorbona, sede de la Universidad de París, fue fundada en 1253 por Robert de Sorbon, confesor de Luis IX, para que 16 jóvenes humildes estudiasen teología. La escuela no tardó en convertirse en el centro de la teología escolástica. En 1469, el rector encargó traer de Maguncia tres máquinas de impresión, fundando así la primera imprenta de Francia. La oposición de la escuela a la filosofía liberal del siglo XVIII condujo a su cierre durante la Revolución, aunque Napoleón volvió a abrir sus puertas en 1806. Los edificios construidos por Richelieu en el siglo XVII fueron sustituidos por los actuales a excepción de la capilla. La visita guiada se puede reservar por e-mail con antelación.

→
La capilla de La Sorbonne con su elegante cúpula

6
St-Séverin

📍 J8 🏠 3 Rue des Prêtres-St-Séverin 75005 Ⓜ St-Michel 🕐 9.30-13.00 y 14.00-19.30 lu-sá, 9.00-13.00 y 15.00-20.00 do 🌐 saint-severin.com

Esta iglesia, una de las más hermosas de París, en la que se organizan populares conciertos, fue llamada así por Saint-Séverin, un ermitaño que vivió en la zona en el siglo VI, y constituye un magnífico ejemplo de estilo gótico flamígero. La construcción finalizó a comienzos del siglo XVI con un doble deambulatorio que rodea el presbiterio. En 1864, la Grande Mademoiselle (Ana María Luisa de Orleans, duquesa de Montpensier), prima de Luis XIV, se encargó de St-Séverin tras romper con su parroquia, St-Sulpice, y renovó el presbiterio.

Shakespeare and Co Café
Delante de la famosa librería se puede tomar un café y degustar sus tartas (p. 258).

📍 K8 🏠 37 Rue de la Bûcherie 75005 🌐 shakespeareand company.com

€€€

Chez Gladines
Sencillos y suculentos platos franceses a buen precio.

📍 K8 🏠 44 Blvd St-Germain 75005 🌐 chezgladinesparis.fr

€€€

La Tour d'Argent
Hay que probar el legendario pato en este restaurante histórico muy querido por Enrique IV.

📍 L8 🏠 15 Quai de la Tournelle 75005 🚫 do, lu 🌐 tourargent.com

€€€

➐
Place St-Michel

◉ J8 🏠 75005 Ⓜ St-Michel

Esta plazoleta, situada en un concurrido cruce a la orilla del Sena, es un habitual lugar de encuentro para parisinos y visitantes. Creada en 1855, está dominada por una fuente con la estatua de San Miguel matando a Satanás. La mezcla de materiales y motivos de la obra provocó inicialmente ciertas críticas y fue la última fuente monumental incorporada en un edificio, concluyendo así el estilo renacentista aportado a París por Catalina de Médici. La fuente, originalmente, iba a ser un homenaje a Napoleón Bonaparte pero los concejales de la ciudad finalmente decidieron no provocar las pasiones reaccionarias de los antibonapartistas. Hoy en día la fuente proporciona una agradable bienvenida a los visitantes que cruzan al Quartier Latin desde la Île St-Louis. El entorno de la plaza está lleno de cafés y librerías

frecuentadas por los estudiantes de la universidad.

➑
Librerías Gibert Jeune

◉ J8 🏠 varias direcciones, Quai St-Michel 75005 Ⓜ St-Michel ⏰ 10.00–19.00 lu–sá 🌐 gibertjeune.fr

El profesor emérito Joseph Gibert abrió su primera tienda en 1886 después de haber empezado a vender libros junto a otros *bouquinistes* (vendedores con puestos de cajas verdes que venden sus libros de segunda mano en las orillas del Sena) en el Quai St-Michel. Los hijos del señor Gibert continuaron con la tradición familiar y abrieron varias tiendas bajo el mismo nombre. en el distrito V vendiendo libros nuevos y de segunda mano. Por desgracia, tras el descenso de las ventas por la pandemia, el emblemático buque insignia de las librerías francesas en la Place

300.000
—
libros se encuentran en las cajas verdes de los *bouquinistes* a las orillas del Sena.

St-Michel ha cerrado, pero los amantes de los libros pueden seguir visitando las dos tiendas que quedan abiertas en el Quai St-Michel. Además, se pueden buscar las tiendas de Gilbert Joseph en el Boulevard St-Michel.

➒
St-Julien- le-Pauvre

◉ K8 🏠 79 Rue Galande 75005 📞 01 43 54 52 16 Ⓜ St-Michel 🚆 St-Michel-Notre-Dame ⏰ 9.30–13.30, 14.00–18.30 diario

Se cree que al menos tres santos pueden ser los patrones de esta iglesia, pero el más probable es san Julián el Hospitalario. Es una de las iglesias más antiguas de París, data de entre 1165 y

→ La fuente monumental de la Place St-Michel

↑ La Iglesia St-Étienne-du-Mont con elementos góticos y renacentistas

1220. La universidad celebró aquí sus reuniones oficiales hasta 1524, cuando una protesta estudiantil provocó tantos daños que el Parlamento prohibió organizar futuros encuentros universitarios en ella. Desde 1889 pertenece a una rama de la Iglesia ortodoxa griega y organiza conciertos de música de cámara y sacra.

Marché Maubert

Q K8 **Place Maubert 75005** **7.00-14.30 ma y ju, 7.00-15.00 sá** **M Maubert-Mutualité**

Este mercado callejero, de 1547, muy popular entre los parisinos, es uno de los más antiguos de la ciudad. Inicialmente, la plaza sirvió a los cocheros para verter su basura creando así un hedor realmente nauseabundo que repelió a muchos de los habitantes de la zona. Más tarde, en el siglo XVI, el lugar fue saneado y utilizado para ejecuciones públicas con

horcas y ruedas. En el siglo XIX, la plaza volvió a su uso comercial e incluía un mercadillo especial en el que los mendigos vendían tabaco sin usar recogido por las calles. Hoy en día se trata de un mercado totalmente saludable, con productos ecológicos, quesos o jamones.

St-Étienne-du-Mont

Q K9 **Pl Ste-Geneviève 75005** **M Cardinal Lemoine** **los horarios pueden variar, consultar la web para más información** **w saintetiennedumont.fr**

Además del altar de santa Genoveva, patrona de París, esta notable iglesia alberga los restos de dos grandes figuras literarias, el dramaturgo Jean Racine y el matemático, físico y filósofo Blaise Pascal. Algunos elementos son de estilo gótico y otros datan del Renacimiento, entre ellos una magnífica reja que cruza la nave como un puente. Las vidrieras son imponentes.

Hôtel Design Sorbonne

Céntrico y con estilo, este hotel con encanto está en una magnífica ubicación.

Q J9 **6 Rue Victor Cousin 75005** **w hotelsorbonne.com**

€€€

Hôtel des Grands Hommes

Este hotel ofrece la elegancia y grandeza del siglo XIX.

Q J9 **17 Place du Panthéon 75005** **w hoteldesgrands hommes.com**

€€€

Les Degrés de Notre-Dame

Sencillo, céntrico y con estilo, justo enfrente de Notre-Dame.

Q K8 **10 Rue des Grands Degrés 75005** **01 55 42 88 88**

€€€

12

Grand Action Cinéma

📍 K9 🏠 5 Rue des Écoles 75005 Ⓜ Cardinal Lemoine, Jussieu 🌐 legrandaction.com

En pleno Quartier Latin, esta pequeña e independiente sala propone una de las experiencias cinematográficas más excitantes de París. El lugar fue originalmente empleado como una cancha de balonmano y después como lugar de reuniones revolucionarias y sala de baile. Hoy se proyecta cine de todos los géneros, desde películas de autores independientes hasta grandes producciones nominadas a los premios Oscar. Los clubes de directores y estudiantes invitan a los profesionales del sector para charlas sobre temas tan diversos como la ciencia ficción o el cine ruso. El local solo ofrece dos salas con butacas rojas pero sigue manteniendo su popularidad frente a los grandes multicines.

13

Bibliothèque Ste-Geneviève

📍 J9 🏠 10 Place du Panthéon 75005 Ⓜ Maubert-Mutualité 🕐 10.00–22.00 lu-sá 🌐 bsg.univ-paris3.fr

Esta enorme biblioteca alberga unos dos millones de documentos rescatados de la vecina abadía de Ste-Geneviève. Para los visitantes es fácil pasar el edificio por alto, debido a su cercano y más espectacular Panteón. No obstante, esta fue la primera biblioteca de Francia construida sin ninguna conexión aparente con ningún palacio o escuela. Abierta en 1851, su arquitecto, Henri Labrouste, incorporó en su diseño un gran techo de metal y cristal que cubre la principal sala de lectura. Delante del edificio se suelen crear largas colas y es posible que sea necesario registrarse al entrar, no obstante, merece la pena entrar en este lugar tan singular.

14

Shakespeare and Company

📍 K8 🏠 37 Rue de la Bûcherie 75005 🕐 10.00–20.00 lu-sá, 12.00-19.00 do Ⓜ St-Michel 🌐 shakespeareandcompany.com

George Whitman abrió esta hoy en día emblemática librería en 1951, con el nombre original de Le Mistral. El nombre Shakespeare and Company fue cambiado en homenaje a otra librería situada en Rue de l'Odéon, que

¿Lo sabías?

Este barrio fue escenario de unos violentos enfrentamientos entre la policía y los estudiantes durante las protestas en 1968.

↑ La legendaria librería de libros en inglés fundada por George Whitman, Shakespeare and Company

Square René Viviani, el refugio perfecto para escapar del bullicio de la ciudad

pertenecíó a Sylvia Beach y fue cerrada en 1941 durante la ocupación nazi. El intento de Whitman para preservar el espíritu de la tienda de Beach, atrajo a escritores como Henry Miller y Anaïs Nin. A lo largo de los años, el dueño permitía a los jóvenes escritores dormir gratis en el lugar a cambio de leer, ayudar en la tienda y escribir un corta autobiografía. La librería sigue hoy la tradición de Whitman bajo la dirección de su hija Sylvia, llamada así en homenaje a Beach. Se organizan eventos literarios, algunos con personajes como David Sedaris. La librería es pequeña, pero está repleta de literatura contemporánea, libros sobre París y libros de viajes en inglés. Al lado hay una cafetería (p. 255) en la que uno puede sentarse con un libro en una de las mesas frente a Notre-Dame.

Shakespeare and Company permitía a los jóvenes escritores dormir gratis en la librería a cambio de leer, ayudar en la tienda y escribir una corta autobiografía.

15

Square René Viviani

🗺 K8 🏠 25 Quai de Montebello 75005 Ⓜ St-Michel, Maubert-Mutualité 🕐 8.00-17.00 lu-vi, 9.00-17.00 sá-do (hasta 20.30 verano)

Uno de los muchos rincones verdes parisinos, Square René Viviani, ofrece unas vistas de Notre-Dame únicas. El parque fue un cementerio perteneciente a la basílica del siglo VI que, en aquel entonces, ocupaba el lugar. Al lado se encuentra la iglesia St-Julien-le-Pauvre (p. 256) del siglo XII. Uno de los elementos más prominentes del parque es la falsa acacia negra (Robinia pseudoacacia) supuestamente plantada en 1601, sostenida por dos pilares de hormigón y considerada el árbol más antiguo de París, que sobrevivió incluso a los daños de algún obús durante la Primera Guerra Mundial. El nombre del parque se debe al primer ministro de trabajo francés René Viviani, quien defendió el sufragio femenino, aunque no de forma suficientemente entusiasta.

Monk La Taverne de Cluny

La cerveza artesanal también ha llegado a París y este es uno de los mejores sitios para tomarla en la orilla izquierda.

🗺 J8 🏠 1 Rue de la Harpe 75005 📞 01 43 54 28 88

Le Piano Vache

Un bullicioso bar popular entre los vecinos y estudiantes.

🗺 K9 🏠 8 Rue Laplace 75005 📞 0146 33 75 03 🕐 do

Le Bombardier

París no tiene muchos pubs que se merezcan esta denominación, pero este es, sin duda, uno de ellos.

🗺 K9 🏠 2 Place du Panthéon 75005 🌐 bombardierpub.fr

UN PASEO
QUARTIER LATIN

Distancia 2 km **Metro** Cluny–La Sorbonne
Tiempo 20 minutos

Las raíces de este barrio ribereño se remontan a los tiempos de los romanos y su nombre deriva de los antiguos estudiantes de latín. Este barrio se asocia con artistas, intelectuales y el estilo de vida bohemio, y posee un pasado de agitación política. En 1871, la Place St-Michel se convirtió en el núcleo de la Comuna de París, y en mayo de 1968 fue el escenario de las manifestaciones estudiantiles. Aunque actualmente es lo bastante chic como para que habiten aquí algunas de las clases dirigentes, el barrio sigue lleno de librerías y cafés y es un lugar idóneo para pasar una tarde.

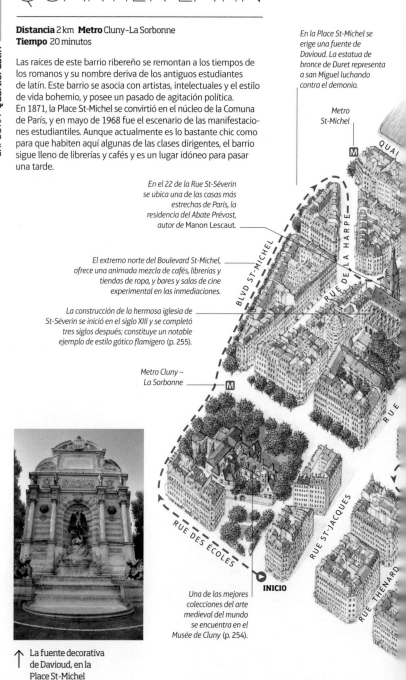

En la Place St-Michel se erige una fuente de Davioud. La estatua de bronce de Duret representa a san Miguel luchando contra el demonio.

Metro St-Michel

En el 22 de la Rue St-Séverin se ubica una de las casas más estrechas de París, la residencia del Abate Prévost, autor de Manon Lescaut.

El extremo norte del Boulevard St-Michel, ofrece una animada mezcla de cafés, librerías y tiendas de ropa, y bares y salas de cine experimental en las inmediaciones.

La construcción de la hermosa iglesia de St-Séverin se inició en el siglo XIII y se completó tres siglos después; constituye un notable ejemplo de estilo gótico flamígero (p. 255).

Metro Cluny – La Sorbonne

BLVD ST-MICHEL

RUE DE LA HARPE

QUAI

RUE DES ECOLES

RUE ST-JACQUES

RUE THENARD

RUE

INICIO

Una de las mejores colecciones del arte medieval del mundo se encuentra en el Musée de Cluny (p. 254).

↑ La fuente decorativa de Davioud, en la Place St-Michel

↑ La famosa librería
y café Shakespeare
and Company

Plano de situación
Para más detalles ver p. 250

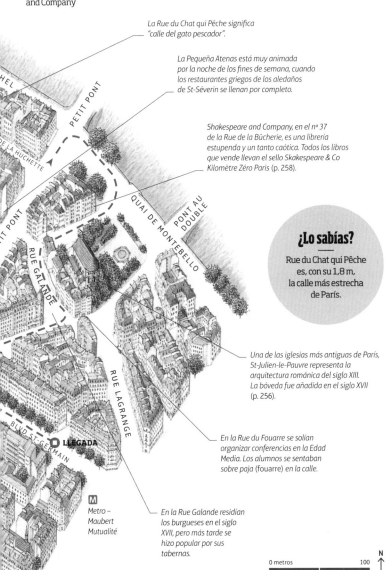

*La Rue du Chat qui Pêche significa
"calle del gato pescador".*

*La Pequeña Atenas está muy animada
por la noche de los fines de semana, cuando
los restaurantes griegos de los aledaños
de St-Séverin se llenan por completo.*

*Shakespeare and Company, en el n° 37
de la Rue de la Bûcherie, es una librería
estupenda y un tanto caótica. Todos los libros
que vende llevan el sello Skakespeare & Co
Kilomètre Zéro Paris (p. 258).*

¿Lo sabías?

Rue du Chat qui Pêche
es, con su 1,8 m,
la calle más estrecha
de París.

*Una de las iglesias más antiguas de París,
St-Julien-le-Pauvre representa la
arquitectura románica del siglo XIII.
La bóveda fue añadida en el siglo XVII
(p. 256).*

*En la Rue du Fouarre se solían
organizar conferencias en la Edad
Media. Los alumnos se sentaban
sobre paja (fouarre) en la calle.*

Ⓜ
Metro –
Maubert
Mutualité

*En la Rue Galande residían
los burgueses en el siglo
XVII, pero más tarde se
hizo popular por sus
tabernas.*

0 metros   100

N
↑

JARDIN DES PLANTES Y PLACE D'ITALIE

Esta es una de las zonas más antiguas de París, cuya historia data desde los tiempos de los romanos. Como parte del asentamiento romano de Lutecia, aquí se encontraba el enorme anfiteatro Arènes de Lutèce. La Rue Mouffetard también fue creada en la época romana y, en la actualidad, es una de las calles comerciales más importantes de la ciudad. En 1626, el rey Luis XIII fundó el Jardin des Plantes para proveer de plantas medicinales a la corte y los jardines que pronto se convirtieron en un laboratorio científico y un importante centro de investigación en el ámbito de la botánica. Durante el siglo XVIII fueron el terreno perfecto para naturalistas como Georges Louis Leclerc, Comte de Buffon y Jean-Baptiste Lamarck cuyas investigaciones influyeron posteriormente a Charles Darwin y su obra revolucionaria *El Origen de la Especies*. Las zonas adyacentes están habitadas actualmente por una importante comunidad musulmana y aquí se encuentran sus lugares de culto, la Grande Mosquée de Paris y el centro cultural Institut du Monde Arabe.

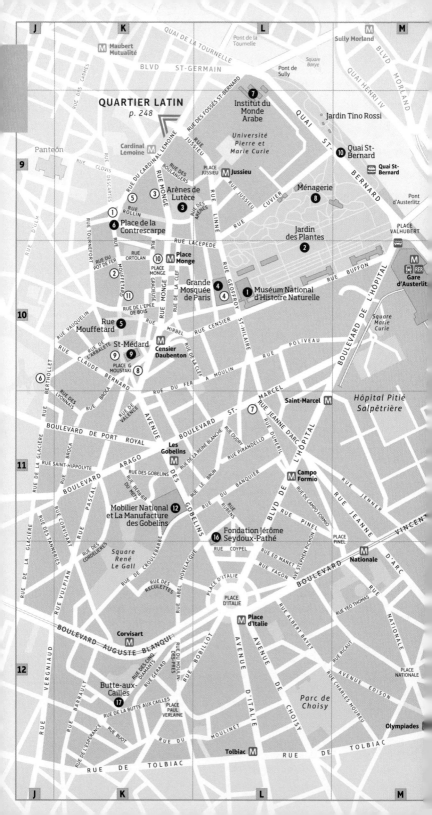

QUARTIER LATIN
p. 248

J K L M

Maubert Mutualité

QUAI DE LA TOURNELLE

Pont de la Tournelle

Sully Morland

BLVD ST-GERMAIN

Square Barye

Pont de Sully

Panteón

Cardinal Lemoine

RUE DES FOSSÉS ST-BERNARD

RUE DES BOULANGERS

Institut du Monde Arabe ⑦

Université Pierre et Marie Curie

Jardin Tino Rossi

QUAI ST-BERNARD

Quai St-Bernard ⑩

Quai St-Bernard

9

Arènes de Lutèce ③

PLACE JUSSIEU

Jussieu

Ménagerie ⑧

RUE CUVIER

Pont d'Austerlitz

① Place de la Contrescarpe ⑥

RUE LACEPEDE

Jardin des Plantes ②

PLACE VALHUBERT

RER

Gare d'Austerlitz

Place Monge ⑩

PLACE MONGE

Grande Mosquée de Paris ④④

Muséum National d'Histoire Naturelle ①

RUE BUFFON

10

② ⑪

Rue Mouffetard ⑤

St-Médard ⑨ ⑨

PLACE G MOUSTAKI ⑧

Censier Daubenton

Square Marie Curie

BOULEVARD DE L'HOPITAL

BERTHOLLET ⑥

BOULEVARD DE PORT ROYAL

Saint-Marcel

Hôpital Pitié Salpêtrière

RUE SAINT-HIPPOLYTE

Les Gobelins

BOULEVARD ARAGO

Campo Formio

11

Mobilier National et La Manufacture des Gobelins ⑫

Fondation Jérôme Seydoux-Pathé ⑯

PLACE PINEL

Nationale

Square René Le Gall

PLACE D'ITALIE

Place d'Italie

Corvisart

Parc de Choisy

PLACE NATIONALE

12

Butte-aux-Cailles ⑰

PLACE PAUL VERLAINE

RUE DE TOLBIAC

Olympiades

Tolbiac

RUE DE TOLBIAC

J K L M

JARDIN DES PLANTES Y PLACE D'ITALIE

Esencial
1 Muséum National d'Histoire Naturelle

Lugares de interés
2 Jardin des Plantes
3 Arènes de Lutèce
4 Grande Mosquée de Paris
5 Rue Mouffetard
6 Place de la Contrescarpe
7 Institut du Monde Arabe
8 Ménagerie
9 St-Médard
10 Quai St-Bernard
11 Quai d'Austerlitz
12 Mobilier National et La Manufacture des Gobelins
13 Station F
14 Bibliothèque Nationale de France
15 Olympiades
16 Fondation Jérôme Seydoux-Pathé
17 Butte-aux-Cailles

Dónde comer
1 Café Delmas
2 Au P'tit Grec
3 Hugo & Co
4 Café de la Grande Mosquée

Dónde dormir
5 Hôtel des Grandes Écoles
6 Seven Hôtel
7 Hôtel Saint Marcel

Dónde comprar
8 Carl Marletti
9 Androuet
10 Marché Place Monge
11 Mococha

La espectacular
Grande Galerie
de l'Évolution ↑

1 🔧 💬 🏪

MUSÉUM NATIONAL D'HISTOIRE NATURELLE

📍 L10 🏠 Grande Galerie de l'Évolution y Galerie de Géologie et de Minéralogie: 36 Rue Geoffroy St-Hilaire 75005; Galerie de Paléontologie et d'Anatomie: 2 Rue Buffon 75005 Ⓜ Jussieu, Gare d'Austerlitz 🕐 10.00-18.00 mi-lu 🚫 1 ene, 1 may, 25 dic 🌐 mnhn.fr

Esta serie de galerías situadas en el Jardin des Plantes alberga una impresionante colección de especímenes que ilustran la evolución de la vida en la Tierra.

Centro de investigación de la botánica del siglo XVII, este museo fue creado para incorporar la zoología. El museo cuenta con tres galerías en el Jardin des Plantes. La Galerie de Géologie et de Minéralogie, con cristales, gemas y meteoritos; la Galerie de Paléontologie et d'Anatomie Comparée, que acoge esqueletos de dinosaurios y fósiles; y por último, la Grande Galerie de l'Évolution, en la que están expuestos tigres y elefantes disecados. Con más de 67 millones de especímenes, se trata de la tercera colección más grande del mundo. La Galerie des Enfants de la Grande Galerie de l'Évolution es una muestra interactiva para niños, dedicada al medio ambiente.

El museo cuenta también con varios invernaderos y un pequeño zoo en los jardines (p. 270).

LA GALERIE DE PALÉONTOLOGIE ET D'ANATOMIE COMPARÉE

Construida en 1838 para la Exposición Universal de 1900, la Galerie de Paléontologie et d'Anatomie Comparée dejan boquiabiertos a los jóvenes con su colección de esqueletos de dinosaurios, incluyendo el de *Triceratops* y de *Tyrannosaurus rex*. Partiendo de la Era Paleozoica, la muestra lleva al visitante a través de 540 millones de años de la evolución de la vida animal. No hay que perderse un esqueleto del rinoceronte, propiedad del Luis XV y uno de los especímenes más antiguos del museo, que vivió en Versalles.

7.000

especímenes ocupan la Grande Galerie de l'Évolution.

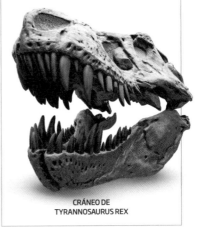

CRÁNEO DE TYRANNOSAURUS REX

1 Los invernaderos están repletos de gran variedad de flora.

2 El museo está situado en el espléndido Jardin des Plantes.

3 La Galerie de Géologie et de Minéralogie alberga cristales y meteoritos de Marte gigantescos.

LUGARES DE INTERÉS

Jardin des Plantes

L9 57 Rue Cuvier 75005
Jussieu, Gare d'Austerlitz
7.30-20.00 diario (8.00-17.30 invierno)
jardindesplantesdeparis.fr

Una verdadera joya para los habitantes del distrito 5, el Jardin des Plantes comprende un museo, un zoo, un jardín botánico, un laboratorio científico y un centro universitario de investigación. El jardín empezó a funcionar, aún con su antiguo nombre de Jardin du Roi, en 1626, como jardín medicinal de la corte, creado por Guy de la Brosse y Jean Hérouard, los médicos del rey Luis XIII. Después de su apertura al público, en 1640, y con la oferta de una escuela de botánica, química y anatomía gratuita, rápidamente atrajo a renombrados científicos, entre ellos, al conde de Buffon, cuyas investigaciones ayudaron a determinar la perspectiva de Charles Darwin sobre la evolución.

En la actualidad, este popular jardín botánico acoge tres galerías del Muséum National d'Histoire Naturelle (p. 266) e incluye un pequeño zoo (p. 270), un jardín con rosales y laberinto, que gusta mucho a los niños. Además de hermosas vistas y paseos con árboles centenarios y estatuas, el parque alberga un interesante jardín alpino con plantas de Córcega, Marruecos, los Alpes y el Himalaya e innumerables plantas herbáceas y silvestres. También posee el primer cedro del Líbano plantado en Francia, procedente de los Kew Gardens, en Gran Bretaña.

Arènes de Lutèce

K9 49-59 Rue Monge/4 Rue des Arènes 75005
01 45 35 02 56 Jussieu, Cardinal Lemoine 8.00/9.00-18.00/19.30/20.30, según la época del año

Las ruinas de esta enorme arena romana (Lutecia es la denominación romana de París) datan de finales del siglo I. Su destrucción comenzó hacia finales del siglo III a manos de los bárbaros y posteriormente se utilizaron partes de la misma para construir los muros de la Île de la Cité. La arena se fue enterrando progresivamente y

CURIOSIDADES
Dodo Manège

Este tiovivo del Jardin des Plantes ofrece una visión de varios ejemplares de animales exóticos, entre ellos un dodo, un triceratops, una tortuga con cuernos y un *sivatherium*, un jiráfido extinto que poseía una gran cornamenta.

su ubicación exacta solo se conservó en antiguos documentos y con el nombre del lugar, Clos des Arènes. En 1869 fue descubierta durante unas obras en la Rue de Monge. En el siglo XIX se emprendieron medidas para su restauración, aunque las obras no se acometieron hasta 1918.

La arena original, con aforo para 15.000 espectadores repartidos en 35 gradas, se utilizaba para representaciones de teatro y como anfiteatro para torneos de gladiadores. Este doble uso era característico de la Galia y la arena es similar a las de Nîmes y Arlés.

Grande Mosquée de Paris

L10 2 bis Pl du Puits de l'Ermite 75005 (baños turcos/salón de té: 39 Rue Geoffroy St-Hilaire)
Jussieu, Place Monge
9.00-18.00 sá-ju; baños: 10.00-21.00 mi-lu
festivos musulmanes.
mosqueedeparis.net

Construido en los años veinte en estilo hispanomusulmán,

Un paseo primaveral en el Jardin des Plantes

este conjunto arquitectónico constituye el centro espiritual de la comunidad musulmana de París y la sede del gran imán. El complejo consta de áreas religiosas, educativas y comerciales; la mezquita se ubica en el centro. Cada bóveda luce un estilo diferente y el alminar mide casi 33 metros. En el interior hay un gran patio con mosaicos.

Aunque antiguamente solo la utilizaban los estudiosos, la mezquita se ha ido haciendo un hueco en la vida parisina. El complejo alberga unos baños turcos solo para mujeres. Un salón de té y un restaurante, situados en el arbolado patio, ofrecen especialidades árabes y son los lugares idóneos para tomar un vasito de té a la menta y algún dulce pastelito.

Rue Mouffetard

K10 **75005** **Censier Daubenton, Place Monge** **Mercado Place Monge: 7.00-14.30 mi, vi, do (hasta 15.00 do)**

Esta calle, una importante vía desde tiempos romanos, cuando se extendía entre Lutecia y Roma, es una de las más antiguas de la ciudad. En los siglos XVII y XVIII se la conocía como la Grande Rue du Faubourg St-Marcel y muchos de sus edificios datan de este periodo. Algunas tiendas aún conservan los antiguos carteles y algunas casas tienen tejados abuhardillados. El nº 125 presenta una fachada

↑ Los tranquilos jardines de la Gran Mezquita de París

¿Lo sabías?

En la década de 1920 vivió en la zona, precisamente en la Rue du Cardinal Lemoine 74, el escritor Ernest Hemingway.

restaurada Luis XIII, y la fachada principal del 134 luce una bonita decoración. En el nº 69 se puede ver el antiguo letrero de una tienda con un roble tallado y en el nº 60, la *Fontaine de Potde-Fer* es una pequeña fuente que data de la época romana. En el siglo XVII se conectó con un acueducto utilizado por María de Médici para llevar agua al Palais du Luxembourg y sus jardines *(p. 286)*.

Toda la zona es muy conocida por sus mercados al aire libre, especialmente los de la Place Monge (que rodea la fuente Monge), una mezcla de colores, sabores y aromas que merece la pena visitar.

Por la noche, la calle bulle de gente que disfruta con la multitud de pequeños restaurantes griegos, italianos, libaneses y demás.

6 🍴 🍽

Place de la Contrescarpe

📍 K9 🏠 75005
Ⓜ Place Monge

En su origen este lugar estaba situado extramuros de la ciudad. Recibe su nombre de la contraescarpa o pared del foso que flanqueaba la muralla de Felipe Augusto. La plaza actual fue construida en 1852, pero la pequeña fuente fue añadida en 1994. En el nº 1, una placa recuerda el antiguo Club de la Piña que reunía a un grupo de escritores conocidos como *La Pléyade* en el siglo XVI. Cuatrocientos años más tarde, autores como Ernest Hemingway, James Joyce y George Orwell también encontraron en este histórico barrio popular su fuente de inspiración.

En esta zona se han organizado tradicionalmente encuentros y festivales. Hoy, el barrio todavía evoca el viejo París con sus adoquinadas callejas y acogedores cafés, y los fines de semana está muy animado.

7 🖐 🎨 🍴 🍽 🛍

Institut du Monde Arabe

📍 L9 🏠 1 Rue des Fossés St-Bernard, Pl Mohammed V 75005 Ⓜ Jussieu, Cardinal Lemoine 🕐 museo y exposiciones temporales: 10.00-18.00 ma, mi y vi, 10.00-19.00 ju, sá y do
🌐 imarabe.org

Esta institución fue fundada en 1980 por Francia y 20 países árabes con el objetivo de fomentar los lazos culturales entre el mundo árabe y Occidente. Ocupa un edificio diseñado por el arquitecto francés Jean Nouvel, entre cuyas obras figura también el Musée du Quai Branly y la Philharmonie, que combina los materiales modernos con el espíritu de la arquitectura islámica tradicional. La torre de mármol blanco de la biblioteca, que se contempla a través del cristal de la pared oeste, se alza recordando el alminar de una mezquita. El énfasis que la arquitectura árabe confiere normalmente a los espacios interiores aquí se utiliza para crear un amplio espacio al que se accede por un estrecho pasadizo que divide en dos el edificio.

Flamencos en la Ménagerie, el zoo público más antiguo de Francia ↑

Desde la cuarta a la séptima planta exhibe obras de arte islámico desde los siglos IX al XIX, entre ellas objetos de cristal, cerámicas, esculturas, alfombras y astrolabios. El centro alberga también una biblioteca y un archivo mediático y organiza interesantes lecturas y conciertos.

8 🖐 🎨 🍴 🍽 🛍

Ménagerie

📍 L9 🏠 57 Rue Cuvier/ Rue Buffon 75005
Ⓜ Jussieu, Gare d'Austerlitz 🕐 9.00-18.00 lu-sá, 9.00-18.30 do y algunos festivos (invierno: cierra antes), se recomienda reservar
🌐 zoodujardindesplantes.fr

El zoo más antiguo de París, inaugurado en 1794, está emplazado en el agradable entorno del Jardin des Plantes *(p. 268)*. La Ménagerie se creó durante la Revolución para dar cabida a los animales que sobrevivieron, cuatro en total,

←

Mercado callejero en St-Médard y la Rue Mouffetard

¿Lo sabías?

La Ménagerie es el segundo zoo más antiguo del mundo después del de Viena.

de la casa de fieras de Versalles. Más adelante, el Estado reunió animales de circos y trajo numerosas especies exóticas del extranjero. Desafortunadamente, la mayoría de estos animales tuvieron que ser sacrificados para alimentar a los parisinos durante el asedio prusiano de la ciudad (1870-1871).

Hoy el zoo acoge pequeños mamíferos, insectos, aves, primates y reptiles, y a los niños les encanta porque pueden acercarse a los animales. En la llamada casa de los leones habitan grandes felinos, entre ellos panteras de China. Una gran sección está dedicada a los monos y también hay un gran aviario con pájaros acuáticos, y ovejas y cabras montesas. Los

vivarios (recintos con animales en su hábitat natural) cambian regularmente y el zoo ofrece también una exposición permanente de microartrópodos.

---

9 St-Médard

📍 K10 🏠 141 Rue Mouffetard 75005 Ⓜ Censier-Daubenton ⏰ 9.00-19.30 ma-sá, 9.00-20.00 do Ⓦ saintmedard.org

Los orígenes de esta iglesia se remontan al siglo IX. San Medardo, consejero de los reyes merovingios, era conocido por su costumbre de regalar una guirnalda de rosas blancas a las jóvenes virtuosas. El patio de la iglesia se dio a conocer en el siglo XVIII por ser centro de culto de los convulsionarios, que padecían ataques al contemplar curas milagrosas. Su interior alberga pinturas, entre las que destaca *San José y el Niño*, realizada por Francisco de Zurbarán en el siglo XVII, y la zona del órgano está decorada con estatuas renacentistas.

Hôtel des Grandes Écoles

La terraza ajardinada y su estilo antiguo hacen de este hotel un clásico.

📍 K9 🏠 75 Rue du Cardinal Lemoine 75005 Ⓦ hoteldesgrandes ecoles.com

---

Seven Hôtel

Este moderno hotel, con una elegante decoración, es una excepción en el barrio.

📍 J10 🏠 20 Rue Berthollet 75005 Ⓦ sevenhotel paris.com

Hôtel Saint Marcel

Este negocio familiar, con una sensacional ubicación y un bar en el que ofrecen vinos de producción propia, es un verdadero regalo.

📍 L11 🏠 43 Blvd St-Marcel 75013 Ⓦ hotel-saint-marcel-paris.com

10 Quai St-Bernard

9 M9 **7** 75005
M Gare d'Austerlitz

A lo largo del río, entre el Pont de Sully y Pont d'Austerlitz se encuentra el tranquilo embarcadero Quai St-Bernard. No siempre tan apacible como hoy, el Quai fue famoso en el siglo XVII por la práctica del nudismo, hasta que fue prohibida por la presión de la escandalizada opinión pública. El muelle está decorado con esculturas contemporáneas pero su mayor atractivo es un espacio verde llamado Jardin Tino-Rossi, en homenaje a este cantante corso que, en 1946, grabó la canción "Petit Papa Noël", uno de los mayores éxitos de la música francesa. El parque es muy popular entre los amantes de la música, desde folk francés hasta salsa y tango, y en él se reúnen bailarines de todos los niveles convirtiéndolo en una gran sala de baile al aire libre.

En la esquina izquierda del Institut du Monde Arabe, el Pont de Sully une la Île St-Louis con ambas orillas del Sena. Abierto en 1877 y fabricado en hierro fundido,

no se trata de una estructura especialmente hermosa pero, aun así, merece la pena hacer una parada para disfrutar de las vistas de Notre-Dame que se eleva por detrás del más agraciado Pont de la Tournelle.

---

11   Quai d'Austerlitz

9 M10 **7** 75013
M Gare d'Austerlitz
w citemodedesign.fr

En la *Rive gauche,* entre la estación d'Austerlitz y la Bibliothèque, este paseo fluvial. La zona está cerrado al tráfico y es una agradable opción para dar un tranquilo paseo a lo largo del Sena. Varios barcos ofrecen cafés y vinos. El impresionante y moderno complejo conocido como Les Docks, Cité de la Mode et du Design, se yergue sobre el río con su ondulada fachada contemporánea. Estos antiguos almacenes industriales hoy en día cuentan con varios bares, cafés y restaurantes, además de un instituto de la moda que programa regularmente exposiciones. Más hacia el sur, a lo largo del Quai François Mauriac, se encuentra el Port de

¿Lo sabías?

El Bateau Phare fue un buque faro irlandés operativo entre 1955 y 1975.

la Gare, cuyos restaurantes y cafés al aire libre en verano flanquean la orilla. Aquí se encuentra también el Bateau Phare, bar, restaurante y espacio de conciertos, y una piscina pública y también flotante, la Piscine Josephine Baker.

---

12   Mobilier National et La Manufacture des Gobelins

9 K11 **7** 42 Ave des Gobelins 75013 **M** Les Gobelins
O 11.00-18.00 ma-do (exposiciones temporales)
C 1 ene, 1 may, 25 dic
w mobiliernational.culture. gouv.fr

En 1662 el rey Luis XIV tomó posesión del lugar y reunió

→ La imponente fachada de Les Docks, Cité de la Mode et du Design

aquí a los mejores artesanos, tejedores de alfombras, ebanistas y plateros, para equipar su nuevo palacio de Versalles *(p. 296)*. Bajo la dirección del pintor de la corte Charles Le Brun, unos 250 tejedores flamencos ayudaron a construir la reputación internacional de la factoría. Hoy en día los tejedores siguen ocupando el lugar pero realizan diseños modernos basados en dibujos de Picasso o Matisse. A través de su página web se pueden reservar visitas guiadas los miércoles por la tarde.

Station F

Q N11 **A** 5 Parvis Alan Turing 75013 **M** Chevaleret **W** stationf.co

Esta antigua estación de tren reconvertida abrió sus puertas en 2017 y acoge la floreciente escena innovadora parisina. Este centro de negocios y tecnología, el más grande del mundo, es tan largo como la Torre Eiffel alta. El lugar acoge una gran variedad de eventos

Carl Marletti
Originales productos de confitería, como los efímeros *fraisier,* llenan los mostradores de esta célebre *pâtisserie* Marletti.

Q K10 **A** 51 Rue Censier 75005 **W** carlmarletti.com

Androuet
Los maravillosos quesos de esta tienda llevan deleitando a los parisinos desde 1909. El Camembert por supuesto no puede faltar.

Q K10 **A** 134 Rue Mouffetard 75005 **W** androuet.com

Marché Place Monge
En este mercado al aire libre se encuentran productos frescos que cambian según la temporada primando la calidad sobre la cantidad.

Q K10 **A** 1 Place Monge 75005 **O** 7.00-14.30 mi, vi (hasta 15.00 do)

Mococha
Combinaciones sorprendentes en esta *boutique* regentada por un grupo de expertos chocolateros.

Q K10 **A** 89 Rue Mouffetard 75005 **W** chocolatsmococha.com

relacionados con los negocios y las nuevas tecnologías, y ofrece la posibilidad de registrarse en su página web. Los visitantes pueden dar un paseo para descubrir las novedades del sector o reunirse con nuevos emprendedores

en su café abierto al público. Los parisinos acuden aquí por la variedad de platos italianos de La Felicità, un enorme restaurante de moda. Hay que esperar cola y darse prisa en ocupar una de las numerosas mesas comunales.

14

Bibliothèque Nationale de France

N11 **Quai François Mauriac 75013**
Bibliothèque François-Mitterrand **14.00-20.00 lu, 9.00-20.00 ma-sá, 13.00-19.00 do** **festivos** **bnf.fr**

La colección de la Biblioteca Nacional data del siglo XIV cuando el rey Carlos V la inició en el palacio de Louvre. La realeza contribuyó a estos archivos, no siempre de forma voluntaria, ya que la biblioteca contiene miles de volúmenes confiscados durante la gran Revolución. Hoy en día, el símbolo de la BNF es el ultramoderno edificio que se yergue sobre el Quai François Mauriac. La estructura recuerda cuatro libros gigantes con un gran patio en medio y es un lugar muy frecuentado. Encargado por el presidente François Mitterrand y terminado en 1996, el lugar alberga la colección más grande del mundo de manuscritos medievales y un total de más de 14 millones de libros. A lo largo de todo el año se organizan exposiciones temporales tanto aquí como en otras sedes de la BNF por toda la ciudad.

15

Olympiades

N12 **75013**
Olympiades

Este moderno rincón de la ciudad, con varios murales callejeros impresionan-

→
Una fuente en el barrio chino

tes, forma parte de un nuevo proyecto urbanístico. Su emblema son las torres Olympiades, un complejo residencial innovador en el que cada torre lleva el nombre de una ciudad que fue sede de los Juegos Olímpicos. Hoy en día la zona es conocida como el barrio chino parisino y es precisamente aquí donde se organizan los desfiles del Año Nuevo Chino, en febrero. Muchos parisinos acuden a este lugar en busca de la deliciosa comida asiática. Los mejores *bobun* de la ciudad, y sus moderados precios, y comercios como Tang Frères, resultan muy atractivos para todos aquellos que buscan algo diferente al queso y el filete con patatas. Desde el sur del distrito circulan tranvías que conectan con la zona sur de la ciudad.

16

Fondation Jérôme Seydoux-Pathé

L11 **73 Ave des Gobelins 75013** **Place d'Italie, Les Gobelins** **Salle Charles Pathé y exposiciones: 14.00-20.30 ma y vi, 14.00-19.00 mi y ju, 11.30-19.00 sá; centro de investigación: cita previa** **1 ene, 25 dic** **fondation-jeromeseydoux-pathe.com**

La sede de la Fondation Jérôme Seydoux-Pathé está situada en el lugar de un antiguo teatro del siglo XIX, transformado posteriormente en uno de los primeros cines de París. Pathé, una productora y distribuidora cinematográfica de gran trascendencia tanto en Francia como en toda Europa, es la segunda compañía del sector más antigua del mundo. La fundación está destinada a la preservación del legado de Pathé y a la promoción de la cine-

La moderna Bibliothèque ↑ Nationale de France de Dominique Perrault

¿Lo sabías?

La Bibliothèque Nationale de France es una de las más antiguas del mundo.

matografía. El edificio tiene una sala de proyecciones de cine mudo con 68 plazas, y organiza exposiciones permanentes y temporales de películas, cámaras, proyectores, programaciones y pósteres, algunos de los cuales datan de 1896; todo un tesoro para los entusiastas e investigadores de esta mágica industria. Las visitas guiadas se organizan los sábados a mediodía.

17

Butte-aux-Cailles

K12 **75013**
Place d'Italie, Corvisart

Las canteras de piedra caliza que se encuentran en el subterráneo hicieron la zona inadecuada para los grandes proyectos haussman-

nianos y gracias a ello esta parte de la ciudad conserva el encantador aspecto de un pueblo. El mejor ejemplo es la Rue des Cinq-Diamants. Una curiosidad de este barrio es que fue precisamente aquí donde aterrizó con éxito la Montgolfière, el primer globo aerostático, tras sus 10 minutos de vuelo. Hoy en día el barrio irradia un agradable carácter con bares y cafés tradicionales, muy populares entre la juventud universitaria. La zona es también ideal para descubrir algunos ejemplos estupendos del arte callejero parisino como las obras de la desaparecida grafitera Miss.Tic.

↑ Cúpula de la iglesia Sainte-Anne de la Butte-aux-Cailles en el pintoresco barrio Butte-aux-Caille

Café Delmas
Un café francés con vistas de la plaza.

📍 K9 🏠 2 Place de la Contrescarpe 75005
🌐 cafedelmas.com

€€€

Au P'tit Grec
Sirven enormes *crêpes* para llevar.

📍 K10 🏠 68 Rue Mouffetard 75005
🌐 auptitgrec.com

€€€

Hugo & Co
Un restaurante con gran ambiente y cocina de tendencia.

📍 K9 🏠 48 Rue Monge 75005 📅 sá y do
🌐 tomygousset.com/hugo-and-co

€€€

Café de la Grande Mosquée
Tetería perteneciente al complejo de la Gran Mezquita.

📍 L10 🏠 39 Rue Geoffroy St-Hilaire 75005

€€€

UN PASEO
QUARTIER DU JARDIN DES PLANTES

Metro Cardinal Lemoine

M

INICIO ▶

Distancia 2,5 km **Metro** Cardinal Lemoine
Tiempo 25 minutos

Este barrio de residentes pudientes y edificios del siglo XIX y principios del siglo XX guarda también alguna que otra sorpresa, como un anfiteatro romano o una mezquita de estilo hispanoárabe. La zona fue creada en 1626 como jardín de hierbas medicinales de la corte, obra de Jean Hérouard y Guy de la Brosse, dos médicos y expertos en botánica al servicio de Luis XIII. Este herbario y los recintos de varias entidades eclesiásticas le confireron un carácter rural. En el siglo XIX, la población creció y el barrio se fue urbanizando hasta que progresivamente asumió su carácter actual.

La Place de la Contrescarpe es una plaza repleta de restaurantes y cafés en la que parece que uno está en un pueblo (p. 270).

El mercadillo diario al aire libre de la Rue Mouffetard, uno de los más antiguos de París, siempre está lleno tanto de gente como de ricos productos frescos, quesos y vino (p. 269).

La fuente Pot de Fer es una de las 14 que María de Médicis encargó construir en la orilla oeste en 1624 para abastecer de agua a su palacio. La fuente se restauró en 1671.

Metro Place Monge

El Passage des Postes es un antiguo callejón que se abrió en 1830; se accede por la Rue Mouffetard.

La iglesia de St-Médard data de mediados del siglo XV. En 1784 se reconstruyó el coro y se sustituyeron las ventanas de la nave por vidrieras contemporáneas (p. 271).

↑ Un pequeño descanso en la adoquinada Place de la Contrescarpe

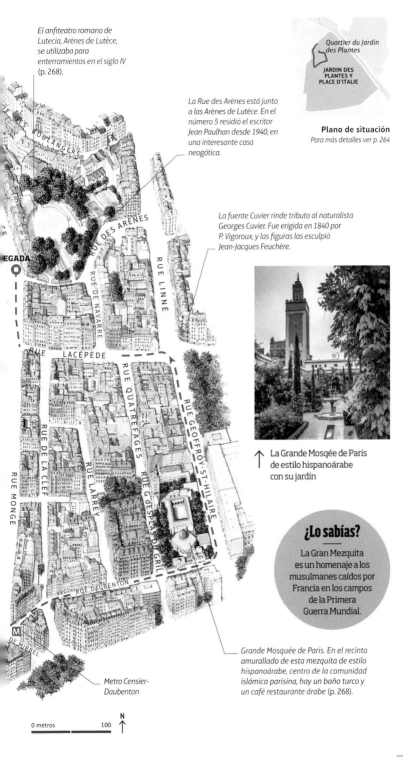

El anfiteatro romano de Lutecia, Arènes de Lutèce, se utilizaba para enterramientos en el siglo IV (p. 268).

La Rue des Arènes está junto a las Arènes de Lutèce. En el número 5 residió el escritor Jean Paulhan desde 1940, en una interesante casa neogótica.

Quartier du Jardin des Plantes

JARDIN DES PLANTES Y PLACE D'ITALIE

Plano de situación
Para más detalles ver p. 264

La fuente Cuvier rinde tributo al naturalista Georges Cuvier. Fue erigida en 1840 por P. Vigoroux, y las figuras las esculpió Jean-Jacques Feuchère.

↑ La Grande Mosqée de Paris de estilo hispanoárabe con su jardín

¡Lo sabías?

La Gran Mezquita es un homenaje a los musulmanes caídos por Francia en los campos de la Primera Guerra Mundial.

Metro Censier-Daubenton

Grande Mosquée de Paris. En el recinto amurallado de esta mezquita de estilo hispanoárabe, centro de la comunidad islámica parisina, hay un baño turco y un café restaurante árabe (p. 268).

0 metros   100

N ↑

MONTPARNASSE Y JARDIN DU LUXEMBOURG

Montparnasse adquirió su nombre del Monte Parnaso de la antigua Grecia, el hogar de Apolo, el dios de la poesía y la música. En las primeras tres décadas del siglo XX, Montparnasse fue un centro literario y artístico floreciente. Muchos pintores y escultores vanguardistas y poetas y escritores emergentes se sintieron atraídos por este barrio de espíritu bohemio, donde frecuentaban cafés como La Closerie des Lilas o La Coupole. Su auge cultural llegó a su fin con la Segunda Guerra Mundial y los cambios continuaron con la destrucción de muchos talleres para ceder su lugar a la moderna Tour Montparnasse, el edificio de oficinas más alto de París.

La construcción del Jardin du Luxembourg comenzó en 1612 por orden de María de Médici, quien se inspiró en los Jardines Boboli de su Florencia natal. En el siglo XIX las zonas adyacentes fueron reurbanizadas por el Barón Haussmann, causando un considerable descontento en la población ya que redujeron el tamaño original del parque. No obstante, la zona conserva bastante de su encanto con sinuosas calles, hermosos edificios, librerías y galerías de arte con un atractivo particular.

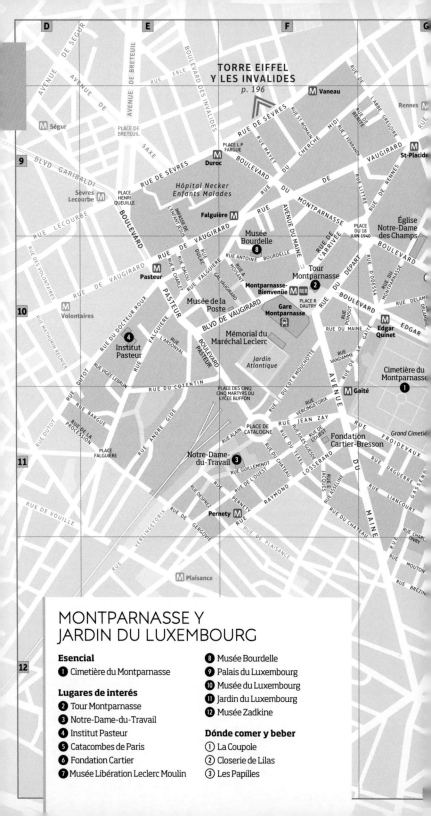

MONTPARNASSE Y JARDIN DU LUXEMBOURG

Esencial
1 Cimetière du Montparnasse

Lugares de interés
2 Tour Montparnasse
3 Notre-Dame-du-Travail
4 Institut Pasteur
5 Catacombes de Paris
6 Fondation Cartier
7 Musée Libération Leclerc Moulin

8 Musée Bourdelle
9 Palais du Luxembourg
10 Musée du Luxembourg
11 Jardin du Luxembourg
12 Musée Zadkine

Dónde comer y beber
1 La Coupole
2 Closerie de Lilas
3 Les Papilles

ST-GERMAIN-
DES-PRÉS
p. 234

PLACE DE
L'ODÉON

Odéon-Théatre
de l'Europe

Musée
de Cluny

BLVD ST- GERMAIN

RUE DE TOURNON

RUE DE VAUGIRARD

PLACE PAUL
CLAUDEL

La
Sorbonne

RUE DES ECOLES

8

9 Palais du
Luxembourg

10

Musée du
Luxembourg

Fontaine
Médicis

Collège
de France

RUE JEAN-BART

RUE DE FLEURUS

RUE MADAME

PLACE
EDMOND
ROSTAND

RUE SOUFFLOT

RUE SAINT-

QUARTIER
LATIN
p. 248

Alliance
Française

RUE GUYNEMER

11 Jardin du
Luxembourg

RUE ST- MICHEL

RUE ROYER
COLLARD

PLACE DE
L'ESTRAPADE

9

RUE HUYSMANS

M Notre-Dame-
des-Champs

RUE NOTRE-DAME-DES-CHAMPS

RUE AUGUSTE COMTE

PLACE A
HONNORAT

RER Luxembourg

RUE PIERRE ET
MARIE CURIE

RUE DE L'ESTRAPADE

RUE DESCARTES

RUE TOURNEFORT

RUE VAVIN

RUE BRÉA

RUE DE LA
GRANDE
CHAUMIÈRE

Vavin M

Musée
Zadkine **12**

RUE D'ASSAS

RUE MICHELET

RUE DE L'ABBÉ
DE L'ÉPÉE

RUE BARBUSSE

RUE DES
URSULINES

RUE GAY-LUSSAC

RUE L
THUILLIER

RUE DULM

RUE ÉRASME

RUE LHOMOND

RUE P
BROSSOLETTE

RUE MOUFFETARD

10

PLACE P
PICASSO

RUE LÉOPOLD
ROBERT

RUE JOSEPH BARA

RUE LE VERRIER

Jardin
Marco Polo

RUE DU VAL DE GRACE

RUE HENRI

RUE NICOLÉ

PLACE A
LAVERAN

RUE DES
FEUILLANTINES

PLACE P
LAMPUE

RUE RATAUD

RUE VAUQUELIN

BOULEVARD DU MONTPARNASSE

RUE CAMPAGNE-PREMIÈRE

Fontaine de
l'Observatoire

PLACE E
DENIS

RUE PIERRE NICOLÉ

Église du
Val-de-Grâce

RUE CLAUDE BERNARD

Raspail M

PASS D'ENFER

RUE BOISSONADE

2
Port Royal RER

Hôpital du
Val de Grâce

RUE ST-JACQUES

BOULEVARD DE PORT-ROYAL

RUE BERTHOLLET

JARDIN DES
PLANTES Y
PLACE D'ITALIE
p. 262

11

BOULEVARD RASPAIL

RUE ÉMILE RICHARD

RUE SCHOELCHER

AVE DE L'OBSERVATOIRE

6 Fondation
Cartier

RUE CASSINI

Hôpital
Cochin

LA SANTÉ

RUE DE LA GLACIÈRE

Petit Cimetière

AVENUE DENFERT-ROCHEREAU

RUE DU FAUBOURG ST-JACQUES

RUE MÉCHAIN

Observatoire
de Paris

RUE LALANDE

RUE BOULARD

PLACE DENFERT-
ROCHEREAU

Musée
Libération
Leclerc
Moulin **7**

5
Catacombes
de Paris

BLVD

BOULEVARD ARAGO

RUE PASCAL

RUE LECLERC

RUE

RUE JEAN

DOLENT

DE

RUE LÉON
MAURICE NORDMANN

Denfert-
Rochereau M RER

M St-Jacques

ST- JACQUES

RUE ERNEST
CRESSON

VERNET

M Mouton-
Duvernet

RUE ST-JACQUES

RUE DE LA TOMBE ISSOIRE

RUE ÉMILE DUBOIS

VILLA

RUE DAREAU

RUE DE LA SANTÉ

Glacière
M

RUE VULPIAN

AVENUE RENÉ COTY

RUE HALLÉ

12

RUE BEZOUT

RUE BROUSSAIS

ALLÉE PAUL VERLAINE

RUE D'ALESIA

JE D'ALESIA

RUE SARRETTE

RUE D'ALESIA

0 metros   300

N ↑

MONTPARNASSE Y
JARDIN DU LUXEMBOURG

H   J   K

Montparnasse, el segundo
cementerio más grande de París
después de Père Lachaise ↑

①

CIMETIÈRE DU MONTPARNASSE

📍 G10 🏠 3 Blvd Edgar Quinet 75014 Ⓜ Edgar Quinet
🚌 28, 58, 68, 82, 83, 88, 91 a Port Royal 🚈 Port Royal
🕐 med mar-med nov: 8.00-18.00 lu-vi, 8.30-18.00 sá, 9.00-18.00 do
(med nov-med mar: hasta 17.30)

**Este cementerio es el lugar de eterno descanso de muchos
parisinos ilustres. Las espectaculares esculturas mezcladas
con el arte fúnebre ayudan a crear un tranquilo y arbolado
remanso de paz.**

Napoleón planeó el cementerio de Montparnasse extramuros de
la ciudad para reemplazar a los numerosos camposantos del
casco antiguo, pequeños y saturados, que se consideraban un
riesgo para la salud a principios del siglo XIX. Fue inaugurado
en 1824 y alberga tumbas de muchas personas notables,
especialmente personalidades de la orilla izquierda. Está dividido
por caminos de trazado geométrico. La Rue Émile Richard lo
bifurca en dos partes, el Grand Cimetière y el Petit Cimetière.

El beso de Brancusi, ↑
enterrado junto a la
Rue Émile Richard

CHARLES BAUDELAIRE

En el cementerio se halla también un cenotafio de Charles Baudelaire, el gran poeta y crítico, quien vivió y murió en París y cuya colección de poemas *Les Fleurs du Mal*, publicada en 1857, causó tanto revuelo en el mundo literario. Su obra ha ejercido mucha influencia e inspirado a multitudes de artistas, entre ellos, por ejemplo, Mick Jagger.

Esencial ☆

Residentes famosos

Jean-Paul Sartre y Simone de Beauvoir

▲ La famosa pareja existencialista, líder indiscutible de la escena literaria de la posguerra, descansa aquí, cerca de sus lugares predilectos de la orilla izquierda.

Jean Seberg

▶ La actriz estadounidense, escogida por Jean-Luc Godard para protagonizar *Al final de la escapada*, fue el icono de la belleza norteamericana rubia, joven y cándida.

Serge Gainsbourg

El cantante, compositor e icono francés en los años setenta y ochenta es especialmente conocido por sus melancólicas e irreverentes canciones. Estuvo casado con la actriz Jane Birkin.

Samuel Beckett

◀ El gran dramaturgo irlandés famoso por su obra *Esperando a Godot*, pasó la mayor parte de su vida en París. Murió en 1989.

Man Ray

Fotógrafo estadounidense, inmortalizó la escena artística de los cafés de Montparnasse en las décadas de 1920 y 1930.

André Citroën

▶ Ingeniero industrial fallecido en 1935, fundó la famosa fábrica de vehículos francesa.

LUGARES DE INTERÉS

EXPLORA Montparnasse y Jardin du Luxembourg

Tour Montparnasse

F10 **33 Ave du Maine 75015** **Montparnasse-Bienvenüe** **9.30-22.30 do-ju (hasta 23.00 vi y sá)** **tourmontparnasse56.com**

Esta torre se convirtió en el bloque de oficinas más alto de Europa cuando se construyó en 1973. Mide 210 m y domina la silueta del barrio. Para llegar hasta el bar panorámico se puede utilizar el ascensor y para disfrutar de unas vistas aún mejores se pueden subir los últimos tres pisos a pie hasta el mirador al aire libre. Las vistas desde aquí son espectaculares (hasta 40 km en días despejados).

La torre será sometida a obras de renovación que incluirán paneles solares y un tejado verde, justo antes de los Juegos Olímpicos de 2024.

Notre-Dame-du-Travail

F11 **36 Rue Guilleminot 75014** **Pernety** **7.30-19.45 lu-vi, 8.45-19.30 sá y do** **notredamedutravail.net**

Esta iglesia data de 1901 y está hecha de una inusual mezcla de materiales como piedra, escombros y ladrillo sobre remachados marcos metálicos. Se trata de la creación del abad Soulange-Bodin, un sacerdote que intentaba reconciliar a la clase obrera con el capitalismo, basándose en la organización de cooperativas. Los parroquianos locales reunieron el dinero para la construcción, pero los fondos no fueron suficientes y hubo que prescindir del campanario y otros elementos. De la fachada cuelga la campana de Sebastopol, un trofeo de la guerra de Crimea y regalo de Napoleón III a los ciudadanos del distrito de Plaisence. El interior de estilo *art nouveau* fue completamente restaurado y destacan en él las pinturas de los santos.

Institut Pasteur

E10 **25-28 Rue du Docteur Roux 75015** **Pasteur** **pasteur.fr**

El Institut Pasteur, el principal centro de investigación de medicina, fue fundado por el científico Louis Pasteur entre 1888-1889. Es el descubridor de la pasteurización de la leche y de la vacuna contra la rabia y el ántrax. En 2020, el instituto creó un equipo para coordinar proyectos de investigación sobre el virus de la COVID-19. El centro alberga un museo, que incluye la reconstrucción

La Tour Montparnasse vista desde la Torre Eiffel ↓

↑ Uno de los pasadizos de las catacumbas parisinas revestidos con cráneos humanos

del apartamento y del laboratorio de Pasteur. La tumba de Pasteur se encuentra en un espacio subterráneo, al estilo de una pequeña capilla bizantina. El museo, en la actualidad cerrado al público, reabrirá a finales de 2024.

5

Catacombes de Paris

📍 H11 🏛 1 Ave du Colonel Henri Rol-Tanguy 75014 Ⓜ Denfert-Rochereau 🕐 9.45-20.30 ma-do, conviene reservar 📅 1 ene, 1 may, 25 dic 🌐 catacombes.paris.fr

En 1786 se emprendió aquí un ambicioso proyecto: la retirada de millones de cráneos y huesos del insalubre cementerio de la ciudad en Les Halles a las canteras de los tres montes: Montparnasse, Montrouge y Montsouris. Al principio, se colocaban los restos óseos sin un orden aparente pero en el siglo XIX comenzaron a ser dispuestos de una forma más decorativa.

Durante la Segunda Guerra Mundial la Resistencia estableció aquí su cuartel general. En la entrada figuran las palabras: "¡Alto! Este es el imperio de la muerte". Las visitas a las catacumbas se han vuelto muy populares y es recomendable reservar la visita con mucha antelación. Los jueves a las 13.00 se hacen visitas guiadas en francés.

6

Fondation Cartier

📍 H11 🏛 261 Blvd Raspail 75014 Ⓜ Raspail 🕐 11.00-20.00 ma-do (hasta 22.00 ju) 📅 1 ene, 25 dic 🌐 fondationcartier.com

Esta fundación de arte y arquitectura ocupa un edificio diseñado por Jean Nouvel, que ha creado un ambiente de transparencia y luz, y ha incorporado el cedro del Líbano que plantó François-René de Chateaubriand en 1823. La estructura complementa el carácter de las exposiciones, que pueden ser individuales, colectivas o temáticas.

7

Musée Libération Leclerc Moulin

📍 H11 🏛 4 Ave du Colonel Rol-Tanguy - Place Denfert Rochereau 75014 Ⓜ Denfert-Rochereau 🕐 10.00-18.00 ma-do 🌐 museeliberation-leclerc-moulin.paris.fr

Inaugurado en 2019, en el 75 aniversario de la liberación de París, este museo se une al Musée du Général Leclerc y al Musée de Jean Moulin con nuevas instalaciones para recordar la emancipación de la ciudad durante la Segunda Guerra Mundial. Expone unos 7.000 objetos, como periódicos originales, fotos y sonido que permiten al visitante revivir este período crucial de la historia de Francia.

En el sótano hay una reconstrucción del centro de mando durante la liberación, desde el que el coronel Rol-Tanguy dirigió a las fuerzas parisinas al final de la ocupación alemana. Además de interesante, es gratuito.

La Coupole
Una clásica *brasserie* de estilo *art nouveau* que sirve tradicionales platos a base de carnes.

📍 G10 🏛 102 Blvd du Montparnasse 75014 🌐 lacoupole-paris.com

€€€

Closerie des Lilas
Esta *brasserie* antiguamente fue frecuentada por Hemingway.

📍 H10 🏛 171 Blvd du Montparnasse 75006 🌐 closeriedeslilas.fr

€€€

Les Papilles
Las paredes de este acogedor local están repletas de ricas botellas de vino.

📍 J9 🏛 30 Rue Gay-Lussac 75005 🕐 do, lu 🌐 lespapillesparis.fr

€€€

8 Musée Bourdelle

F10 18 Rue Antoine Bourdelle 75015
Montparnasse-Bienvenüe, Falguière 10.00-18.00 ma-do festivos
bourdelle.paris.fr

El prolífico escultor Antoine Bourdelle residió y trabajó en este edificio desde 1884 hasta su muerte en 1929. La casa, el estudio y el jardín integran actualmente un museo. Entre las 900 esculturas expuestas se encuentran los moldes de escayola originales de sus monumentales trabajos, creados para amplias plazas públicas e incluyen el grupo escultórico que realizó para los relieves decorativos del Theâtre des Champs-Élysées. La colección permanente, con entrada gratuita, se complementa con frecuentes exposiciones temporales, también gratuitas.

← Una de las estatuas del Musée Bourdelle

9 Palais du Luxembourg

H9 15 Rue de Vaugirard 75006
Odéon Luxembourg
senat.fr/visite

El palacio, sede del senado francés, se construyó para recordarle a María de Médici, viuda de Enrique IV, su Florencia natal. Fue diseñado por Salomon de Brosse y erigido al estilo del Palazzo Pitti florentino. Para cuando se completó (1631), María había sido desterrada, pero sirvió de Palacio Real hasta la Revolución. En la Segunda Guerra Mundial, fue la sede de la Luftwaffe, la fuerza aérea alemana. El edificio solo está abierto a visitantes individuales durante las Jornadas Europeas del Patrimonio, el tercer fin de semana de septiembre.

10 Musée du Luxembourg

H9 19 Rue de Vaugirard 75006 St-Sulpice
Luxembourg 10.30-19.00 diario durante exposiciones; consultar página web 1 may y 25 dic
museeduluxembourg.fr

Originalmente ubicada en el ala este del Palais du Luxembourg, esta galería, la primera pública de Francia, cambió finalmente su emplazamiento a esta antigua *orangerie* en 1886. Su colección contenía obras de grandes artistas como da Vinci, Van Dyck o Rembrandt pero muchas de ellas fueron posteriormente trasladadas al Louvre. Tras una profunda reforma, hoy acoge importantes exposiciones temporales, dedicadas a figuras relevantes del arte mundial como Rubens, Cézanne o Pissarro.

11 Jardin du Luxembourg

H9 Blvd St-Michel/Rue Guynemer 75006
Odéon Luxembourg
amanecer-anochecer diario
senat.fr/visite /jardin

Un oasis de verdor de 25 hectáreas en el mismo corazón de la orilla oeste, es uno de los parques más populares de París. Los hermosos jardines, en los que destaca un estanque octogonal a menudo rodeado por niños jugando con barquitos (que se pueden alquilar), se extienden en torno al Palais de Luxembourg.

El Jardín de Luxemburgo fue creado por encargo de María de Médici con un diseño similar al del Giardino di Boboli del palacio Pitti, de su Florencia natal. El jardín original se extendía en 8 hectáreas y lo que podemos ver hoy en día es el estanque, la Fontaine de Médicis y dos millares de olmos.

Alrededor del año 1848 fueron distribuidas por el parque estatuas de reinas

↑ El señorial Palais du Luxembourg en el Jardin du Luxembourg

> Un oasis de verdor de 25 hectáreas en el mismo corazón de la orilla oeste, el Jardin du Luxembourg es uno de los parques más populares de París.

de Francia y otras mujeres significativas para el país, como St-Geneviève, y más tarde, también estatuas de famosos escritores y artistas, llegando a colocarse 106 esculturas.

El jardín es un gran espacio para los niños, con actividades como un teatro de títeres protagonizado por el famoso personaje *Guignol*, un patio cercado, un carrusel y canchas de tenis.

Los adultos pueden jugar al ajedrez o al *Bridge*, pasear por las exposiciones de fotografía al aire libre o sentarse en una silla y disfrutar de un concierto gratuito.

12

Musée Zadkine

📍H10 🏠100 bis Rue d'Assas 75006 Ⓜ Notre-Dame-des-Champs 🕙10.00–18.00 ma-do 🚫festivos 🌐zadkine. paris.fr

El escultor de origen ruso Ossip Zadkine residió en este lugar desde 1928 hasta su muerte, en 1967. Sus obras se exponen en la pequeña casa, estudio y jardín. Aquí realizó su gran escultura conmemorativa, *Ciudad destruida*, encargada por la ciudad de Rotterdam después de la Segunda Guerra Mundial, y dos monumentos para van Gogh. El museo abarca toda su trayectoria, desde sus inicios cubistas al expresionismo y la abstracción.

FONTAINE MÉDICIS

Se cree que esta fuente barroca del Jardin du Luxembourg, construida en 1624 al estilo de un *grotto* italiano y situada al final de un largo estanque lleno de peces dorados, es obra de Salomon de Brosse. Los personajes mitológicos fueron añadidos mucho más tarde por Auguste Ottin (1866) y representan al cíclope Polifemo descubriendo a los amantes Acis y Galatea.

UN PASEO
MONTPARNASSE

Distancia 2,5 km **Metro** Gaîté
Tiempo 25 minutos

Célebre por combinar arte y calidad de vida, Montparnasse,
que fue frecuentado por Picasso, Hemingway, Matisse
y Modigliani, es una placentera mezcla de bares, cafés y
galerías de arte. Conviene desviarse del recorrido para visitar
el Cimetière du Montparnasse, donde, a lo largo de avenidas
arboladas, se puede rendir respeto a muchos iconos parisinos
e internacionales.

¿Lo sabías?

Los artistas Giacometti y
Modigliani fueron
estudiantes de la
Académie de la Grande-
Chaumière.

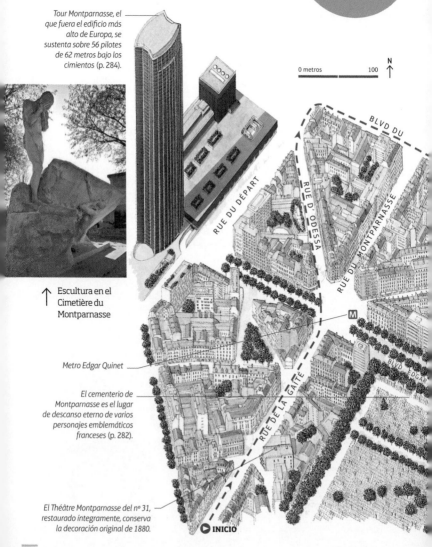

*Tour Montparnasse, el
que fuera el edificio más
alto de Europa, se
sustenta sobre 56 pilotes
de 62 metros bajo los
cimientos (p. 284).*

0 metros   100

N ↑

↑ Escultura en el
Cimetière du
Montparnasse

Metro Edgar Quinet

*El cementerio de
Montparnasse es el lugar
de descanso eterno de varios
personajes emblemáticos
franceses (p. 282).*

*El Théâtre Montparnasse del nº 31,
restaurado íntegramente, conserva
la decoración original de 1880.*

▶ INICIO

RUE DU DÉPART

RUE D'ODESSA

RUE DU MONTPARNASSE

BLVD DU

BLVD EDGAR

RUE DE LA GAÎTÉ

Interior de estilo *art déco*
del famoso La Coupole

Plano de situación
Para más detalles ver p. 280

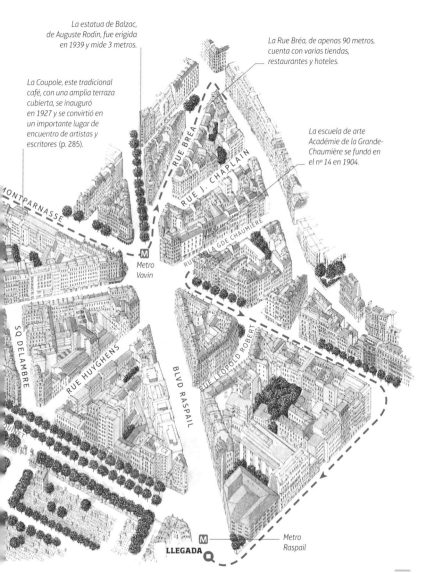

*La estatua de Balzac,
de Auguste Rodin, fue erigida
en 1939 y mide 3 metros.*

*La Rue Bréa, de apenas 90 metros,
cuenta con varias tiendas,
restaurantes y hoteles.*

*La Coupole, este tradicional
café, con una amplia terraza
cubierta, se inauguró
en 1927 y se convirtió en
un importante lugar de
encuentro de artistas y
escritores (p. 285).*

*La escuela de arte
Académie de la Grande-
Chaumière se fundó en
el nº 14 en 1904.*

La impresionante Fondation Louis Vuitton

FUERA DEL CENTRO

Las zonas más allá del Boulevard Périphérique servían a la aristocracia parisina para escapar a la campiña, cuando el Château de Vincennes era residencia real. Todo cambió con la construcción, en el siglo XVII, del palacio de Versalles, por Luis XIV. Esta muestra de opulencia tuvo un final violento durante la Revolución en 1789. Al auge de la industria en el siglo XIX le siguieron los grandes proyectos urbanísticos del siglo XX como los grandes bloques de viviendas sociales y el Périphérique, llamado el *Périph*. Hoy en día, los barrios de la *Banlieue* parisina sirven de hogar a la gran mayoría de los habitantes de la capital.

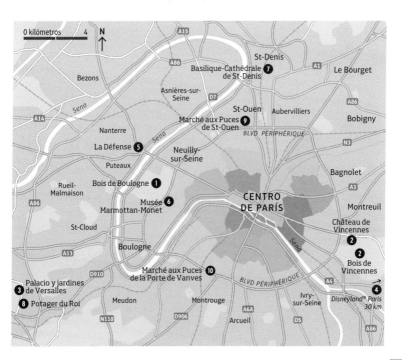

1 🍽️ 🖥️

BOIS DE BOULOGNE

🏠 75016 Ⓜ️ Porte Maillot, Porte Dauphine, Porte d'Auteuil, Les Sablons 🕐 Bosque: 24 horas diario; jardines: 8.00/9.00/9.30-atardecer diario (dependiendo de la estación) 🌐 Jardin d'Acclimatation: jardindacclimatation.fr; Théâtre de Verdure du Jardin Shakespeare: letheatredeverdure.com; Fondation Louis Vuitton: fondationlouisvuitton.fr

Este parque de 865 hectáreas, situado entre el perímetro oeste de París y el río Sena, ofrece zonas verdes para pasear, navegar, hacer pícnic o pasar un día en las carreras. El lugar es muy popular entre los parisinos, sobre todo los fines de semana estivales.

El Bois de Boulogne es lo único que se conserva del extenso bosque de Rouvre. Hay muchos lugares bonitos dentro y en los alrededores del parque, como el famoso hipódromo de Longchamp, el parque Jardin d'Acclimatation y el Stade Roland Garros donde se organiza el famoso torneo de tenis. Escondido entre sus arboledas está el Théâtre de Verdure, un espacio al aire libre en el que se presentan en verano obras de Shakespeare y actuaciones de música y danza. Los cautivadores jardines Bagatelle destacan por sus caprichos arquitectónicos y por la *orangerie*, famosa por sus rosales. Inaugurada en 2014, la Fondation Louis Vuitton diseñada por Frank Gehry es el centro cultural *par excellence*, dedicado al arte moderno.

¿Lo sabías?

La orangerie fue construida en 64 días, como resultado de una apuesta entre el conde de Artois y María Antonieta.

↑ Barcos de alquiler en el Lac Inférieur, el más grande de los dos lagos del parque

Le Frank
Un restaurante de lujo situado dentro de la Fondation Louis Vuitton.

🏠 8 Ave du Mahatma Gandhi, 75116
🕐 mediodía-19.00 diario, cenas vi y sá
🌐 restaurantlefrank.fr

€ € €

1 Para las "velas" de la Fondation Louis Vuitton se emplearon 3.600 paneles de cristal.

2 El Château de Bagatelle fue construido por el hermano de Luis XVI, el conde d'Artois.

3 Estatua de la leyenda del tenis Henri Cochet delante de Roland Garros.

2 🗡️ 🏛️ 🍴 🖥️ 🛍️

CHÂTEAU ET BOIS DE VINCENNES

🏠 1 Ave de Paris, 94300 Vincennes Ⓜ️ Château de Vincennes 🚆 Vincennes
🕐 *Château:* med may-med sep: 10.00-18.00 diario (med sep-med may: hasta 17.00 diario); Bois de Vincennes: 24 hrs diario 🔒 Château: 1 ene, 1 may y 25 dic 🌐 chateau-de-vincennes.fr

Vigilado por una torre del homenaje medieval, el Bois de Vincennes es una maravilla de la naturaleza. Con sus lagos, jardines y kilómetros de sendas tanto peatonales como ciclistas es un lugar idóneo para una escapada.

El castillo de Vincennes fue antaño la residencia real y fue aquí donde, en 1422, murió de disentería Enrique V de Inglaterra. Abandonado cuando se completó Versalles, Napoleón posteriormente convirtió el castillo en un arsenal.

La torre del homenaje del siglo XIV, la más alta de Europa, constituye un notable ejemplo de arquitectura militar medieval y alberga el museo. Su capilla gótica luce preciosos rosetones de piedra y los pabellones del siglo XVII alojan un fascinante museo de insignias militares.

Antiguo coto de caza, el Bois de Vincennes fue el regalo de Napoleón III a la ciudad de París en 1860. El paisajista del Barón Haussmann añadió los lagos y cascadas. Destaca el parque de atracciones más antiguo de Francia, que abre desde el Domingo de Ramos hasta finales de mayo y el renovado Parc Zoologique de Paris.

> **Antiguo coto de caza, el Bois de Vincennes fue el regalo de Napoleón III a la ciudad de París en 1860.**

El *château* sirvió de prisión ↑ entre los siglos XVI y XIX

↑ Lago Daumesnil, uno de los cuatro lagos artificiales del parque

Le Château des Vignerons
Platos franceses con un toque internacional.
🏠 17 Rue des Vignerons, 94300 Vincennes 🔒 do 🌐 chateaudesvignerons.com

€€€

¿Lo sabías?

El cuerpo de Enrique V fue hervido en la cocina del *château* para prepararlo para su regreso a Inglaterra.

Ecosistema amazónico en el ↑
Parc Zoologique de Paris

PALACIO Y JARDINES DE VERSALLES

Place d'Armes, 78000 Versalles **Versailles Express desde Tour Eiffel** **Versailles-Château-Rive Gauche, Versailles Chantiers** **Palacio: 9.00-17.00 ma-do; jardines: 8.00-18.00; imprescindible reservar** **lu, 1 ene, 25 dic** **chateauversailles.fr**

Esta residencia real impacta tanto por su tamaño como por su opulencia. El palacio con su magnífica decoración, sus jardines con numerosas fuentes, la excepcional topiaria e incluso un modelo de una granja hacen de Versalles la excursión por excelencia para un día fuera del centro de París.

El palacio

Luis XIV, partiendo del modesto refugio de caza de su padre, comenzó alrededor de 1662 la construcción del palacio más grande de Europa, con capacidad para 20.000 personas. Los arquitectos Louis Le Vau y Hardouin-Mansart diseñaron el conjunto y la sala de la Ópera fue añadida en 1770.

Las estancias principales están situadas en la primera planta del gran conjunto del palacio. Charles Le Brun las decoró con mármol de colores, tallas de piedra y madera, murales, terciopelo, plata y muebles dorados. La más notable es el Salón de los Espejos, con 357 espejos y 17 grandes ventanas arqueadas.

TOP 5 ESPACIOS DEL PALACIO

Salón de Venus
Entre la rica decoración de mármol de este salón destaca una estatua de Luis XIV.

Salón de Apolo
Diseñada por Le Brun y dedicada al dios Apolo, era la sala real de Luis XIV.

Salón de la Guerra
El tema bélico se acentúa considerablemente con el relieve estucado de Luis XIV victorioso a caballo.

Salón de los Espejos
Esta sala de 73 m de largo está repleta de espejos, junto a la fachada oeste.

Aposentos de la reina
En esta estancia las reinas de Francia daban a luz a los herederos en público.

El palacio y los jardines de Versalles, el paradigma de la grandeza aristocrática ↓

1

3

1 El Patio de Mármol está decorado con pavimentos de mármol, urnas, bustos y un balcón dorado.

2 La gran obra de Mansart, la capilla barroca de dos plantas, la Chapelle Royale, fue la última incorporación de Luis XIV en Versalles.

3 Luis Felipe ubicó en los aposentos originales del ala sur de los nobles cortesanos un museo dedicado a la historia de Francia.

2

Los jardines de estilo francés con pasillos y arbustos dispuestos en forma geométrica ↑

Los jardines

Los terrenos de Versalles no tienen nada que envidiar al propio palacio. Diseñados por el célebre paisajista André Le Nôtre, los jardines de estilo formal son una obra maestra: fuentes con esculturas y rincones entre los parterres y setos de formas geométricas. El Gran Canal de 1,7 km de largo lleva hasta un parque de estilo inglés, con zonas boscosas y campos agrícolas delineados por una red de senderos. Los jardines albergan también los palacios de Grand y Petit Trianon, construidos como residencias privadas para Luis XIV y Luis V, además de la Aldea de la Reina –una imitación de un pueblo francés, construida para María Antonieta–, que a su vez cumplía la función de granja.

> **Los jardines de estilo formal son una obra maestra: fuentes con esculturas y rincones entre los parterres y setos de formas geométricas.**

↑ El Grand Trianon construido para Luis XIV en 1687 para huir de los estrictos protocolos de la corte

Ore
El restaurante de Alain Ducasse, situado en el Pavillon Dufour, ofrece un lujo acorde con el entorno en el que se encuentra.

🏠 Château de Versailles, 78000 Versalles
Ⓦ ducasse-chateauversailles.com

€ € €

Angelina
Este famoso salón de té tiene en Versalles dos sedes: una en el Pavillon d'Orléans y otra en el Petit Trianon y ambas ofrecen dulces y tentempiés realmente de primera.

🏠 Château de Versailles, 78000 Versalles
Ⓦ angelina-paris.fr

€ € €

¿Lo sabías?
Una tercera parte del presupuesto de palacio fue dedicado a las fuentes. Hoy en día funcionan solo en los meses de verano.

1

2

3

1 Los creadores de las cabañas de la Aldea de la Reina se inspiraron en la arquitectura rural francesa. Aunque parezcan rústicas por fuera, el mobiliario es todo un lujo.

2 Durante las Grands Eaux Nocturnes en verano se iluminan los jardines de Versalles con instalaciones y espectáculos.

3 Construido en 1762 para Luis XV, el Petit Trianon se convirtió en el lugar preferido de María Antonieta.

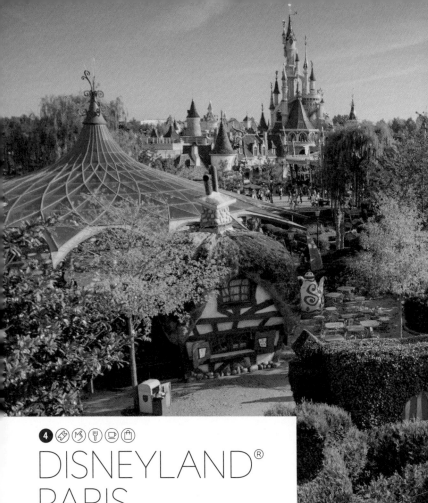

④ 🎿 ⛷ 🍴 📷 🛍

DISNEYLAND®
PARIS

🏠 77777 Marne-la-Vallée 🚌 Disneyland® Paris Express desde Gare du Nord, Opéra, Châtelet y la Torre Eiffel 🚇 Marne-la-Vallée/Chessy 🕐 Disneyland® Park: 10.00–23.00 en temporada alta (más temprano temporada baja); Walt Disney Studios® Park: 10.00–21.00 en temporada alta (más temprano temporada baja) 🌐 disneylandparis.com

Insuperable para evadirse por su diversión desmedida y una energía desbordante, Disneyland® Paris ofrece atracciones trepidantes, algunas experiencias más suaves y fantásticos efectos especiales.

Los parques están construidos a gran escala: el recinto, que ocupa 53 hectáreas, abarca dos parques temáticos, siete hoteles, un complejo comercial, lúdico y de restaurantes, una pista de patinaje sobre hielo, un lago, dos centros de convenciones y un campo de golf. El parque temático consta de dos partes principales: el Disneyland® Park y el Walt Disney Studios® Park. El primero, con más de 50 atracciones, se inspira en la fantasía y los personajes clásicos de Disney mientras que el otro muestra, a través de espectáculos y exposiciones interactivas, el ingenio necesario para la producción cinematográfica, televisiva y la animación.

DISNEY VILLAGE

La diversión no acaba cuando se cierran los parques. La Disney Village ofrece variedad de opciones de entretenimiento nocturno como cines, conciertos y la Wild West Show de Buffalo Bill, además de numerosas tiendas y restaurantes. También se organizan eventos relacionados con importantes momentos del año, como celebraciones de Pascua, Halloween y Nochevieja.

¿Lo sabías?
—
El castillo de la
Bella Durmiente fue diseñado
para contrastar con los cielos
grises parisinos.

↑ Vista desde el Alice's
Curious Labyrinth en el
Disneyland® Park

1 El Crush's Coaster®, una de las muchas
atracciones del Walt Disney Studios®Park.

2 Dando vueltas en el Mad Hatter's Tea Cups
en el Fantasyland® del Disneyland®Park.

3 Desfile en el Disneyland®Park con personajes
de películas como *Toy Story*.

DISNEYLAND® PARK

El Disneyland®Park agrupa cinco zonas. Main Street, la calle principal, representa un pequeño y tradicional pueblo estadounidense con sus fachadas victorianas, tiendas y restaurantes. Frontierland®, un homenaje al Salvaje Oeste americano, cuenta con algunas de las atracciones más populares mientras que las montañas rusas, juegos y las maravillas de animatrónica se encuentran en el Adventureland®. Las calles de Fantasyland® están inspiradas en los dibujos animados y ofrecen diversión para los más pequeños. La ciencia ficción y el futuro son los temas de Discoveryland® con su montaña rusa en multiespiral, la Star Wars Hyperspace Mountain.

TOP 3 ATRACCIONES DEL DISNEYLAND® PARK

Star Wars Hyperspace Mountain
Antes conocida como Space Mountain®, la emblemática montaña rusa atrae a multitudes desde primera hora pero al pasar el día, las colas suelen desaparecer.

Big Thunder Mountain
La salvaje montaña rusa con vagones sobre vías de tren minero es muy popular.

Piratas del Caribe
Este barco atraviesa prisiones subterráneas y batallas navales en un viaje muy excitante.

← El parque con atracciones como Indiana Jones™ y el templo maldito *(abajo)*

Entrada al Walt Disney
Studios®Park con
su torre con orejas ↑

↑ La atracción sobre cuatro
ruedas Cars Quatre Roues
Rallye

↑ El animado mundo acuático
del Crush's Coaster®

WALT DISNEY STUDIOS® PARK

Las cinco zonas de producción del Walt Disney Studios® Park revelan los secretos de la cinematografía. Tras la gigantesca puerta principal (Front Lot), el Disney Studio 1 alberga un completo decorado de película con fachadas estilizadas y locales como el Club Swankedero, al más puro estilo de la década de 1930. El Toon Studio® y el Worlds of Pixar® cuentan con montañas rusas y otras atracciones inspiradas en los personajes más emblemáticos de Disney y Pixar, y en la Place de Rémy hay un espectáculo de Ratatouille en 4D. En el Production Courtyard® se puede ver, entre otras cosas, qué pasa detrás de los bastidores en la Studio

Tram Tour®, entre otras atracciones; mientras que el Avengers Campus® permite salvar al mundo con los héroes de Marvel.

→
Mickey Mouse con su varita
mágica sobre la zona de
Toon Studio®

LUGARES DE INTERÉS

5

La Défense

🏛 1 Parvis de la Défense
Ⓜ/🚆 La Défense 🚌 La
Grande Arche: 10.00-19.00
diario 🌐 parisladefense.com

Este distrito de rascacielos
de oficinas en el extremo
occidental de París es uno
de los centros de negocios
mayores de Europa, con más
de 80 hectáreas. El proyecto se
concibió en 1958 para dotar
de nuevas dependencias a
importantes empresas
francesas y multinacionales.
Un ambicioso plan de diseño
ha transformado muchas de
las plazas en fascinantes
museos al aire libre.

En 1989 se incorporó al
conjunto La Grande Arche, un
colosal cubo hueco con
dimensiones suficientes para
dar cabida a la catedral de
Notre-Dame. Fue diseñado por
el arquitecto danés Johan
Otto von Spreckelsen dentro
de las obras de construcción a
gran escala o *grands travaux*

emprendidos por el difunto
presidente François Mitterrand
(al que se las dedica). Para
disfrutar de unas maravillosas
vistas se puede subir en el
ascensor hasta la cima del arco.
También hay un restaurante y
una sala de exposiciones
dedicada al fotoperiodismo.

6

Musée Marmottan Monet

🏛 2 Rue Louis Boilly 75016
Ⓜ Muette 🕐 10.00-18.00
ma-do (hasta 21.00 ju)
🚫 1 ene, 1 may, 25 dic
🌐 marmottan.fr

Este museo se abrió en la
mansión decimonónica del
historiador de arte Paul Marmottan en 1932, cuando este
donó su casa y sus colecciones
de pinturas y muebles del Renacimiento y Primer Imperio al
Instituto de Francia. El tema
central del museo cambió

↑ Gafas de Claude
Monet en el Musée
Marmottan Monet

en 1934 a partir de la incorporación de 65 pinturas del
impresionista Claude Monet
donadas por su hijo, Michel
Monet, entre ellas algunas de
sus obras más famosas, como
Impresión: amanecer, un hermoso cuadro de la serie de la
catedral de Rouen y varios
lienzos de la serie Nenúfares.

Parte de la colección personal de arte de Monet también
se cedió al museo. En ella figuran pinturas de Camille Pissarro y de los impresionistas Pierre Auguste Renoir y Alfred
Sisley. También se exponen en
el museo manuscritos ilumina-
dos medievales.

Los nuevos y relucientes bloques
↓ de oficinas en el distrito
financiero de La Défense

Tumbas en la
Basilique-Cathédrale
de St-Denis

7

Basilique-Cathédrale de St-Denis

📍 1 Rue de la Légion D'Honneur, 93200 St-Denis
Ⓜ Basilique de St-Denis
🚉 St-Denis ⏰ abr-sep: 10.00-18.15 lu-sá, 12.00-18.15 do; oct-mar: 10.00-17.15 lu-sá, 12.00-17.15 do
📅 1 ene, 1 may, 25 dic
🌐 saint-denis-basilique.fr

Construida entre 1137 y 1281, la basílica-catedral se halla en el emplazamiento de la tumba de san Dionisio, el primer obispo de París, que fue decapitado en el año 250 d.C. El templo fue el precursor del estilo gótico y lugar de enterramiento de mandatarios franceses desde tiempos merovingios. Durante la Revolución se profanaron y esparcieron tumbas, aunque se guardaron las mejores y actualmente integran una colección de arte funerario. Aquí descansan Dagoberto, Enrique II y Catalina de Médici, Luis XVI y María Antonieta, entre otros. Las visitas guiadas muestran grandes vistas de la nave.

8

Potager du Roi

📍 10 Rue du Maréchal-Joffre, 78000 Versailles ⏰ 10.00-18.00 ma-vi (abr-oct: también sá y do; nov y dic: también de 10.00-13.00 sá)
🚉 Versailles-Château-Rive Gauche 🌐 potager-du-roi.fr

Cuando Luis XIV construyó Versalles, pensó que sería prudente disponer de su propia producción de hortalizas (el envenenamiento era la amenaza constante en aquellos tiempos). En 1678, Jean-Baptiste de La Quintinie diseñó para su monarca el *potager* (huerto). Al principio, las tierras cenagosas de los alrededores del palacio fueron difíciles de dominar pero con tiempo superó las adversidades y cultivó todo tipo de frutas y verduras e incluso productos de temporada estival en invierno. El jardín sirvió para diversos propósitos, como centro de educación o escuela de la horticultura, incluso después de la Revolución. Desde 1991 está el Potager du Roi abierto al público. El lugar dispone de una tienda que los martes ofrece productos de temporada procedentes del huerto real.

9

Marché aux Puces de St-Ouen

📍 Rue des Rosiers, 93400 St-Ouen Ⓜ Porte de Clignancourt, Garibaldi ⏰ 10.00-18.00 sá-do, 11.00-17.00 lu, 8.00-12.00 mi 🌐 marcheauxpuces-saintouen.com

Con sus 6 hectáreas, este rastro es el mercadillo más grande y antiguo de París. En el siglo XIX, los mercaderes de harapos y timadores solían concentrarse en las afueras de la ciudad para vender sus mercancías. Hacia la década de 1920 había aquí un mercado propiamente dicho, donde a veces se podían comprar obras de arte a buen precio. Hoy se divide en mercadillos especializados y es conocido sobre todo por su abundancia de muebles y adornos del Segundo Imperio (1852-1870). A pesar de que últimamente apenas se encuentran gangas, unos 5 millones de personas acuden cada año en busca de oportunidades, turistas y coleccionistas siguen acudiendo para curiosear en los más de 2.500 puestos.

¿Lo sabías?
—
Menos de una cuarta parte de los 11,1 millones de parisinos habita dentro de los 20 *arrondissements*.

10

Marché aux Puces de la Porte de Vanves

📍 Ave Georges Lafenestre y Ave Marc Sangnier 75014 Ⓜ Porte de Vanves ⏰ 7.00-14.00 sá y do 🌐 pucesdevanves.fr

Cada sábado y domingo los buscadores de gangas acuden a este animado mercado de pulgas al aire libre. En la oferta hay prácticamente de todo, desde una amplia selección de artículos de cristal, muebles y obras de arte hasta una casi infinita variedad de otros cachivaches. En 1989 fue precisamente aquí donde se vendió el primer retrato realizado por Louis Daguerre, por una cifra equivalente a 500 € actuales. Una suma realmente modesta por semejante pieza de la historia de la fotografía. En este mercado se pueden encontrar cosas realmente interesantes pero conviene madrugar y reservar al menos un par de horas para la búsqueda.

GUÍA ESENCIAL

The Metro whizzing across the Pont de Bir Hakeim

ANTES
DE PARTIR

La planificación es esencial para que el viaje sea un éxito. Hay que estar preparado para cualquier situación teniendo en cuenta los siguientes datos antes de viajar.

DE UN VISTAZO

MONEDA
Euro (€)

GASTO MEDIO DIARIO

BAJO	MEDIO	ALTO
60 €	165 €	+300 €

AGUA MINERAL	CAFÉ	CERVEZA	CENA PARA DOS
1,50 €	2,50 €	6 €	60 €

FRASES ÚTILES

Hola	Bonjour
Adiós	Au revoir
Por favor	S'il vous plaît
Gracias	Merci
¿Habla español?	Parlez-vous espagnol?
No comprendo	Je ne comprends pas

ENCHUFES
Los enchufes son de tipo C and E para clavijas de dos patillas. El voltaje es de 230 voltios.

Documentación

Los ciudadanos españoles pueden entrar en territorio francés presentando el DNI o pasaporte en vigor, y pueden quedarse de forma indefinida. Se puede ampliar esa información en la embajada francesa más cercana o en la web **France-Visas:**
🌐 https://france-visas.gouv.fr/es
Embajada de Francia en Madrid
🌐 es.ambafrance.org

Consejos oficiales

Es importante tener en cuenta los consejos oficiales antes de viajar. Se pueden consultar las recomendaciones sobre seguridad, sanidad y otras cuestiones en la web del **Ministerio de Asuntos Exteriores de España y del Gobierno de Francia.**
Ministerio de Asuntos Exteriores
🌐 exteriores.gob.es
Gobierno de Francia
🌐 gouvernement.fr

Información de aduanas

La información relativa a los bienes y divisas que se pueden introducir o sacar de Francia se puede consultar en la web oficial de turismo de Francia.
France Tourism
🌐 ee.france.fr

Seguros de viaje

Es recomendable contratar un seguro que cubra el robo, la pérdida de objetos personales, atención médica, cancelaciones y demoras, y leerse atentamente la letra pequeña. Para recibir asistencia médica de urgencia en Francia, los ciudadanos de la UE deben tener la **Tarjeta Sanitaria Europea (TSE).**
Tarjeta Sanitaria Europea (TSE)
🌐 seg-social.es

Vacunas

Consultar con las autoridades la información relativa a los requisitos de vacunación de la COVID-19.

Reservas de alojamiento

París ofrece una amplísima variedad de alojamientos, desde hoteles de lujo de cinco estrellas, pensiones familiares o albergues económicos hasta apartamentos privados.

Los turistas acuden en masa entre mayo y septiembre, y los parisinos abandonan París en agosto.

Dinero

La mayoría de los establecimientos aceptan las principales tarjetas de crédito, débito o prepago, pero siempre conviene llevar algo de efectivo. En París, los sistemas de pago *contactless* están muy extendidos.

Por lo general, no se exige dejar propina, pero se considera un detalle de educación dejar unas monedas para reconocer el buen trato.

Viajeros con necesidades específicas

Los edificios históricos y las calles adoquinadas de París pueden dificultar la movilidad. Sin embargo, hay muchas organizaciones que trabajan para mejorar la accesibilidad en la ciudad.

La **Office du Tourisme et des Congrès** publica los lugares y las rutas de fácil accesibilidad para turistas con movilidad reducida o problemas de vista u oído, mientras que **Jaccede** ofrece información de los museos, hoteles, bares, restaurantes y cines accesibles.

La página web de **Vianavigo** da información sobre transporte público accesible, además de una herramienta de planificación de trayectos que se puede adaptar a las necesidades específicas, y la página web de **SNCF** tiene información muy útil para accesibilidad en viajes en tren.

Les Compagnons du Voyage brindarán compañía en transporte público a personas con movilidad o visión limitada por una pequeña tarifa.

Jaccede
W jaccede.com
Les Compagnons du Voyage
W compagnons.com
Office du Tourisme et des Congrès
W parisinfo.com
SNCF
W asncf.com/fr
Vianavigo
W vianavigo.com

Idioma

Los franceses están muy orgullosos de su lengua, pero esto no debe desalentarnos. Dominar unos cuantos cumplidos, sin conocer en absoluto el idioma, reporta muchos beneficios.

Horarios

La pandemia de COVID-19 continúa afectando a museos, restaurantes, bares y tiendas. Algunos museos requieren que los visitantes reserven entradas para una fecha y hora específicas, así que conviene consultar los sitios web y planificarse con anticipación. Además, algunos lugares continúan con horarios de apertura reducidos o pueden estar cerrados temporalmente, por lo que siempre hay que verificar antes de las visitas.

Hora de comer Algunas tiendas y negocios cierran una o dos horas alrededor del mediodía.
Lunes Algunos museos, pequeños comercios, restaurantes y bares cierran todo el día.
Martes Los museos nacionales cierran todo el día, salvo Versalles y el Musée d'Orsay, que cierran los lunes.
Domingo La mayoría de tiendas están cerradas.
Festivos Los servicios públicos, los comercios, los museos y los lugares de interés suelen cerrar.

DÍAS FESTIVOS

1 ene	Año Nuevo
mar/abr	Lunes de Pascua
1 may	Día del Trabajo
8 may	Día de la Victoria de 1945
14 jul	Día de la Bastilla
15 ago	Día de la Asunción
1 nov	Día de Todos los Santos
11 nov	Día del Armisticio de 1918
25 dic	Día de Navidad

LLEGADA Y DESPLAZAMIENTOS

Tanto si se va a visitar el centro histórico de París a pie, como si se quiere utilizar el transporte público, aquí está toda la información para llegar mejor al destino y viajar como un profesional.

DE UN VISTAZO

PRECIO DEL TRANSPORTE PÚBLICO

Los billetes son válidos para todos los transportes públicos.

SENCILLO

1,90 €

(zonas 1-3)

DIARIO

13,20 €

(zonas 1-3)

ABONO DE 3 DÍAS

29,40 €

(zonas 1-3)

LÍMITES DE VELOCIDAD

AUTOPISTA

130 km/h

CARRETERAS IMPORTANTES

80 km/h

CARRETERAS RADIALES

70 km/h

ZONAS URBANAS

50 km/h

Llegada en avión

París tiene dos grandes aeropuertos, Charles de Gaulle (también conocido como Roissy) y Orly, y uno secundario, Beauvais, destinado sobre todo a aerolíneas de bajo coste. Los tres tienen buena conexión con el centro en tren, autobús y taxi. Hay agencias de alquiler de coches, pero no se recomienda conducir en París. En la página siguiente hay una tabla con información sobre tiempos y precios de los billetes entre los aeropuertos de París y el centro de la ciudad.

Airport Shuttles es un sitio que busca las mejores ofertas para servicios, como trayectos compartidos y conductores privados, entre los aeropuertos y el destino. Proporciona precios actualizados de autobuses, taxis y el resto de opciones que mejor se ajusten al bolsillo del viajero.

El **RATP Roissybus** opera servicios regulares desde Charles de Gaulle y los trenes RER (línea B) salen cada 5-15 minutos con paradas en Gare du Nord, Châtelet-Les-Halles y otras estaciones importantes. La lanzadera de **Orlybus** conecta Orly con la estación de Denfert-Rochereau.

Existe un servicio de autobús lanzadera entre Beauvais y Porte-Maillot que tarda una hora y media. Se aconseja reservar con antelación a través de la página web.

Airport Shuttles
🔲 airportshuttles.com
Le Bus Direct
🔲 lebusdirect.com
Orlybus
🔲 airport-orly.com/orly-bus.php

Viajar en tren

International Train Travel

Hay trenes regulares de alta velocidad que conectan las seis estaciones de ferrocarril internacionales de París con grandes ciudades de toda Europa. Es esencial reservar, pues los asientos se ocupan con rapidez.

Se pueden comprar billetes para múltiples viajes internacionales en **Eurail** o **Interrail;** es posible que haya que pagar un tasa por la reserva. Es importante asegurarse antes de subir al tren de que el billete es válido para el servicio que se desea utilizar.

CONEXIONES CON LOS AEROPUERTOS

Aeropuerto	Transporte	Tiempo de trayecto	Precio
Charles de Gaulle	Le Bus Direct, línea 2	45-70 min	18 €
	Le Bus Direct, línea 4	1 h 20 min	18 €
	RATP Roissybus	1 h 10 min	13,70 €
	RER	25-30 min	11,40 €
	Taxi	25-45 min	53-58 €
Orly	Le Bus Direct	20-60 min	12 €
	GOC	30 min	6,35 €
	RATP Orlybus	25-30 min	8,30 €
	Orlyval/RER	30-40 min	12,10 €
	Tranvía, Línea T7	30 min	1,90 €
	Taxi	25-45 min	32-37 €
Beauvais	Autobús lanzadera	1 h 15 min	15,90 €
	Taxi	1 h - 1 h 30 min	desde 170 €

Eurostar ofrece un servicio regular y rápido desde Londres hasta el centro de París a través del Túnel del Canal.

Los estudiantes y los menores de 26 años pueden comprar billetes de tren con descuento tanto para llegar a Francia como dentro de ella. Más información en la web de **Eurail** o **Interrail**.

Thalys gestiona un servicio de alta velocidad entre París, Bruselas y Amsterdam 10 veces al día, con diversas ofertas, condiciones de equipaje y reducción de la mitad del precio en el último momento.

Eurail
🆆 eurail.com
Eurostar
🆆 eurostar.com
Interrail
🆆 interrail.eu
Thalys
🆆 thalys.com

Viajes nacionales en tren

París cuenta con seis estaciones de tren importantes, todas las cuales atienden a diferentes regiones.

El ferrocarril estatal francés, **OUI SNCF**, cuenta con dos servicios en París: el servicio suburbano Banlieue y las Grandes Lignes, o trenes de larga distancia. El Banlieu opera en una red con cinco zonas. Los trenes de larga distancia recorren toda Francia. El TGV ofrece trayectos de alta velocidad

que es preciso reservar. Hay otros trenes de alta velocidad económicos como Ouigo.

Antes de subir a un tren, hay que validar (*composter*) los billetes a la entrada del andén, salvo que sean electrónicos. Los billetes de transporte urbano no se pueden utilizar en trenes Banlieue, excepto algunos billetes RER a estaciones con líneas SNCF y RER.

OUI SNCF
🆆 oui.sncf.com
Ouigo
🆆 ouigo.com

PRINCIPALES ESTACIONES

Estación	Destinos
Gare de Lyon	Sur de Francia, Alpes, Italia y Suiza
Gare de l'Est	Este de Francia, Austria, Suiza y Alemania
Gare du Nord	Noreste de Francia, Gran Bretaña, Bélgica, Países Bajos y Alemania
Gare St-Lazare	Puertos del Canal y Normandía
Gare d'Austerlitz	Suroeste de Francia y valle del Loira
Gare Montparnasse	Puertos de Bretaña y del suroeste y España

Transporte público

El metro, el RER, los autobuses y los tranvías están gestionados por la **RATP** (Régie Autonome des Transports Parisiens). En su página web se puede encontrar información relativa a medidas de higiene y seguridad, horarios, billetes, mapas y demás.

RATP
🌐 ratp.fr

Billetes

El área metropolitana de París se divide en cinco zonas. París Central es la zona 1, el aeropuerto de Orly y Versalles están en la zona 4, y el de Charles de Gaulle está en la 5. El metro llega a las zonas 1, 2 y 3.

Para evitar la compra de billetes en papel, se puede adquirir la tarjeta **Navigo,** que es recargable y puede usarse en el metro, RER y autobuses. La Navigo Easy cuesta 2 € y se puede ir recargando con los viajes que se desee. La Passe Navigo Découverte vale 5 € y puede recargarse con viajes ilimitados semanales en las zonas 1-5. Para obtenerla es necesaria una foto tamaño carné y firmar la tarjeta.

Los turistas pueden disfrutar de viajes sin límite en el metro, el RER y los autobuses de París con un pase Paris Visite, válido para 1, 2, 3 o 5 días consecutivos en las zonas 1-3, o una tarjeta Mobilis, para zonas de libre elección durante un día. Ambas están disponibles en el RATP. Los menores de 4 años viajan gratis y los menores de 10 pagan la mitad.

Los billetes de autobús se pueden comprar al conductor. Se deben validar al subir.

Navigo
🌐 iledefrance-mobilites.fr/titres-et-tarifs

Metro y RER

El Metro de París tiene 14 líneas y dos ramales. El RER es una red de cinco líneas de trenes bajo tierra por el centro de París y al aire libre en los alrededores. Las dos redes se solapan en el centro de la ciudad. Los viajes en RER fuera del centro requieren un billete especial; los precios a las afueras e inmediaciones varían.

Autobuses y tranvías

En las paradas, hay que hacer una señal a la mayoría de los autobuses para que se detengan. Con un billete sencillo, el viajero puede cambiar de autobús o tranvía durante 90 minutos (entre la primera y última validación). Cada vez que se cambia de autobús o tranvía, hay que validar el billete.

Las excepciones son Balabus, Orlybus y Roissybus y las líneas 221, 297, 299, 350 y 351.

Hay 48 líneas nocturnas, llamadas Noctilien, en París y alrededores. Casi todas terminan en Châtelet.

Ocho líneas de tranvía, de la T1 a la T8, operan en París, dando servicio a la periferia. Se puede viajar en tranvía con billetes de metro y tarjetas. No pasan por los principales lugares turísticos, pero es una forma agradable de conocer los alrededores de París.

Viaje en autocar

Hay dos operadores principales, **FlixBus** y **BlaBlaBus,** que conectan París con otras ciudades francesas y con destinos de toda Europa. Son una altrenativa de bajo coste al avión y al tren y con ellas se puede viajar a Londres, Bruselas, Ámsterdam, Milán y Barcelona, además de a Varsovia, Zagreb, Bucarest y otras ciudades.

BlaBlaBus
🌐 blablacar.fr/bus
Flixbus
🌐 global.flixbus.com

Taxis

Los taxis se pueden parar en la calle, o también se puede acudir a alguna de las aproximadamente 500 paradas que hay por la ciudad. El taxímetro marcará un precio de bajada de bandera (unos 2,60 €). Por lo general, se cobra recargo con más de tres pasajeros.

Los *vélo taxis* son triciclos motorizados que ofrecen una alternativa verde a los taxis tradicionales. Los **Taxis G7** cuentan con una flota amplia de vehículos eléctricos e híbridos. Si se busca un mototaxi, reservar con **CityBird.** En París también hay aplicaciones de taxi como Uber Free Now y Bolt. Los siguientes servicios se pueden reservar por teléfono o por Internet:

Citybird
🌐 city-bird.com
Taxis G7
🌐 g7.fr

En coche

No es recomendable conducir en París. El tráfico suele ser denso, hay muchas calles de un único sentido y aparcar es difícil y caro.

Llegar en coche a París

En París convergen *autoroutes* (autopistas) desde todas direcciones.

La ciudad está rodeada por una circunvalación exterior, el Boulevard Périphérique. Todas las autopistas que llevan a la capital conectan con el Périphérique, que separa la ciudad de las afueras. Cada antigua puerta de la ciudad (*porte*) se corresponde con una salida o entrada al Périphérique. Es recomendable tomarse tiempo para comprobar cuál es su dirección de destino y consultar un mapa del centro de París para averiguar cuál es la *porte* más cercana.

Alquiler de coches
Para alquilar un coche en Francia hay que ser mayor de 21 años y tener carné de conducir, al menos, con un año de antigüedad. Es necesario presentar una tarjeta de crédito como depósito. Antes de viajar, conviene comprobar el tipo de permiso de circulación necesario.

Ada.Paris es un autoservicio de alquiler de coche que opera en todo París y en los alrededores. Se puede tomar un coche de un aparcamiento, realizar un trayecto y aparcarlo en otro de la región.
Ada.Paris
🅦 ada.fr

Conducir en París
París es zona de tráfico restringido y es obligatorio llevar una pegatina Crit'Air con un número que indica del uno al cinco el grado de contaminación que genera el coche. En caso de niveles de contaminación altos, los vehículos con determinada pegatina no pueden circular. Las pegatinas se pueden adquirir en el **Air Quality Certificate Service**.

Se aparca en zonas con una "P" grande o un cartel de *payant* en la acera o el pavimento y se paga en el parquímetro con *La Paris Carte* (disponible en cualquier quiosco), con tarjeta de crédito o débito o utilizando la app **PaybyPhone** (*p. 315*).

París cuenta con numerosos aparcamientos subterráneos señalizados con una "P" blanca sobre fondo azul.
Air Quality Certificate Service
🅦 certificat-air.gouv.fr

Normas de circulación
En una rotonda, los coches que están en su interior tienen preferencia, aunque en el Arc de Triomphe los coches dejan paso al tráfico por la derecha.

En todos los casos, los conductores deben llevar carné de conducir en vigor, documentos de propiedad y del seguro. Es obligatorio el cinturón de seguridad y está prohibido el claxon en la ciudad.

En motocicleta es obligatorio llevar casco y guantes. En el centro, está prohibido utilizar los carriles bus en cualquier hora del día. Francia hace cumplir con rigor los límites de alcohol en sangre a la hora de conducir (*p. 315*).

Barcos y ferris

París en barco
La lanzadera del barco fluvial de París, el **Batobus,** sale cada 20-45 minutos; los servicios son más frecuentes en primavera y verano. Los billetes se pueden comprar en las paradas de Batobus y en las oficinas de turismo y de RATP.
Batobus
🅦 www.batobus.com

En bicicleta

París es razonablemente llano, tiene una extensión asequible y cuenta con infinidad de calles restringidas al tráfico. La ciudad tiene unos 1.000 km de carriles bici, lo que facilita mucho y hace más seguro desplazarse en bicicleta. En los próximos años está previsto incrementar mucho la red.

Alquiler de bicicletas
El sistema de bicicletas compartidas **Vélib'** está disponible 24 horas al día. Existen unos 1.100 puestos de Vèlib' en la ciudad; el pago se hace a través de una *app* o con tarjeta de crédito en los terminales. Para bicicletas normales, la primera media hora cuesta 1 €, a lo que se suma 1 € por cada media hora adicional; para bicicletas eléctricas, la primera media hora cuesta 1 € y hay que sumar otros 2 € por cada media hora adicional.
Vélib'
🅦 velib-metropole.fr

Recorridos en bicicleta
Bike About Tours ofrece viajes a los lugares más famosos de París, así como rutas a Versalles o por "el París oculto" en pequeños grupos o a particulares.
Bike About Tours
🅦 bikeabouttours.com

A pie

Caminar es, sin duda, la forma más agradable de recorrer el centro de París. La mayor parte de los lugares turísticos están cerca unos de otros. La Office du Tourisme et des Congrès ofrece varios itinerarios en su página web (*p. 309*).

INFORMACIÓN
PRÁCTICA

Conocer la información local ayuda a moverse por París. Aquí están todos los consejos e información esencial que pueden resultar necesarios durante la estancia.

DE UN VISTAZO

NÚMEROS DE EMERGENCIAS

EMERGENCIAS	BOMBEROS
112	**18**

POLICÍA	URGENCIA MÉDICA
17	**15**

ZONA HORARIA
CET/CEST
El horario de verano de Europa central (CEST) rige desde finales de marzo a finales de octubre.

AGUA DEL GRIFO

A menos que se diga otra cosa, en Francia es seguro beber agua del grifo.

PÁGINAS WEB Y APPS

en.parisinfo.com
La web oficial de la oficina de turismo de París.

Le Fooding
Busca el restaurante recomendado más próximo en un instante.

PaybyPhone
Con esta aplicación se paga enseguida y fácilmente el aparcamiento en la calle.

Bonjour RATP
La aplicación de RATP, el operador de transporte público de la ciudad.

Seguridad personal

París es una ciudad segura, pero los pequeños hurtos son habituales, al igual que en la mayoría de las urbes. Los carteristas frecuentan los lugares turísticos y el metro y los autobuses en horas punta, por lo que conviene tener controladas las pertenencias en todo momento. Para denunciar un robo, hay que acudir a la comisaría más cercana en las 24 horas posteriores, con la documentación. En la página web de la Office du Tourisme et des Congrès (p. 309) hay una lista de las comisarías de París. Si se sufre un robo del pasaporte, o en el caso de un delito grave, es recomendable contactar con la embajada.

Por la noche hay que evitar los transbordos largos de estaciones de Metro como Châtelet-Les-Halles o Montparnasse. Y evitar los últimos trenes RER que llegan a las afueras o salen de allí.

París es una ciudad diversa y multicultural. Por lo general, los parisinos son muy abiertos a personas de toda raza, género o sexualidad. El matrimonio entre personas del mismo sexo se legalizó en 2013 y Francia reconoció en 2016 el derecho a cambiar de género. París cuenta con una animada escena LGTBIQ+ en torno al distrito de Marais. El **Centre LGBT Paris Ile-de-France** ofrece asesoramiento y celebra encuentros con regularidad. También tiene una biblioteca y un bar.

Los acontecimientos de los últimos años han llevado a una mayor presencia policial y militar en París, y hay registros de bolsos y mochilas en la mayoría de los lugares turísticos.

Centre LGTB Paris Ile-de-France
🆆 centrelgbtparis.org

Salud

Francia tiene un excelente sistema sanitario. Los ciudadanos de la UE con Tarjeta Sanitaria Europea tienen derecho a utilizar el servicio de salud nacional francés (p. 308). Hay que pagar el tratamiento y, después, reclamar la mayor parte de su coste a las autoridades sanitarias.

No obstante, es recomendable suscribir un seguro médico general antes de viajar. Los hospitales de París aparecen en una lista de la página web de **Assistance Publique.** El hospital más céntrico es el Hôtel Dieu (Pl du Parvis No-

tre Dame). En el caso de una urgencia dental, **SOS Dentaire** proporciona atención a domicilio, pero es caro. El **Centre Médical Europe** también ofrece atención dental.

Para dolencias menores, se puede acudir a las farmacias, que pueden aconsejar algún médico por la zona. En todas las farmacias hay detalles con la ubicación del establecimiento de guardia más cercano.

Assistance Publique
w aphp.fr
Centre Médical Europe
w centre-medical-europe.fr
SOS Dentaire
w sosdentaire.com

Tabaco, alcohol y drogas

Está prohibido fumar en todos los sitios públicos, pero se permite en las terrazas de los restaurantes, los cafés y los bares, si no están cerradas.

La posesión de narcóticos está prohibida y podría conllevar una condena de prisión.

A menos que se indique de otro modo, el consumo de alcohol en la calle está permitido. Francia tiene un límite de alcohol en sangre muy estricto (0,05 por ciento) para los conductores.

Carné de identidad

No se exige llevar el carné de identidad, pero en una inspección rutinaria nos pueden pedir el pasaporte. Si no lo llevamos encima, la policía podría llevarnos a donde esté guardado.

Costumbres

Las normas de etiqueta *(la politesse)* son importantes para los parisinos. Al entrar en una tienda o un café, se espera que demos los buenos días *(bonjour)* al personal y, al marcharnos, que digamos *"au revoir"*. Debemos asegurarnos de decir *"s'il vous plâit"* (por favor) cuando pidamos algo y *"pardon"* si chocamos con alguien sin querer.

Los franceses suelen estrechar la mano de alguien al conocerlo. Los amigos y colegas que se conocen se saludan con un beso en cada mejilla. Si no estamos seguros de qué debemos hacer, lo mejor es esperar para ver si nos tienden la mano o nos ofrecen la mejilla.

Visitar iglesias y catedrales

Hay que vestir con respeto. Cubrirse el torso y los brazos; y asegurarse de que los pantalones cortos y las faldas cubren las rodillas.

Teléfonos móviles y wifi

Hay más de 260 espacios públicos con wifi gratuito, incluidos museos, parques y bibliotecas. Están identificados con el logo de Paris Wi-Fi.

Los turistas que viajen a París con tarifas de operadoras de países de la UE podrán utilizar sus dispositivos sin verse afectados por las tarifas de *roaming*. Se cobrará a los clientes la misma tarifa de datos, SMS y llamadas de voz que pagaría en su país.

Correos

Los sellos *(timbres)* se pueden comprar en las oficinas de correos y en los *tabacs*. La mayoría de las oficinas tienen máquinas de autoservicio para pesar y franquear el correo.

Impuestos y devoluciones

En Francia, el IVA ronda el 20%. Los no residentes en la UE pueden solicitar la devolución del impuesto de algunos artículos. Hay que buscar la señal Global Refund Tax-Free, donde el minorista nos dará un formulario y un recibo *détaxe*. Para recuperar el dinero, hay que presentar el recibo, el *détaxe* y el pasaporte en la aduana al abandonar el país.

Tarjetas de descuento

La entrada a algunos museos nacionales y municipales es gratuita el primer domingo de mes.

Los menores de 18 años y los ciudadanos con pasaporte de la UE entre 18 y 26 años suelen poder entrar en los museos nacionales sin pagar y, a veces, hay descuentos para estudiantes y mayores de 60 años que muestren su DNI.

El **Paris Pass** ofrece acceso a más de 60 atracciones durante dos, tres, cuatro o seis días consecutivos. También permite viajar sin límite en el metro, los autobuses y los RER del centro de París y da acceso a un billete del autobús turístico subiendo y bajando cuantas veces queramos en el trayecto.

Paris Pass
w parispass.com

ÍNDICE

VOCABULARIO

EMERGENCIAS

¡Socorro!	Au secours!
¡Alto!	Arrêtez!
¡Llame a un médico!	Appelez un médecin!
¡Llame a una ambulancia!	Appelez une ambulance!
¡Llame a la policía!	Appelez la police!
¡Llame a los bomberos!	Appelez les pompiers!
¿Dónde está el teléfono más cercano?	Où est le téléphone le plus proche?
¿Dónde está el hospital más cercano?	Où est l'hôpital le plus proche?

COMUNICACIÓN BÁSICA

Sí	Oui
No	Non
Por favor	S'il vous plaît
Gracias	Merci
Perdone	Excusez-moi
Hola	Bonjour
Adiós	Au revoir
Buenas tardes	Bonsoir
La mañana	Le matin
El mediodía	L'après-midi
La tarde	Le soir
Ayer	Hier
Hoy	Aujourd'hui
Mañana	Demain
Aquí	Ici
Allí	Là
¿Qué? ¿Cuál?	Quoi/quel, quelle?
¿Cuándo?	Quand?
¿Por qué?	Pourquoi?
¿Dónde?	Où?

FRASES HABITUALES

¿Cómo está?	Comment allez-vous?
Muy bien, gracias.	Très bien, merci.
Encantado de conocerle.	Enchanté de faire votre connaissance.
Hasta luego.	A bientôt.
Está bien	C'est bon
¿Dónde está/están?	Où est/sont...?
¿Cuántos km hay de aquí a...?	Combien de kilometres d'ici à...?
¿En qué dirección está...?	Quelle est la direction pour...?
¿Habla español?	Parlez-vous espagnol?
No comprendo.	Je ne comprends pas.
¿Podría hablar más despacio, por favor?	Pouvez-vous parler moins vite s'il vous plaît?
Perdón.	Excusez-moi.

PALABRAS HABITUALES

grande	grand
pequeño	petit
caliente	chaud
frío	froid
bueno	bon/bien
malo	mauvais
bastante	assez
bien	bien
abierto	ouvert
cerrado	fermé
izquierda	gauche
derecha	droite
recto	tout droite
cerca	près
lejos	loin
arriba	en haut
abajo	en bas
temprano	de bonne heure
tarde	en retard
entrada	l'entrée
salida	la sortie
el servicio	les toilettes, le WC
libre	libre
gratis	gratuit

AL TELÉFONO

Quiero hacer una llamada interurbana.	Je voudrais faire un interurbain.
Quiero hacer una llamada a cobro revertido.	Je voudrais faire une communication avec PCV
LLamaré más tarde.	Je rappelerai plus tard.
¿Puedo dejar un mensaje?	Est-ce que je peux laisser un message?
No cuelgue, por favor.	Ne quittez pas, s'il vous plaît.
¿Puede hablar un poco más alto?	Pouvez-vous parler un peu plus fort?
Llamada local	la communication locale

COMPRAS

¿Cuánto cuesta, por favor?	C'est combien s'il vous plaît?
Querría...	Je voudrais...
¿Tienen?	Est-ce que vous avez
Solo estoy mirando.	Je regarde seulement.
¿Aceptan tarjetas de crédito?	Est-ce que vous acceptez les cartes de crédit?
¿Aceptan cheques de viaje?	Est-ce que vous acceptez les cheques de voyages?
¿A qué hora abren?	A quelle heure vous êtes ouvert?
¿A qué hora cierran?	A quelle heure vous êtes fermé?
Este	Celui-ci
Aquél	Celui-là
caro	cher
barato	pas cher, bon marché
talla (ropa)	la taille
talla (calzado)	la pointure
blanco	blanc
negro	noir
rojo	rouge
amarillo	jaune
verde	vert
azul	bleu

TIPOS DE TIENDAS

tienda de antigüedades	le magasin d'antiquités
panadería	la boulangerie
banco	la banque
librería	la librairie
carnicería	la boucherie
pastelería	la pâtisserie
quesería	la fromagerie
farmacia	la pharmacie
lechería	la crémerie
grandes almacenes	le grand magasin
charcutería	la charcuterie
pescadería	la poissonnerie
tienda de regalos	le magasin de cadeaux
vendedor de verduras	le marchand de légumes
tienda de conveniencia	l'alimentation
peluquería	le coiffeur
mercado	le marché
puesto de periódicos	le magasin de journaux
correos	la poste, le bureau de poste, le PTT
zapatería	le magasin de chaussures
supermercado	le supermarché
estanco	le tabac
agencia de viajes	l'agence de voyages

TURISMO

abadía	l'abbaye
galería de arte	la galerie d'art
estación de autobuses	la gare routière
catedral	la cathédrale
iglesia	l'église
jardín	le jardin
biblioteca	la bibliothèque
museo	le musée
estación de tren	la gare (SNCF)

oficina de información turística	les renseignements touristiques, le syndicat d'initiative
ayuntamiento	l'hôtel de ville
cerrado festivo	fermeture jour férié

EN EL HOTEL

¿Tiene habitación?	Est-ce que vous avez une chambre?
habitación doble, con cama grande	la chambre à deux personnes, avec un grand lit
habitación con dos camas	la chambre à deux lits
habitación individual	la chambre à une personne
habitación con baño, una ducha	la chambre avec salle de bains, une douche
portero	le garçon
llave	la clé
Tengo una reserva.	J'ai fait une réservation.

EN EL RESTAURANTE

¿Hay mesa?	Avez-vous une table de libre?
Querría reservar mesa.	Je voudrais réserver une table.
La cuenta, por favor.	L'addition s'il vous plaît.
Soy vegetariano.	Je suis végétarien.
camarera/ camarero	Madame, Mademoiselle/Monsieur
la carta	le menu, la carte
menú del día	le menu à prix fixe
cubierto	le couvert
carta de vinos	la carte des vins
vaso	le verre
botella	la bouteille
cuchillo	le couteau
tenedor	la fourchette
cuchara	la cuillère
desayuno	le petit déjeuner
almuerzo	le déjeuner
cena	le dîner
plato principal	le plat principal
entrantes, entremeses	l'entrée, le hors d'oeuvre
plato del día	le plat du jour
bar	le bar à vin
café	le café
poco hecho	saignant
en su punto	à point
bien hecho	bien cuit

LA CARTA

manzana	la pomme
asada	cuit au four
plátano	la banane
filete	le boeuf
cerveza, a presión	la bière, bière à la pression
hervido	bouilli
pan	le pain
mantequilla	le beurre
pastel	le gâteau
queso	le fromage
pollo	le poulet
patatas fritas	les frites
chocolate	le chocolat
cóctel	le cocktail
café	le café
el postre	le dessert
seco	sec
pato	le canard
huevo	l'oeuf
pescado	le poisson
fruta fresca	le fruit frais
ajo	l'ail
al grill	grillé
jamón	le jambon
helado	la glace

cordero	l'agneau
limón	le citron
langosta	le homard
carne	la viande
leche	le lait
agua mineral	l'eau minérale
mostaza	la moutarde
aceite	l'huile
aceitunas	les olives
cebolla	les oignons
naranja	l'orange
zumo de naranja	l'orange pressée
zumo de limón	le citron pressé
pimienta	le poivre
poché	poché
cerdo	le porc
patatas	les pommes de terre
gambas	les crevettes
arroz	le riz
asado	rôti
panecillo	le petit pain
sal	le sel
salsa	la sauce
salchicha, fresca	la saucisse
mariscos	les fruits de mer
crustáceos	les crustaces
caracoles	les escargots
sopa	la soupe, le potage
bistec, filete	le bifteck, le steack
azúcar	le sucre
té	le thé
tostada	pain grillé
verduras	les légumes
vinagre	le vinaigre
agua	l'eau
vino tinto	le vin rouge
vino blanco	le vin blanc

NÚMEROS

0	zéro
1	un, une
2	deux
3	trois
4	quatre
5	cinq
6	six
7	sept
8	huit
9	neuf
10	dix
11	onze
12	douze
13	treize
14	quatorze
15	quinze
16	seize
17	dix-sept
18	dix-huit
19	dix-neuf
20	vingt
30	trente
40	quarante
50	cinquante
60	soixante
70	soixante-dix
80	quatre-vingts
90	quatre-vingt-dix
100	cent
1.000	mille

TIEMPO

un minuto	une minute
una hora	une heure
media hora	une demi-heure
lunes	lundi
martes	mardi
miércoles	mercredi
jueves	jeudi
viernes	vendredi
sábado	samedi
domingo	dimanche

AGRADECIMIENTOS

DK quiere dar las gracias por su contribución a la edición anterior a las siguientes personas: Elspeth Beidas, Alan Tillier, Bryan Pirolli, Zoe Ross

La editorial quiere agradecer a las siguientes personas, instituciones y compañías el permiso para reproducir sus fotografías:

Leyenda: a-arriba; b-abajo/al pie; c-centro; f-extremo; l-izquierda; r-derecha; t-encima

123RF.com: Jon Bilous 18tc, 114-5cl; Francesco Bucchi 303br; Nattee Chalermtiragool 32br; Christian Mueller 267bl; Inna Nerlich 89cra.

4Corners: Susanne Kremer 4.

Alamy Stock Photo: Agenzia Sintesi / Fiorani FAbio 267bc; Todd Anderson 186cr; Andrzej Gorzkowski Photography 299bl; ART Collection 60bl; Peter Barritt 185cr; Martin Beddall 303bl; Beucher / Andia 41tl; Tibor Bognar 83tr; Piere Bonbon 24tl, 262-3; Eden Breitz 217cb; Helen Cathcart 119tr; Chronicle 70br, 131tr; Daisy Corlett 49b; Crowdspark / Newzulu / Dan Pier 134tc; Cultura Creative Ltd / Aziz Ary Neto 63br; Directphoto Collection 23tl, 234-5; edpics 33b, 45t; Chad Ehlers 302cla; Everett Collection Inc 283cr; EyeEm / Cristian Bortes 10clb; PE Forsberg 99tc; Giovanni Guarino Photo 46-7b; GL Archive 60br, 131ca; Granger Historical Picture Archive 62cr; hitandrun / Greg Meeson / © Succession Brancusi - All rights reserved. ADAGP, Paris and DACS, London 2018 *Brancusi's studio being exhibited at the Pompidou Centre in Paris* 91crb; hemis.fr / Arnaud Chicurel 247tl, / Bertrand Gardel 36b, 43tr, 98bl, 106-7b, 143tr, 219cra, 219crb, / Henri Bouchard *Apollo* © ADAGP, Paris and DACS, London 2018 220tr, / Franck Guiziou 25, 112 bl, 113t, 290-1, / René Mattes 28crb, 289tl, / Bertrand Rieger 137br, 245br, / Gilles Rigoulet 270bl, / Sylvain Sonnet 96tl, / © Succession Picasso / DACS, London 2018 *Femmes à leur toilette (Women washing)* 88-9b; Heritage Image Partnership Ltd / The Print Collector 61tl; IanDagnall Computing 131crb; imageBROKER / Daniel Schoenen 57cr; JaiHoneybrook 294cr; Boris Karpinski 8cla; John Kellerman 17 bl, 92-3b, 100-1, 121t, 165br, 242b, 242-3t; Keystone Pictures USA 131br; Elena Korchenko 297t; Lautaro 219bl; Chris Lawrence 258b; Lebrecht Music and Arts Photo Library 104br; Elizabeth Leyden 8-9b; lugris 105; Luciano Mortula / *Centre Pompidou in Paris: Studio Piano & Rogers*, courtesy of Fondazione Renzo Piano and Rogers Stirk Harbour +

Partners 90-1b; Perry van Munster 37br, 48tc; National Geographic Creative 81tl; Niday Picture Library 61bc; John Norman 28cr; Samantha Ohlsen 259t; Paris 94crb; Pawel Libera Images 300-1t; Photo 12 / Gilles Targat 136cr, 176bl; PhotoAlto / es Cuisine / Laurence Mouton 58cla; Photononstop / Christophe Lehenaff 42-3b,/ Daniel Thierry 270-1; Pierre Pochan 136t; Premium Stock Photography GmbH / Scattolin 190-1bc; Prisma by Dukas Presseagentur GmbH / Raga Jose Fuste 230bl; Paul Quayle / *Henri Cochet Statue outside Roland Garros, Paris* 293br; National Museum of Modern Art in the Pompidou Centre, Paris / Mervyn Rees / Xavier Veilhan © Veilhan / ADAGP, Paris and DACS, London 2018 *Le Rhinocéros* 91cra; Robertharding / Stuart Dee 46-7t, / Julian Elliott 233tr, / Godong 33ca, / H P Merten 104clb, / De Rocker 156cra; RossHelen editorial 221; Francois Roux 11cr; Peter Schickert 96-7b; Science History Images 61cla; Shawshots 217crb; Sipa USA / Lev Radin 35cl; SJH Photography 301bl; Sergey Skleznev 267cr; William Stevens 40b; Street Art 18bl, 126-7; Claude Thibault 121br; Tuul and Bruno Morandi / © Succession Picasso / DACS, London 2018 *Head of a Woman* 88tr; Frédéric Vielcanet 51br; Viennaslide 120b; Tracey Whitefoot 287br; Gari Wyn Williams 274bc; ZUMA Press, Inc. / Pierre Stevenin 34bl.

AWL Images: Jon Arnold 119tl, / Tour eiffel-Illuminations Pierre Bideau 21t, 196-7cl; Jan Christopher Becke 8clb, 173cla, 189tr, 239tr; Walter Bibikow 39cr; Danita Delimont Stock 297cl; Bertrand Gardel 12-3bc.

Candelaria: Fabien Voileau 53b.

Cité Des Sciences et de L'industrie:: EPPD CSI / JP 145bl, / E Luider 144-5t.

La Cuisine Cooking: 8cl.

Depositphotos Inc: packshot 299clb; wjarek 208tr.

Disneyland® Paris: © Disney / Pixar: 301clb, 301br.

Dorling Kindersley: Neil Lukas 283clb, / © Succession Brancusi - All rights reserved. ADAGP, Paris and DACS, London 2018 *The Kiss* 282br; Musee Marmottan / Susanna Price 304tr; Neil Lukas / CNHMS, Paris / Alphonse Terroir *Denis Diderot* (1925) 253tr; Jules Selmes 77t, 231crb; Valerio Vincenzo 208b.

Dreamstime.com: Adisa 80bl; Georgios Alexandris 43cl; Andersastphoto 193b;

Andrey Andronov 191tr; Antoine2k 51tr, 118-9b, 306-7b; Apn68140 55cla; Valentin Armianu 13cr, 214-5; Astormfr 16c, 66-7; Petr ävec 32-3tl; Bargotiphotography 216; Christian Bertrand 11tc; Ilona Melanie Bicker 30t; Lembi Buchanan 133t, 209tl; Michal Cervenansky 284b; Christianm 176tc; Nicolas De Corte 159t; Ionut David 24cb, 278-9; Digikhmer 210-1b; Matthew Dixon 204b; Yury Dmitrienko 41cr; Dennis Dolkens 75cr, 124-5b, 296-7b; Chris Dorney 228bl; Viorel Dudau 173tr; Tatiana Dyuvbanova 157; Evolove 218-9t; Fayethequeen93 146crb; Ruslan Gilmanshin 172-3b; Rostislav Glinsky 6-7; Mikhail Gnatkovskiy 30bl; Gornostaj 167cra; Ioana Grecu 223bl; Alberto Grosescu 13br; Guillohmz 119cla, 298crb; Bensliman Hassan 146b, 275bl; Dieter Hawlan 302b; Infomods 227t; Javarman 269tr; Wieslaw Jarek 26crb; Valerijs Jegorovs 174-5b; Jeromecorreia 194bl; Jlabouyrie 36tr; Joymsk 158bl; Juliengrondin 44-5b; Aliaksandr Kazlou 131tl; Kmiragaya 286-7t; Sergii Kolesnyk 173tl; Maryna Kordiumova 185crb; Nikolai Korzhov 187br; Denys Kuvaiev 135br; Bo Li 185bl; Giancarlo Liguori 22, 212-3; José Lledû 30crb; Madrabothair 76b, 132bl, 132-3b; Tomas Marek 10ca, 282-3t; Maurizio De Mattei 184-5t; Meunierd 293crb; Minacarson 111br, 261tl,/ © DB-ADAGP Paris and DACS, London 2018 Les Deux Plateaux, Palais Royal 188-9bl; Mistervlad 26t; Luciano Mortula 23cb, 248-9; MrFly 200clb; Neirfy 2-3; Nui7711 94-5t; William Perry 74bl, 75tr, 79tr; Kovalenkov Petr 109b, 222t; Photofires 298-9t; Photogolfer 223br, 305tr; Ekaterina Pokrovsky 13tc; John Queenan 12clb; Redlunar 254bl; Rosshelen 19bl, 152-3; Eq Roy/ Architect Dominique Perrault © ADAGP, Paris and DACS, London 2018 The Bibliotheque Nationale de France 274-5t; Jozef Sedmak 192tr; Siraanamwong 239cla; Alena Sobaleva 256b; Smontgom65 28t; Spytsekouras 255b; Darius Strazdas 107tc, 130-1b; Worakan Thaomor 206br; Tigger76 84-5; Ukrphoto 238cra; UlyssePixel 110-1b; Valio84sl 12tc; VanderWolfImages 20t, 168-9; Ivan Varyukhin 303clb; Vitalyedush 253tl, 257t, 304b; Vvoevale 78-9bc, 160t; Dennis Van De Water 266-7, 268bl; Dirk Wenzel 285tl; Jason Yoder 73bl; Zatletic 75c.

Getty Images: AFP / Eric Feferberg 58cl, 59tr, / Kenzo Tribouillard 59clb, / Lionel Bonaventure 58clb; Atlantide Phototravel / Massimo Borchi 206cl; Bettmann 283br; Centre Pompidou in Paris: Studio Piano & Rogers, courtesy of Fondazione Renzo Piano and Rogers Stirk Harbour + Partners / Busà Photography 91c; Guillaume Chanson 238-9b; Christophel Fine Art 45cl, 62tl;

Corbis Documentary / P Deliss 73cra; Ian Cumming 48bl; De Agostini / C. Sappa 70bl; DEA / Biblioteca Ambrosiana 217bl; DigitalVision / Matteo Colombo 64-5; Neil Farrin 288cl; Owen Franken 56b, 195tl; Gallo Images / Ayhan Altun 73cr; Bertrand Guay 108tr; Francois Guillot 41br; Daniel Haug 59crb; Heritage Images 217cra; Bruno De Hogues 10-11bc, 26bl, 276bl; Boris Horvat 217cl; Hulton Archive 200bl; Hulton Deutsch / Corbis Historical 61tr, 70fbl; Icon Sport / Baptiste Fernandez 35b; Julian Elliott Photography 246bl; Keystone 283cb; Photo Josse / Leemage / Gregor Erhart Mary Magdalene or 'La Belle Allemande' (early 16th century) 186bl; Lonely Planet Images / Russell Mountford 104cla; MathieuRivrin 200-1; Michael Ochs Archives / Waring Abbott 73tr; Moment Open / AG photographe 177t; Nicoolay 60t; NurPhoto / Geoffroy Van der Hasselt 59cr; Maksim Ozerov 38-9t; Marc Piasecki 48-49t; Joe Daniel Price 206-7cr; Jean Victor w 61br; Pascal Le Segretain 40tl; Sylvain Sonnet 28bl; Stockbyte / Bruno De Hogues 232bl; Philippe Le Tellier 63bl; Topical Press Agency 220bl; ullstein bild Dtl. 283tr; Universal Images Group 62br; Veronique de Viguerie 70fbr; Ivan Vukelic 20cb, 180-1cl; Bruce Yuanyue Bi 47crb.

iStockphoto.com: AlexKozlov 166bl; AlpamayoPhoto 162-3; anouchka 38bl; Xavier Arnau 71; asab974 30cr; AzmanJaka 52-3t; B&M Noskowski 54-5b; Silvia Bianchini 11br; borchee 252cl; brenac 50crb; conejota 63cra; Dirk94025 55crb; DKart 228-9t; efired 59cl; espiegle 211tl; Mario Guti 240-1bl; Gwengoat 50tl; Michel Hincker 122-3; Ihor_Tailwind 179tl; isatis 293bc; isogood 178cla; jacoblund 37cla; Jasckal 277cr; JoseIgnacioSoto 50-1b, 70crb; LembiBuchanan 57tl; Valerie Loiseleux 164-5t; Nikada 82bl; olrat 292-3t; S. Greg Panosian 226-7b; Pavliha 224-5; Razvan 58cra; sasasasa 124clb; Sean3810 70cra; serts 39cl, 244-5t; Neil Sidhoum 58cr; Starcevic 54-5tr; tichr 17t; VvoeVale 47cla.

La Fine Mousse: Alexandre Martin 52br.

Le Musée du Quai Branly - Jaccques Chirac: Lois Lammerhuber 202-3b; Vincent Mercier / © ADAGP, Paris and DACS, London 2018, Exterior by Jean Nouvel 202clb; Patrick Gries / Bruno Descoings 203cra.

Musee Bourdelle: Dorine Potel 286bl.
Musee de Cluny: M. Chassat 254tl.

Edición actualizada por
Colaboración Emma Gibbs
Edición sénior Alison McGill
Diseño sénior Laura O'Brien,
Vinita Venugopal
Edición Alex Pathe
Documentación fotográfica sénior
Vagisha Pushp
Iconografía sénior Taiyaba Khatoon
Diseño de cubierta Jordan Lambley
Cartografía Ashif, Suresh Kumar
Diseño DTP sénior Tanveer Zaidi
Producción sénior Jason Little
Producción Samantha Cross, Samantha Cross
Responsables editoriales Shikha Kulkami,
Beverly Smart, Hollie Teague
Edición de arte Sarah Snelling
Edición de arte sénior Priyanka Thakur
Dirección de arte Maxine Pedliham
Dirección editorial Georgina Dee

De la edición española
Coordinación editorial
Cristina Gómez de las Cortinas
Servicios editoriales Moonbook

MIXTO
Papel | Apoyando la
selvicultura responsable
FSC
www.fsc.org
FSC™ C018179

Este libro se ha fabricado con papel certificado por el Forest Stewardship Council™ como parte del compromiso de DK hacia un futuro sostenible. Para más información, visite la página www.dk.com/our-green-pledge

**Toda la información de esta Guía Visual
se comprueba regularmente.**
Se han hecho todos los esfuerzos para que esta guía esté lo más actualizada posible a fecha de su edición. Sin embargo, algunos datos, como números de teléfono, horarios, precios e información práctica, pueden sufrir cambios. La editorial no se hace responsable de las consecuencias que se deriven del uso de este libro, ni de cualquier material que aparezca en los sitios web de terceros, además no puede garantizar que todos los sitios web de esta guía contengan información de viajes fiable. Valoramos mucho las opiniones y sugerencias de nuestros lectores. Por favor escriba a: Publisher, DK Eyewitness travel guides, Dorling Kindersley, One Embassy Gardens, 8 Viaduct Gardens, London, SW11 7BW, UK o al correo electrónico: travelguides@dk.com

Título original: Eyewitness Travel Guide, Paris
Vigésimoquinta edición, 2024

Publicado originalmente en Gran Bretaña en 1993 por Dorling Kindersley Limited DK, One Embassy Gardens, 8 Viaduct Gardens, London, SW11 7BW, UK

ISBN 978-0-241-68281-4

Impreso y encuadernado en China